中国职业技术教育学会
智慧文旅职业教育专业委员会推荐用书

专家指导委员会主任　杜兰晓　姜玉鹏
总主编　韩玉灵　邓德智
副总主编　石媚山　李岑虎

| 研学旅行管理与服务系列教材 |

YANXUE LÜXING JIAOYU LILUN YU SHIJIAN

研学旅行教育理论与实践

第2版

主　编　甄鸿启　李凤堂
副主编　王雪艳　张　浩　高　霞

北京·旅游教育出版社

研学旅行管理与服务系列教材
专家指导委员会、顾问、编委会

专家指导委员会

主　　任：杜兰晓（浙江旅游职业学院校长）
　　　　　　姜玉鹏（青岛酒店管理职业技术学院校长）

委　　员（排名不分先后）：
　　　　　　陈佳平（河南职业技术学院文化旅游学院院长，二级教授，享受
　　　　　　　　　　国务院政府特殊津贴专家）
　　　　　　程　冰（桂林旅游学院继续教育学院院长，广西中小学研学旅行
　　　　　　　　　　学会副会长）
　　　　　　魏巴德（亲子猫＆研学猫董事长）
　　　　　　王亚超（北京中凯国际研学旅行股份有限公司董事长）
　　　　　　丁海秀（旅游教育出版社副社长）
　　　　　　姜福炎（文化和旅游部人才中心研学旅行指导师高级考评员）
　　　　　　郭海峰（资深媒体人，《跟着课本去旅行》节目制片人）

顾　问

　　　　　　吕龙根（北京第二外国语学院教授）

编委会

总　主　编：韩玉灵（北京第二外国语学院教授，中国旅游人才发展研究院执行
　　　　　　　　　　院长）
　　　　　　邓德智（浙江旅游职业学院教授）

副总主编：石媚山（青岛酒店管理职业技术学院文旅学院院长）
　　　　　　李岑虎（文化和旅游部人才中心研学旅行指导师考评员）

委　　员：王　平　王　彬　王　慧　王　霖　王立龙　王亚娇　王亚超
　　　　　王先波　王春梅　仇晓岚　邓鹏飞　叶伟军　叶娅丽　申建伟
　　　　　田张珊　由　杰　史双豪　仪孝法　边喜英　邢琦娜　吕佳蔚
　　　　　吕晞梅　朱丽男　朱海峰　伍　欣　任　鸣　刘　斌　刘庆安
　　　　　刘胜海　刘雁琪　池　静　汤　静　孙芳真　巫常清　李　旭
　　　　　李　娌　李　燕　李凤堂　李胜桥　李冠瑶　李媛媛　杨乃桂
　　　　　杨崇君　肖　靖　吴　桐　何东萍　余宜娴　谷　音　宋垟竹
　　　　　张　丹　张　栋　张双军　张会臣　张晓旭　张楗让　张慧婕
　　　　　陈　苇　陈　倩　陈芸先　陈凌凌　林诗佳　尚明娟　罗　瑛
　　　　　周　俊　周　航　周海磊　邹宜秀　赵　明　赵双全　赵东勋
　　　　　赵芳鋆　赵晓芳　胡　磊　侯雪艳　施美彬　贾玉芳　夏　军
　　　　　钱　钧　徐　峰　徐倩文　高　霞　郭林山　郭艳萍　席忠华
　　　　　唐　波　黄丽春　曹银玲　常冬冬　章永平　梁　东　梁媛媛
　　　　　彭诗茗　韩丽英　鲁红春　甄鸿启　裴　炜　廖延斌　谭　慧
　　　　　谭　欣　潘晓琳　薛兵旺　霍　炜　魏莉霞

《研学旅行教育理论与实践》编委会

主　编

甄鸿启（山东省教育科学研究院教研员，硕士生导师，山东省教育学会研学旅
　　　行专业委员会副秘书长）
李凤堂（天津市教育科学研究院基础教育研究所副研究员，天津市"未来教育
　　　家奠基工程"指导教师）

副主编

王雪艳　张　浩　高　霞

编　委

仇晓岚　申建伟　刘亚男　张　丹　武　猛　杨乃桂　赵双全　殷　鹏
徐　彬　程　冰　焦昱安　甄培莺　裴　炜

出版说明

出 版 说 明

　　自 2016 年 11 月 30 日，教育部等 11 部门联合出台《关于推进中小学生研学旅行的意见》以来，研学旅行作为教育新形式、旅游新业态在国内蓬勃发展，成为教育和文旅行业的新增长点。但在迅速发展的同时，各地研学旅行行业也遇到了服务不规范、标准不统一、专业人才极度缺乏的窘境。因此，推进研学旅行专业人才培养已经成为旅游教育工作者迫在眉睫的任务。

　　2019 年 10 月，"研学旅行管理与服务"正式列入《普通高等学校高等职业教育（专科）专业目录》，研学旅行专业人才培养正式提上日程。为解决教材缺乏的问题，2020 年 1 月初，旅游教育出版社特邀请韩玉灵、吕龙根、邓德智、李岑虎等 40 余位来自院校、行业、企业的资深专家齐聚北京第二外国语学院，正式启动全国首套"研学旅行管理与服务系列教材"的编写研讨会。此套教材由北京第二外国语学院教授、中国旅游人才发展研究院执行院长韩玉灵，浙江旅游职业学院教授、全国《研学旅行指导师（中小学）专业标准》起草人邓德智共同担任总主编，各高校、教研院学科带头人担任分册主编、编委，组成系列教材编委会。此套教材于 2020 年 8 月正式出版，一经推出便受到各大旅游职业院校和行业、企业的高度关注。如今已多次再版加印，获得了读者的广泛认可。

　　与此同时，也有越来越多的高职院校纷纷设立研学旅行管理与服务专业。更具有标志意义的是，2022 年 7 月 11 日至 21 日，中华人民共和国人力资源和社会保障部公示了《中华人民共和国职业分类大典（2022 年版）》，研学旅行指导师也被纳入其中。在此背景下，我社于 7 月 30 日再次组织研学旅行相关领域的专家，召开了"研学旅行管理与服务系列教材"编写修订研讨会。我们特聘浙江旅游职业学院杜兰晓校长、青岛酒店管理职业技术学院姜玉鹏校长共同担任新版系列教材的专家指导委员会主任。此外，还特聘青岛酒店管理职业技术学院文旅学院石媚山院长、文化和旅游部人才中心研学旅行指导师考评员李岑虎教授共同担任副总主编。

新版"研学旅行管理与服务系列教材"一共12本，分别是《研学旅行概论》《研学旅行指导师实务》《研学旅行指导师实务》（活页版）、《研学旅行课程设计》《研学旅行教育理论与实践》《研学旅行基地运营与管理》《研学旅行安全管理》《研学旅行市场营销》《研学旅行政策法规》《研学旅行产品设计》《户外活动策划与管理》《研学旅行数字化运营》。本套教材编写阵容强大，采用研学旅行最新研究成果，确保教材内容与行业接轨，符合教学需求。

从总体上看，本套教材具有四大特色。

一、全国首套，体系完整

本套教材充分考虑了师生的教学需求，从基础性的研学旅行概论开始，由浅入深，遵循教育学的基本理论，同时也注重指导师实务、课程设计、安全管理、基地运营等实操能力的培养，既全面覆盖研学旅行工作的各个要素要点，又符合本专业学生的知识技能成长逻辑，是国内首套体系完整的"研学旅行管理与服务"专业教材。

二、作者权威，理念先进

本套教材的总主编、副总主编、各分册主编都是各大院校研学旅行的学科带头人和国内研学旅行行业的专家，有着丰富的执教或从业经验。编写内容以一线研学企业的成功经验为依托，紧跟教育部、文化和旅游部对研学旅行的指导意见，同时吸收国内最新研究成果，引入研学旅行先进理念，确保本套教材的准确性、前瞻性。

三、案例教学，操作性强

为方便教学，教材中引入大量案例。这些案例均来自旅行社、研学基地等研学旅行一线单位，参考性强，真正做到以案例导入学习，以案例增进理解，以案例引导实操。

四、资料丰富，配套完善

书中将大量资料、视频等放入二维码，拓展了教材边界，方便学生学习理解。还有配套的多媒体教学课件、习题、试卷等，让教师对课程的讲授更加得心应手。

本套教材不仅可以作为研学旅行管理与服务、旅游管理等专业师生的教学用书，还可以作为研学旅行机构、研学基地等各类研学企事业单位相关工作人员的重要参考资料，以及教育和文旅行政管理部门进行研学规划时的参考用书。

研学旅行尚处在上升发展阶段，很多概念、理论、方法、模式更新较快。本套教材的编写力求保证内容的全面性、前瞻性，但难免有考虑不周之处，还请广大读者不吝赐教，以臻完善。

旅游教育出版社

2023 年 5 月

第 2 版修订说明

《研学旅行教育理论与实践》自出版以来，得到了研学旅行管理与服务专业师生和研学从业人员的重视，感谢广大师生和研学从业人员对本教材提出的建议，为了使教材更具实操性、生动性、便捷性，我们在 2022 年开始就启动了教材的修订工作。

在此期间我们密切关注国家政策的变化和国内研学旅行行业的发展动向。2022 年 1 月国务院印发《"十四五"旅游业发展规划的通知》，提出推动研学实践活动发展，创建一批研学资源丰富、课程体系健全、活动特色鲜明以及安全措施完善的研学实践活动基地，为中小学生有组织地开展研学实践活动提供必要的保障及支持。2023 年 1 月教育部办公厅关于印发《全国职业院校技能大赛执行规划（2023—2027 年）》的通知中增设研学旅行大赛项目。

这些变化都体现在了此次修订之中。此次修订我们不仅对内容结构进行了更新，更对原教材的体例内容做了大幅修改，在知识体系、内容结构、板块设置方面都进行了全方位的升级，具体体现在以下几个方面。

一、内容体例全新升级，由章节式改为项目式

《研学旅行教育理论与实践》是一门操作性很强的课程，此次修订我们根据一线教师和学生的意见，将原来的内容结构由章节式改为项目式，将研学旅行教育活动实际工作中的内容流程拆分成一个个不同的学习项目、任务方便教师以项目和任务驱动来组织教学，有助于学生了解、掌握研学旅行教育工作要点，更符合职业教育教学特色。

二、新增大量具体案例，实现知识与实践相结合

此次修订在上一版的基础上新增了大量的研学旅行课程案例。特别是针对书中一些重点、难点知识进行了案例的有效补充，为广大师生教学与学习提供了真实的素材。

三、优化模块设置，启发学生思考实践

此次修订根据项目式教学的需要在各任务下设置了项目导读、学习目标和思维导图。每一学习任务前，设置相关情境，任务内容中包含任务导入、任务实施、任务思考，让学生带着任务和问题进入项目式学习，引导学生结合所学知识展开思考，亲身实践，收获更多。

四、丰富课后习题，扫码做题及时检查

各项目下都设置了形式多样的练习题，这些习题均已放置在项目最后的二维码之中，学生扫码即可线上做题，完成后可查看参考答案，更方便学生自查自学。

编写一本研学旅行精品教材是我们所有编者的共同心愿，由于时间紧任务重，此次修订难免存在不足，真诚希望读者提出宝贵意见，我们将不断修订，不断完善。

编　者

2024 年 1 月

目录
CONTENTS

项目一　初步认识研学旅行教育理论

任务一　了解常用的研学旅行教育理论 / 003

任务二　掌握教育理论在研学旅行中的应用策略 / 014

任务三　习得教育理论的实践价值 / 020

项目二　熟悉教育学在研学旅行中的应用策略

任务一　知道研学旅行和教育的关系 / 029

任务二　掌握教育学在研学旅行中的应用策略 / 038

任务三　熟悉教育学的研学旅行价值 / 055

项目三　掌握研学旅行中的心理学应用技能

任务一　掌握心理学在研学旅行前的应用要求 / 065

任务二　掌握心理学在研学旅行中的应用技能 / 078

任务三　掌握心理学在研学旅行后的应用能力 / 086

任务四　做好研学旅行中的心理成长保障 / 095

项目四　处理好研学指导师与学生的关系

任务一　了解研学旅行指导师的职责 / 106

任务二　引导学生做好研学旅行中的角色定位 / 112

任务三　厘清研学旅行中指导师与学生的关系 / 120

项目五　落实研学旅行促进人的全面发展要求

　　任务一　了解研学旅行对人的全面发展的积极影响 / 132

　　任务二　提升研学旅行德育价值的策略 / 142

　　任务三　提升研学旅行智育效果的对策 / 150

　　任务四　研学旅行促进身体素质的策略 / 156

　　任务五　研学旅行提升美育水平的策略 / 162

　　任务六　研学旅行与劳动教育的融合策略 / 170

项目六　研学旅行课程设计

　　任务一　熟悉研学旅行课程设计的环节 / 177

　　任务二　掌握研学旅行课程设计要素 / 181

　　任务三　牢记研学旅行课程设计方案实施要求 / 193

项目七　实施研学旅行教学

　　任务一　认识研学旅行教学 / 206

　　任务二　撰写研学旅行教学目标 / 214

　　任务三　选择合适研学资源的基本要点 / 223

　　任务四　设计合理的研学活动注意事项 / 230

　　任务五　做好研学旅行教学评价 / 236

参考文献 / 257

项目一

初步认识研学旅行教育理论

全国中小学生研学实践教育基地——平津战役纪念馆

项目导读

任何理论都来源于实践并最终指导实践,研学旅行也不例外。研学旅行的教育性、科学性和有效性需要遵循一定的教育理论。本项目分为常用的研学旅行教育理论、教育理论在研学旅行中的应用策略和习得教育理论的实践价值三部分内容,从理论的内涵、理论的实践和理论的实践价值三个维度介绍教育理论对研学旅行的指导作用。

学习目标

通过本项目的学习,学习者了解常用研学旅行教育理论的主要观点,掌握重要理论观点在研学旅行中的应用策略,进而理解教育理论对研学旅行的重要性。

思维导图

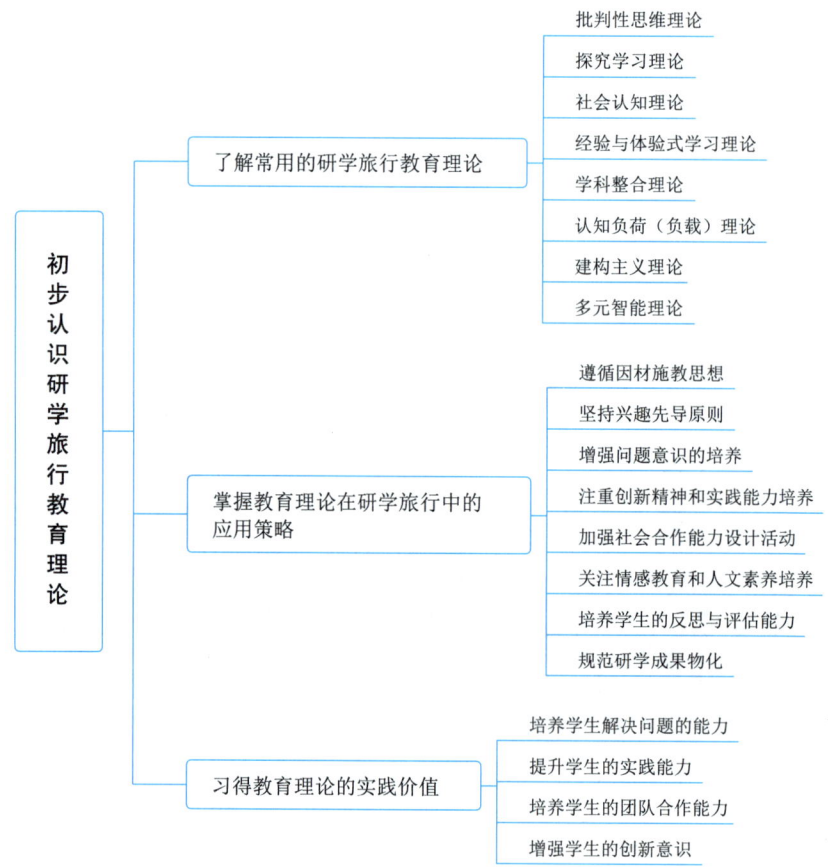

项目一　初步认识研学旅行教育理论

 **情境**

微课视频

教育理论的价值

恩格斯说：一个没有理论思维的民族，是不可能站在科学的最高峰的。同样，一个没有理论思维的民族，也不可能站在文明和社会发展的前列。研学旅行历史性地走入我国基础教育课程，成为立德树人教育使命的一个有机组成，其教育价值的发挥与长足发展都离不开教育理论的支撑与引导。

任务一　了解常用的研学旅行教育理论

 **任务导入**

什么是教育理论？

教育理论是针对教育提出的一种概念式、命题式的系统性阐述。教育理论具有一定的科学性和普适性，能够指导人们的具体实践活动。

思考：下列哪些教育理论可以成为研学旅行的理论指导呢？

 **任务实施**

理论是人们在生产、生活、工作及学习实践中，借助于一系列相关概念、判断、推理表达出来的关于相关事物本质及其规律性认识与理解，是一种相对客观、理性的认识。了解研学旅行理论有助于研学旅行设计者遵循科学的教育规律组织研学活动。

一、批判性思维理论

批判性思维最早源于西方哲学，后期进入护理学和教育学及其他领域。[1]

在哲学方面，最早可追溯到古希腊哲学家苏格拉底的"问答法"，旨在通过问答的方式促进学生思考。他强调探究知识的过程，在质疑、思考、归纳演绎的过程中，让不理性的认识逐渐趋向理性，进而解开自己的困惑，获得致知的满足感。

20世纪30年代，美国教育家杜威提出了"反省性思维"的概念，这是现代批判性思维研究的开端[2]。他强调理性的思维方式，倡导批判性地思考问题。他认为人天然存在"原始倾向"的错误思维，即人会因为智力或阅历不足，导致出现错误的信念。这种错误的来源可能是对权威的盲从，也可能是受环境的影响。由此，他认为人类需要反省性思维来调节自己的原有思维，通过充分的推理，完成对事物正确认识的证明。他指出教育的任务就是让受教育者养成稳定又有意义的习惯，培养基本的思维素质，对所接触到的信息进行检验和推断。通过思维的训练，让学生掌握适当的方法，以应对今后遇到的各种问题，进行相应的探索和分析。

美国学者理查德·保罗是现阶段批判性思维理论的代表人物，他在《批判性思维工具》一书中提出："批判性思维是通过观察、实验、思考和交换而获得的不断积累的抽象、分析和综合评估的信息"。[3]他认为学习者能够通过分析、评估、重构自己的思维来提高自己的思维水平。他强调提问对批判性思维的重要性，认为提问是批判性思维培养的关键，问题是思维的动力，深入的问题会引发深入的思考，从而带领思考者探知事物的本质。

我国关于批判性思维的研究起步较晚，在该理论引入我国的后期，随着批判性思维研究的发展，学者们逐渐将批判性思维培养从侧重理论转向了侧重实践，将批判性思维培养与学科教学相结合，提出要勇于批判，加强对学生批判性思维能力的培养，鼓励学生大胆挑剔，敢于辩驳，敢于质疑。主要有"认知活动说""策略行为说""认知策略结合说"三种观点。认知活动说将批判性思维看作一种思维认知或观念，是个体认识、观察、判断世界的思维活动。策略行为说将批判性思维从内在的思维活动外化为个体为做出正确的行为而进行的合理判断和规划。认知策略结合说将认知活动说与策略行为说相结合，认为批判性思维不单单是某一种认知或某一种外化的行为策略，而是有机统一的整体。

综上可见，国内外学者对"批判性思维"概念的界定，涵盖了技能维度与性格维度两个层面。尽管观点很多，但重视"反思"与"态度"是各类观点的共识。同时，我们也应该看到，围绕批判性思维也产生了一些错误的观点，如将批判性思维与"质疑一切"相提并论。因此我们需要厘清批判性思维的三大基本要素即"批判性（怀疑性）、合理性（逻辑性）、反思性（反省性）"，它

项目一 初步认识研学旅行教育理论

是一种不偏颇的、准确的理性思考，是在实践和辨析中反思性地审思自身思维过程，进而达成对事物正确认识的过程。

我们对批判性思维的内涵基本能够达成共识。通过批判性思维本身的特点（这些特点主要是对问题的系统评价）分析，我们可以了解到，批判性思维主要是对相信什么和干什么作出判断，这种判断需要有分析和评价作依据。批判性思维的分析和评价需要做到清楚、准确、相关、有深度，并具有严格的逻辑性。在此基础上还要有严格的推理，这种推理具有合理的框架，推理过程具有明确的目的性。推理过程中使用到的数据都必须得到相应的解释，概念必须清楚，并将概念的内涵和外延都表述清楚。只有做到这些，才能够称得上是科学的批判性思维。[4]

二、探究学习理论

探究学习是在学生主动参与的前提下，根据自己的猜想或假设，在科学理论指导下，运用科学的方法对问题进行研究，在研究过程中获得创新实践能力、获得思维发展，自主构建知识体系的一种学习方式。杜威认为探究在本质上是一种反省思维，强调培养学生的主动探索精神和解决实际问题的能力，提出"做中学"的观点，认为应将学习者置于真实的学习情境中，让他们在未知领域中探索，不断地生成新知识。

1961年，美国教育家施瓦布首次提出了探究学习思想，他认为探究学习是指"儿童通过自主地参与获得知识的过程，掌握研究自然所必需的探究能力，同时形成认识自然的基础——科学概念，进而培养探索未知世界的积极态度"。美国在《国家科学教育标准》中提出完整探究过程的五个基本阶段，即提出问题、设计研究方案、收集数据、构造问题的答案、交流探究过程和探究结果。同时在标准中强调了动手和动脑的重要性，认为片面强调动手而缺少动脑的科学活动无法达到探究的目的，指出要借助假设，运用判断和逻辑思维来进行探究学习。

我国研究者在讨论探究学习的含义时，大都借用施瓦布的观点。受个人观念的影响，国内研究者对探究学习所持的观点也各不相同，但对探究学习内涵方面的观点存在共性，体现在以下几个方面。

1. 体现学生的主体性

探究学习的主体是学生，是学生的探究，不是教师灌输的探究。在探究学习的过程中，学生要独立思考，亲身去发现问题、解决问题，在经历主动探究的过程中获取知识，发展技能，培养能力和意志品质。

2. 探究过程模拟科学探究方式

在探究学习的过程中要认识到学生不具备科学家的知识储备,因此不能像科学家一样通过探究思考和认识世界,发现人类新知。由此,只能模拟科学家的探究程序和方法,学会像科学家那样思考问题,并积极参与到知识的获得过程中去。

3. 关注问题的创设

在探究学习中,需要学生围绕问题的提出和解决展开探究学习,探究问题要与学生的原有认知和生活经验相关联,以便激发学生的认知冲突和探究兴趣。

综上可以看出,虽然研究者的观点不同,但都强调学生经历探究活动的过程,让学生在过程中获得知识、技能和科学态度,其目的是让学生获得科学素养。同时,学者们也认识到探究学习的局限性,即并不是所有课程内容都适合探究学习,应针对不同的课程内容选择适应范围内的一种学习方式,进而充分发挥课程的价值和功能。

三、社会认知理论

人解释包括自己在内的所有社会事物的过程被心理学家称为社会认知(social cognition),这种认知的核心是个体对自己与他人外在、内在特征(人格、情绪、人际关系)的认识。社会认知理论(Social Cognition Theory,SCT)是20世纪70年代末由美国心理学家班杜拉(Bandura)创立用以解释、预测个体与群体行为的基本理论,它是社会心理学的重要理论之一。

社会认知理论认为,社会环境中个体的行为、认知及环境三者之间构成动态关系,三者相互依赖、相互连接,交互作用的模式会随着内外因素和环境影响而发生变化。社会认知理论提出了观察学习和自我效能的观点,具体内容如下。

观察学习是指一个人通过观察他人的行为及其强化结果习得某些新的反应,或使他已经具有的某种行为得到矫正。

自我效能感是个体对自己与环境发生相互作用效验性的一种自我判断。自我效能感强的人能对新的问题产生兴趣并全力投入其中,能不断努力去战胜困难,而且在这个过程中自我效能也将会不断地得到强化与提高,相反,自我效能感差的人总是怀疑自己什么都做不好,遇到困难时一味地畏缩和逃避。

自我效能是可以通过个体在社会环境中来培养的。个体在活动中是通过四个方面的信息来获得或形成自我效能感的。

（1）实践的成败经验：实践的成败经验即个体对自己的实际活动过程中所取得的成就水平的感知，成功经验增强其自我效能感，反之降低自我效能感。

（2）替代性经验：替代性经验的效能信息是指看到在能力等方面和自己相似的他人，在活动中取得了成功的观察结果，能够使观察者相信当自己处于类似活动情境时也能获得同样的成功，从而提高观察者的自我效能感。

（3）言语的劝导：言语的劝导是指接受别人认为自己具有执行某一任务的能力的语言鼓励而相信自己的效能，说服性的言语必须实事求是，调动个体的积极性。

（4）身心状态：身心状态会影响自我效能的水平，个体在追求目标时，自我效能通过生理唤起来影响行为改变，乐观积极的心态能够创造积极性情感，消极情绪会让人产生挫败感。

四、经验与体验式学习理论

体验式学习是学习者在从事直接经验活动的过程中进行集中反思从而增加知识、提高技能并提升价值的学习方法，也可定义为通过反思做事来学习。体验式学习关注学习者在情境中的连续体验以及个体与情境的相互作用。

美国著名教育家杜威在其《民主主义与教育》一书中提出了"做中学"的理念，他认为在学习过程中，学习活动的中心是受教育者，受教育者应该在教育者创设的活动中得到实践知识的体验，使其形成受教育者的自我体验，进而更好地指导其自身的学习活动。美国社会心理学家创始人库特·勒温，提出了在团队中运用经验学习的方法，主张理论应与实践相统一，并形成了行动研究性的学习模式即具体经验—观察与反思—形成抽象的概念和概括—在新情境下检验概念的内涵，这一学习模式强调学习从学生的学习经验开启，这是学生进行观察和反思的基础。瑞士心理学家皮亚杰以生物学和心理学为基础，在经验学习理论的基础上提出了"发生认识论"学说，倡导用发生学的观点和方法去研究人类的认识，认为人的知识来源于动作，动作是感知的源泉和思维的基础，而动作的本质是主体对客体的适应。适应是通过同化和顺应两种形式来实现的，同化指将新信息纳入已有的认知结构中，顺应则是指改变已有的认知结构以适应新的环境和信息。

20世纪80年代，组织心理学家大卫·库伯在杜威的"做中学"、皮亚杰的"发生认识论"以及勒温的"群动力学"等体验式学习思想的基础上，提出了著名的体验式学习圈理论。[5]该理论将体验式学习分为四个环节，包括"具体经验"（concrete experience）、"反思观察"（reflective observation）、"抽象概括"（abstract conceptualization）、"主动检验"（active experimentation），体验式学习的四个环节首尾衔接形成认识的闭环（见图1-1）。

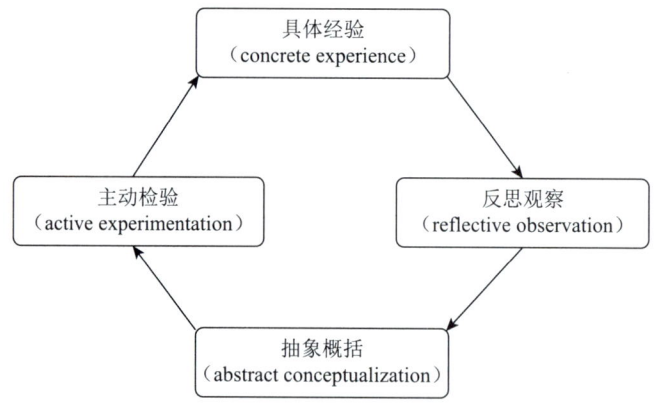

图1-1　库伯体验式学习圈示意图

体验式学习圈理论以学习者为中心，指出体验渗透于系统的学习之中，个体的知识技能源于外界环境的体验，而学习则是转换体验与创造知识的过程。

体验式学习圈理论自提出后，在教育领域产生了广泛的影响，引起诸多学者的关注和研究，具体可以归纳为以下几种观点。

1.体验式学习是学习者参与学习的一个过程，是学习者以积极主动的态度参与到学习中来，在学习情境的感染或影响下，获得学习能力的一个过程。

2.体验式学习不但是学习者的一个参与过程，也是学习者的一个反思过程。学习者在参与体验的过程中或者过程后，必然对其体验进行这样或那样的批判与反思。学习者便可以在批判和反思中，获得行为的自我调整或观念上的改变。

3.体验式学习是学习者分享自身体验和反思结果的一个过程。学习者可以通过与其他人的交流、学习来分享学习所得，从而进一步加强自身的体验感受与反思深度，在与其他学习者经验交流或者对比的过程中，来巩固学习者的学习成果。

4.体验式学习是构成学习者之间相互评价的一个基本前提，唯有学习者们前期有了体验，他们才能在分享自身体验以及反思结果的基础上，对学习所得或他者所学进行讨论和评价来获得更多的新知。

综上所述，学者们认为，体验式学习应该是学习者践行于体验，结合反思、评价与分享的一种学习性的参与过程。学习者在体验、反思、分享、评价和检验的过程中，形成一种区别于单纯理论学习的新的学习范式。

五、学科整合理论

学科整合是指超越已知学科边界而进行的涉及两个或两个以上学科的研究领域，是多个传统学科跨越学科边界的学科间的整合。[6]

学科整合最初以综合课程的形式被提出，即以一门学科为中心同时引入其他学科的知识，或将不同学科的知识有机地整合到课程中。后期又提出了跨学科和交叉学科的理念，从而使学科整合从课程整合的角度转变为跨越学科边界的学科整合。

学科整合的目的是更好地应对当今社会面临的各种复杂问题，它让教育不再仅仅是一个学科单元的知识点叠加，而是变成了一种面向多学科的理解和应用。学科整合旨在培养学生跨学科思维和交叉学科学习能力，这种能力是当今社会需求的关键能力之一，有助于培养学生的创新、合作和分析能力，以应对社会上不同领域的复杂问题。

六、认知负荷（负载）理论

负荷原本是一个物理概念，是指单位时间内由动力设备、机械设备和生理组织等承担的工作量，也称为负载或载荷，也指建筑构件所承担的重量。[7]

认知是指个体对信息的处理能力，是个人对知识的获取和解决问题的能力。

认知负荷理论属于认知心理学范畴，是指在一个特定的作业时间内施加于个体认知系统的心理活动总量（Sweller，1988），也可解释为同时被要求施加在工作记忆上的智力活动的全部数量，即工作记忆必须注意和处理的内容总和。

该理论认为人的知识既包括有限的工作记忆，又包含无限的长时记忆。工作记忆和长时记忆是人类记忆系统的基本心理成分。工作记忆是人脑对输入信息暂时性的加工和存储，并参与长时记忆的信息加工和存储，其容量是有限的。长时记忆是在工作记忆基础上对信息进行意义加工和存储的心理结构，是存储永久性知识与技能的"仓库"，其容量是无限的。[8]当解决问题和完成任务所需的认知资源总量超过工作记忆认知资源总量时，就会发生认知超载的现象，进而降低问题解决和任务完成的效率。[9]

1. 认知负荷的理论基础

认知负荷理论是在美国心理学家 Miller 的脑力负荷或心理负荷研究的基础上，由澳大利亚心理学家约翰·斯威勒（John Sweller）在 1988 年首次提出的。认知负荷理论从资源分配的角度考察学习和问题的解决。其以资源有限理论和图式理论为基础。其中，资源有限理论认为：人的认知资源是有限的，如果同时进行几种活动，就会导致资源分配的问题即总量不变，此多彼少的问题；图式理论认为：在人脑中存在认知结构或知识结构即图式，这些结构化的信息保存在人的记忆中，形成人对外部事物的结构性认识。如专家的大脑中存储的图式信息量较大，这些图式在其理解和解决问题的过程中发挥了重要作用。

2. 认知负荷的分类

认知负荷可划分为内在认知负荷、外在认知负荷、关联认知负荷三种类型。

内在认知负荷由学习材料本身的复杂程度与学习者原有知识水平决定，若学习材料较简单，学习者头脑中与学习材料相关联的图式信息量充足，则学习者加工信息所占用的认知资源就小，进而使得内在认知负荷较小。反之，当学习材料较复杂，且学习者所具备的与学习材料相关联的图式信息量不足，就会导致个体需加工的单个信息单元量较多，进而导致认知负荷较大。

外在认知负荷也称为无效认知负荷，是由信息呈现的方式和学习者的学习活动所引起的。若信息呈现方式或学习活动不利于学习者的信息加工和图式建构，即不能够自动地将学习者的内在图式与外在呈现信息建立联系，或者对联系的建立产生干扰时，就会导致学习者的信息加工受阻，产生较高的外在认知负荷，反之则会产生较小的外在认知负荷。

关联认知负荷又称为有效认知负荷，是由学习过程中图式的建构与自动化引起的。当学习者在完成某项任务的过程中，将没有用完的剩余认知资源用于与学习直接相关的加工（如重组、提取、比较、推理等）时，相关的认知负荷就会产生。[10] 相关认知负荷可以在一定程度上促进学习者图式的建构，进而提高学习效果。

3. 认知负荷的教学意义

认知负荷理论在教学中主要从引导资源合理分配的角度为学习材料的设计提供心理学的理论依据，认为影响学生认知负荷的基本因素有个体的先前经验、学习材料的内在本质特征、材料的组织和呈现方式三个方面。

先前经验是指在人的长时记忆中所存储的图式信息数量和质量。认知负荷理论从信息加工的角度认为，人理解当前信息的基础是其先前经验中与当前信息相关联的信息总量和质量，若先前经验充足，则可顺利地加工当前信息使其成为少量的信息单元并存储为图式。若先前经验不足，则当前的每个信息都将以独立的信息单元形式存在,导致人脑待加工的独立信息量较大,故而使加工受阻。例如:对初学乘法的小学生来说,解决 2×3+4÷2=? 的难度较大,而对成年人来说这个问题非常简单,因此学习者的学习经验或已有知识水平影响认知负荷的大小。

在个体先前经验确定的前提下,认知负荷就取决于学习材料的本质特征及材料的组织和呈现方式。学习材料的复杂程度影响认知负荷的大小,例如上述案例中对初学乘法的小学生来说 2×3+4÷2=? 比 2+4=? 的解决难度大,因为对学习者来说前者的计算过程较复杂。

同时,学习材料的呈现方式也是影响认知负荷的重要因素,例如下列材料。

呈现方式一:北京第一阶梯水价标准为用水量不超过 180 立方米,5 元/立方米;第二阶梯水价标准为用水量在 181~260 立方米之间,7 元/立方米;第三阶梯水价标准为用水量在 260 立方米以上,9 元/立方米。

呈现方式二:

北京市阶梯水价收费标准

类型	居民年用水量(立方米)	收费标准(元/立方米)
第一阶梯水价标准	0~180	5
第二阶梯水价标准	181~260	7
第三阶梯水价标准	>260	9

不难看出,第二种呈现方式更能够让学习者了解北京市阶梯水价的收费情况。由此,认知负荷理论认为:外部认知负荷主要是由教学设计引起的,如果学习材料的设计和呈现方式不当,就容易给学生带来较高的认知负荷,干扰学生的学习。[11]过多的文字表述会加重学习者的认知负荷,而示意图或图表的描述形式,会降低学习者的认知负荷。当学习材料所引起的认知负荷较低时,则材料的组织和呈现方式就不重要了,反之,则学习材料的组织和呈现方式十分重要。

此外,认知负荷理论还认为关联认知负荷也与教学设计有关,良好的教学设计会适度增加学生的关联认知负荷,使之在图式建构中投入更多的努力,寻求更好的信息加工策略,从而提升其学习质量。[12]例如,学生在学习过程中记录的笔记,教师在教学中列举的例子等,这些都有助于学生对知识的理解,促进其更好地学习。

综上可以看出,借助认知负荷理论,在教学中可以有效降低外在认知负荷,增加关联认知负荷，能够调控学生的学习。当学生的内在认知负荷较低时，就可以通过教学设计降低外在认知负荷，使学生有充足的认知资源剩余，去添加关联认知负荷来促进学习。但如果学生的内在认知负荷较高，就要通过教学设计来降低外在认知负荷来释放工作记忆容量，同时要尽可能地不增加关联认知负荷，以确保学生有充足的认知资源来对外部信息进行加工和图式建构。

七、建构主义理论

建构主义理论（constructivism）也译作结构主义（结构主义是 structivism，两者既有联系，也有区别），是认知心理学派中的一个分支。建构主义理论中一个重要的概念是图式，图式是指个体对世界的知觉理解和思考的方式，也可以把它看作心理活动的框架或组织结构。图式是认知结构的起点和核心，或者说是人类认识事物的基础。因此，图式的形成和变化是认知发展的实质，认知发展受三个过程的影响：同化、顺应和平衡。

1. 建构主义的知识观

（1）知识是人类对客观世界的一种解释、假设和假说，且知识是不断发展变化的，它将随人类对知识认识程度的加深不断被变革、升华和改写。

（2）知识并不是绝对准确无误地概括世界的准则，需要结合具体问题情景对知识进行再加工，使其有利于具体问题的解决。

（3）知识的习得需要学习者借助已有经验进行知识的建构，进而达成对知识的理解。由于学习者的已有经验存在差异，所以不同学习者对同一知识的理解是存在差异的。

2. 建构主义的学习观

（1）真正的学习是学生自主建构知识的过程，这种建构无法由他人代替，所以教师的简单知识传递并不能引发学生真正意义上的观点知识建构。

（2）学习中学习者对知识的建构需要结合其自身经验，对外部信息进行筛选、加工和处理，进而实现外部信息与已有经验的同化和顺应。同化，是学习者把外部信息纳入已有认知结构中；顺应，是学习者受外部信息的影响，对已有认知结构进行调整或改变，进而建立新的认知结构。

3. 建构主义的学生观

建构主义认为，学生是带着个人已有认知经验进入学习情境中的，学生的已有经验是其完成学习活动的基础。因此，教师在教学中要重视学生的已有经验，不能简单地"灌输"知识，而是要把学习者的原有经验作为新知识学习的起点，引导学习者在原有知识经验的基础上，生成新的知识经验。

4. 建构主义的教师观

建构主义认为，教师应该是学生建构知识的忠实支持者，教师应从知识的权威传授者转变为学生学习的指导者、帮扶者和合作者。教师应在学习活动过程中，激发学生的学习兴趣，引发和保持学生的学习动机，组织学生间的协作学习，促进学生对知识的意义建构。

八、多元智能理论

多元智能理论（Theory of Multiple Intelligences，简称 MI 理论）由美国教育学家和心理学家加德纳（H.Gardner）博士提出，是一种全新的人类智能结构的理论。它认为人类思维和认识的方式是多元的。[13]

该理论认为，智能是人类解决某一问题或创造某一产品的能力。就智能的基本结构来说，它是多元的，即包括语言智能、数理逻辑智能、音乐智能、空间智能、身体运动智能、人际交往智能、自我认识智能及其他有待被发现的智能。

加德纳提出，传统的由心理学家和教育学家所编制的，用来测量一个人聪明程度的测量表，是以语言能力和抽象逻辑思维能力为主要测量内容的，并不能全面地测量一个人的智能。这样的评价量表在学校中被应用，会导致儿童被划分为"天才"和"非天才"。多元智能理论提出，智力是在某种社会和文化环境的价值标准下，个体用以解决自己遇到的真正难题或生产及创造出某种产品所需要的能力。智力不是一种能力，而是一组能力，智力不是以整合的方式存在，而是以相互独立的方式存在的。[14]

多元智能理论在教学中倡导多因素组合的智力观、多样化的人才观、积极平等的学生观、体现个性化因材施教的教学观、多元发展的评价观。

任务思考

举例说明哪些理论与研学旅行的实践性特征相吻合？

参考答案

任务二　掌握教育理论在研学旅行中的应用策略

教育理论是教育教学活动设计和实施的重要依据，依据教育理论来设计实施教育教学活动能够使活动内容更科学，过程更高效，教育效果更显著。

思考：如何将诸多教育理论渗透到研学旅行的设计和实施过程中呢？

教育理论的重要观点对研学旅行课程的设计和活动的组织实施具有重要的指导价值，遵循教育理论去组织研学旅行活动能够提高活动的教育价值。

一、遵循因材施教思想

因材施教是针对教育对象的不同特点和实际情况进行的教育和教学。依据多元智能理论，我们了解到课堂教学主要侧重对学生语言能力和逻辑思维能力的培养，而研学旅行是一种具有社会参与性特点的学习活动，学生身处的学习情景、需解决问题的复杂程度均与学校的课堂学习有所差别。完成研学旅行活动任务不仅需要语言能力和逻辑思维能力，还需要发挥学生多方面的智能如空间智能、身体运动智能、人际交往智能等。由此可知，在研学旅行过程中，更能激发学生的个性智能特长，研学指导师要善于发现学生的个性特长，并将适合学生特长的研学任务进行合理分配，如在研学小组成员职责分工时，要结合学生的个性特长，让具有空间感的学生负责小组的研学路线规划，让人际交往智能较好的学生负责小组的组织和管理，让逻辑思维能力较好的学生负责研学任务的分析和探究方案的设计。

同时，结合多元智能理论，为在研学旅行中尽可能创设适应学生优势智能发展的条件，在设计研学旅行时，一方面要结合研学内容特点设计不同的学习活动；另一方面针对同一研学内容在针对每个学生的不同智能特点时，也应采取多元的学习方法，如在研学成果的展示环节，根据学生不同的智能特点可以设计小论文、绘画作品、视频作品、诗文作品，等等，充分激活并发展学生的个性智能优势。

二、坚持兴趣先导原则

兴趣是激发学生持续学习的根本动力，也是研学旅行活动设计的先导原则。根据社会认知理论提出的自我效能感观点可知，自我效能感强的人能对新的问题产生兴趣并会全力投入其中，自我效能感可以通过后天去培养，如可以借助自己的成功经验来增强自我效能感，可以观察、借鉴他人的成功经验来提高自我效能感，还可以通过听取他人的鼓励和建议调动积极的自我效能感等。由此可知，在学习活动过程中，学习兴趣可以通过外界环境的作用被激发并维持。在研学旅行过程中，为让学生获得持续的积极自我效能感，需要设计进阶式的探究任务，让学生经历由易到难分析解决真实情境下复杂问题的过程，在过程中让学生获得持续的成功经验，以此来提高学生参与研学活动的自我效能感。对于难度较大的学习内容，研学活动设计者需要设计适当的体验式学习，让学生在观摩他人成功经验的基础上，对自己的行为进行评估和调整，进而能够收获自己的成功体验，以促进自我效能感的增强。此外，为在研学任务完成过程中持续保持积极的自我效能感，需要设计过程性评价量规，通过过程性的鼓励和督促，调动学生的学习积极性。

三、增强问题意识的培养

爱因斯坦说过，提出一个问题远比解决一个问题重要。从认知心理学角度来看，学习者在学习过程中提出问题说明在其认知领域产生了挑战性的认知冲突，这一认知冲突会促进学习者思维的发展，推动其对知识的深度学习。研学旅行作为一类实践探究活动，其为学生提供的大都是全新的情景，就学习内容而言也与学生的已有知识经验差异较大，这无形当中增加了研学探究活动的难度，因而对学生认知领域产生的认知冲突也较为显著。由此，在研学旅行前通过设计研学活动提前预设探究问题，在研学过程中通过合作学习适时捕捉学生的认知冲突，鼓励学生自主提出问题并能够围绕问题展开分析和探究，以此来促进学生对新知的同化和顺应（建构主义理论），促进深度学习的发生，避免研学旅行出现知识浅表化、搬运化以及研学活动形式化的问题。

增强问题意识的培养，能够促进学生形成批判性思维。批判性思维是学生正确认识和探究世界的前提，而提问是批判性思维培养的关键，问题是思维的原动力。

四、注重创新精神和实践能力培养

创新精神和实践能力是我国学生发展核心素养的重要内容，也是新一轮课程改革对教育提出的素养培养要求。随着信息时代的到来，未来社会对创新型人才的需求增大，传统学校教育受时空限制，在培养创新型人才方面存在缺陷，研学旅行正是在这样的人才培养背景下，以其学习场景的真实性，探究问题的复杂性，学习过程的探究性、实践性成为炙手可热的创新型人才培养的有效途径。研学旅行的探究性特征，使其与探究学习的理论特点相契合，即能够以学生为中心，让学生模拟科学家认识和探究世界的程序和方法，学会像科学家那样思考问题，并采用实践活动的方式体验学习的过程，而创新精神和实践能力就是在这样的探究体验过程中习得的。

五、加强社会合作能力设计活动

研学旅行是在校外组织的实践学习活动，其可研的内容非常丰富，包含传统文化、安全消防、旅游景区、科技文化场馆等，这些具有研学价值的场所分属于不同的社会管理部门，因此加强研学课程开发者与社会相关部门的合作是研学活动设计的前提。如在研学资源的开发过程中，研学课程开发者可以借助研学场所的资料了解研学资源的内容、场馆的管理要求等。了解研学资源的内容，可以帮助研学活动设计者对研学资源的教育意义和探究价值进行细致分析和梳理，将可作为研学内容的资源筛选出来并进行进一步的活动设计。当然，很多研学场所会有自己的研学课程，研学组织者也可以借助研学场馆的研学课程组织研学活动，但需要注意分析研学场馆开发的研学课程是否符合研学旅行组织者的育人要求，如果该课程的教育意义和探究价值不高，则可选择自主开发研学课程。了解研学场所的管理要求可以帮助研学课程开发者设计文明旅游相关的课程内容，同时也可以避免出现研学实践教育活动方式与景区或场馆管理要求冲突而导致研学活动无法正常组织的问题。再如，对于专业性较强的研学资源如消防、气象等，可以联合研学地点的专业人员进行活动的设计和组织实施，让学生体验专业的实践探究，以保障研学的科学性。加强社会合作来设

项目一 初步认识研学旅行教育理论

计研学活动,能够使研学活动的内容更科学更有效。

六、关注情感教育和人文素养培养

新一轮课程教学改革以立德树人为根本任务,提出要培养有理想、有本领、有担当的德智体美劳全面发展的社会主义建设者和接班人。其中人文素养是立德树人的重要内容,而理想和担当与厚植爱国主义情怀密不可分。而当下的教育,重智育轻德育的现象比较普遍,导致学校教育在进行情感和人文素养教学方面成效不佳。从体验式学习理论的角度来看,学习者只有在从事直接经验活动的过程中才能通过不断地观察、反思、抽象概括、实践检验最终获得自己的具体经验。而学校在开展情感教育时大都是说教,加之,教师很难创设适切的情境让学习者去真切地感受、体悟这类教育情感,所以导致学生接收到的是间接经验而非直接经验,这类间接经验很难建构成为学习者的具体经验,所以导致学校的情感教育和人文素养培养存在较多的问题。

研学旅行由于其内容比较多元,所以在学生情感教育和人文素养培养方面更有优势,研学旅行可以借助人文研学资源有效弥补学校在情感教育和人文素养培育方面的不足。如可以借助红色革命景区资源进行爱国爱家情感的教育,可以借助博物馆对学生进行文化素养的培养等。研学旅行借助相关情境资源,将研学者置于真实的教育场景中,并设计体验式研学活动开展情感教育和人文素养培育的学习方式,符合体验式学习理论能够取得较好的教育效果。如某学校的杭州研学旅行,将地方文化历史与民族文化遗产结合,选择鲁迅故居、胡雪岩故居、沈园、兰亭、丝绸博物馆、官窑博物馆等作为研学资源,让学生通过实地研学感受我国历史与传统文化的魅力。

在当下立德树人这一育人目标的要求下,研学旅行作为一种不可或缺的育人方式,更应该发挥其独特的优势,担负起有效落实情感教育,提升学生人文素养的使命。

七、培养学生的反思与评估能力

研学旅行作为实践探究类学习活动,能够让学生在问题的引导下经历知识的获取过程。从体验学习圈理论的角度看,在这一学习过程中,学生需要经历反思的过程才能完成具体经验获取的完整过程。从批判性思维理论的角度看,科学地学习是具有"反省性思维"的学习,是在实践和辨析中反思性地审思自己思维过程的学习。从自我效能感理论的角度看，个体在学习过程中会对自己与环境发生的相互作用进行自我评估，以便于个体能在环境的作用下形成较强的自我效能感，最终达成学习的目标。不难看出，反思和评估是学习过程的必要环节，是有效培养学生思维能力实现深度学习的关键。

研学旅行要关注学生反思和评估能力的培养，在研学中应设计过程性和终结性评估要点。评估要点要结合多元智能理论，体现对多种智能的评估，让具有不同优势智能的学生均通过评估能够获得积极的自我效能感，以此来调动学生完成研学任务的积极性，保持学生学习的兴趣和动力。此外，在研学中评估的主体应多元选择，既有学生自我评估，又有同伴评估，也有师长评估，让学生从不同角度获得学习反馈，便于学生从不同侧面反思自己的学习行为和过程，进而形成正确的自我评估。

八、规范研学成果物化

任何学习活动都是以获得或收获为目的，研学旅行亦是如此。当下的研学旅行大都采用项目式学习方式，而项目式学习理论的特征之一就是物化的学习成果。目前研学旅行的物化成果大都是学生简单制作的作品，这样的作品往往与研学教育目标的关联度不高，缺乏真正的教育和体验价值。由此，作为研学旅行的组织者应考虑研学成果的形成过程及呈现形式与培养学生能力、素养以及情感态度等方面的关系，真正发挥研学成果的教育价值。

首先，设计者应明确研学成果应贯穿研学课程设计的全过程。研学成果既是研学课程内容的重要组成部分，又是研学课程内容和课程育人价值的延伸和升华。

其次，设计者要有成果创新意识。创新是新时代赋予教育者的新要求，也是研学旅行在培养青少年创新精神方面的使命担当。这里的创新意识既指成果形式上的创新，又指成果内容上的创新。课程开发者在课程设计过程中要寻找每个研学成果创新的切入点，在课程内容实施过程中要有针对性地在创新精神方面给青少年以引导和培养。

最后，设计者要有成果育人的意识。研学成果是研学活动实施效果的重要呈现形式，它在很大程度上反映学生在研学过程中的收获和成长。课程实施的初衷是育人，所以课程成果设计的出发点也应该是育人。从育人的角度出发设计成果形式和成果内容，才能真正透过成果看到课程育人的实施效果。

项目一　初步认识研学旅行教育理论

任务思考

结合所学知识设计科技馆研学的评价量表。

参考答案

| 任务三 | 习得教育理论的实践价值 |

任务导入

理论只有在实践中才能得到应用和验证。

思考：教育理论指导下的研学旅行对研学参与者的能力和素养发展有何有利影响呢？

任务实施

在教育理论指导下组织的研学旅行活动，能够有效发挥研学对学生身心发展和素养提升方面的作用，更好地实现研学旅行的育人目标。

一、培养学生解决问题的能力

根据探究式和体验式学习理论来设计研学旅行活动，能够在研学活动实施过程中为研学者提供符合认知规律的学习过程，并在这一过程中引导学生不断反思、评估自己的学习行为和成果，进而实现分析、解决研学问题的目标。学生在经历学习的过程中，能够习得正确的问题解决方法，即观察—反思—抽象概括—实践检验—形成具体经验。

案例分享

某中学探究黄河地上河问题的研学活动设计

测一测：手机下载海拔测量仪 APP，在研学实践教育活动路途中分别测量记录出发点（市区）、黄河大坝、黄河渡口的海拔。

项目一 初步认识研学旅行教育理论

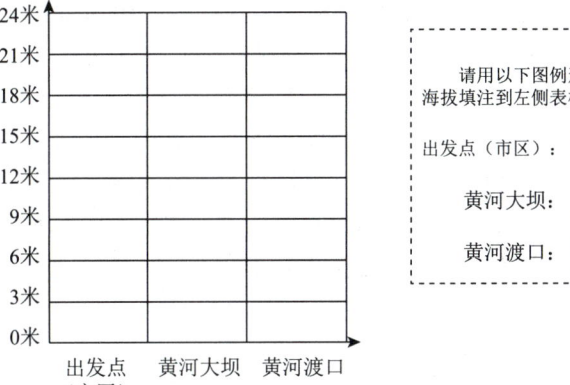

图 1-2 测量黄河地上河活动设计

（来源于齐鲁研学家研学活动设计案例）

图 1-3 水土流失研学实践活动设计

（来源于齐鲁研学家研学活动设计案例）

做一做：运用老师提供的水杯、水槽、木板、黄河沙土、草皮等工具，小组合作，现场模拟演示黄河中游黄土高原的水土流失过程。

上述案例，通过测量市区、黄河大坝、黄河渡口等几个测量点的海拔，让学生观察、分析得出黄河大坝的海拔高于市区海拔，由此可以推断黄河为"地上河"。这一研学活动设计，能够在真实情境中，让学生通过自主获取真实数据并进行分析得出结论。这一学习活动为学生提供了分析解决问题的一般思路和方法，有利于学生在生活问题解决过程中加以借鉴。

同时，在研学旅行过程中，学生身处的探究环境和探究问题往往与学生的已有经验差别较大，即使存在与学生已有经验相符的内容，也与学生习得的学校教育逻辑有所差别，由此，研学呈现给学生的大都是劣构情境和问题，这类情境和问题更有利于培养学生的问题解决能力。

二、提升学生的实践能力

根据探究式学习理论，研学旅行是让研学者参与获得知识的过程，形成认识自然和社会的学习方式。该理论强调学习者的亲身体验，在体验的过程中去发现问题并解决问题。而亲身体验的过程即个体实践能力发展的过程。研学旅行对教育作出的最大贡献就是为学习者提供了实践的机会，实践是个体认识自然和社会的重要方法，任何知识都通过实践从自然和社会中获得，也终将通过实践在自然和社会中得以应用和检验。研学旅行正是让学生走出传统课堂，与大自然和真实社会亲密接触的教育形式。通过这一实践教育形式，可以让学生学会求知、学会做事，提升学生的实践能力。

案例分享

某学校探秘美丽农庄山伯伯乐园的研学活动

某校开展两天一晚的乡村生活体验活动。白天，学生观察山伯伯农庄的特色荷花，专门开展了"山伯伯农庄荷花别样红"的调查以及"我与蝴蝶亲密接触"的活动，甚至别出心裁地制作了各具特色的蝴蝶标本。晚上，学生自制帐篷体验野餐和露营生活。在搭帐篷的过程中，学生遇到了各种困难，但他们互相帮助，分析原因，最终靠自己的力量解决了问题。

上述案例，通过让学生实践操作，发现问题并分析解决问题，在一定程度上提升了学生的实践能力。从中我们可以看出，教育的重点不是最后的结果，而是达成结果的过程，在过程中不断实践、反思、解决问题才是个体实践能力提升的有效路径。

三、培养学生的团队合作能力

根据群体动力学理论,个体在合作的群体中,能够在相互激励和体谅的环境中获得较强的工作动机。研学旅行是一种团队的集体活动,个体在研学团队中需遵守和履行团队的道德准则和行为规范,需努力促进个体的价值实现,为团队任务的完成贡献个体的力量。由此,研学旅行能够在集体中增强学生的团队合作意识,并培养学生的责任担当品质。

某中学实践基地研学活动

某中学在实践基地参加翻越逃生墙活动,学生在翻越的过程中,在不借助任何外力的情况下,只能踩着人梯奋力翻越。在这个过程中,我们会发现上方的学生因奋力拉救同伴而汗流浃背,下方甘为人梯的同学会因周围老师和同学的担忧而变得更加坚毅。整个团队在活动过程中,协调配合,组织有序,每个成员都为团队的成功做出了自己的贡献。

上述案例,通过活动让学生真切地感受到集体的归属感,并在活动过程中习得解决困难的法宝——合作、坚持和责任担当。

四、增强学生的创新意识

研学旅行活动倡导以问题为导向,鼓励学生在探究中大胆挑剔,敢于辩驳,敢于质疑,并在质疑和深入探究中主动反思,理性思考,以促进学生批判性思维的培养。同时,研学旅行的探究是指向科学探究程序和思维方法的,便于学生习得科学探究的方法和科学素养。批判性思维和科学探究是促进学生创新精神培养的重要方法,由此,研学旅行能够有效增强学生的创新意识,培养创新精神。

**案例分享**

某学校研学成果创作活动

某中学在组织研学活动后,在学期末会组织校园研学成果展。学生结合本年度参加的研学活动,创作一件研学作品进行成果展示。学生在成果展中呈现的作品多种多样,其中不乏创意设计。例如,有学生受研学所学知识的启发,利用课余时间继续研究学习,成功设计出一款液压机械手臂。

上述案例表明,通过设计研学旅行成果的活动,增强学生的创新意识,并为学生的创意设计搭建交流展示的平台,在一定程度上培养了学生的创新素养。

任务思考

结合自己对研学旅行的理解,谈谈研学旅行在促进学生学会学习方面的作用。

参考答案

项目实训与提升

**案例阅读**

建构主义学习的特征概括为以下六点。[15]

情境性,学生的认识是在与外界环境相互作用中建构起来的。真实或接近于复杂多变的真实情境,有利于学生获取更多的信息,完成意义建构。

体验性,人的心理发展与实验活动是统一的。因此,在学习过程中,应该组织各种活动让学生参与其中,亲身体验,帮助学生完成社会文化的内化过程。

合作性,学生并不是空着大脑走进教室的,他们具有自己的知识经验基础，而且各不相同。教学要尊重并充分利用这种差异性，建构学习共同体，开展合作性学习。

反思性，学生认识世界的过程伴随着同化与顺应，只有通过不断地反思，才能达到新的平衡，有效地完成自我意义的建构。

目标性，学生学习的目标并不取决于外部预设，而是在真实情境学习的过程中，由学生自己决定。情境锁定了目标范围，但是具体目标因人而异，并动态变化着。

积累性，新知识是在学生原有的知识经验基础上生长出来的，因此教学中要考虑学生现有水平与潜力，注意新旧知识建立关联，促进有意义的学习。

案例剖析

结合建构主义学习特征，设计一个研学活动。

1. 研学对象是初中学生。
2. 研学地点是北京故宫。
3. 活动主题是"探秘紫禁城"。
4. 设计要求：
（1）提炼适合初中学生的研学目标。
（2）设计适合初中学生的一个探究活动。
（3）设计本次探究活动的成果形式及呈现方式。

参考答案

项目二

熟悉教育学在研学旅行中的应用策略

全国中小学生研学实践教育基地——平遥古城

项目导读

研学旅行作为一类校外综合实践教育活动，属于教育的范畴，具有特殊的教育价值。本项目从梳理研学旅行和教育的关系入手，重点介绍教育学在研学旅行中的应用策略和教育学的研学旅行价值。

学习目标

通过学习本项目内容，了解研学与教育之间的相互关系，知道研学对教育的价值；掌握教育学在研学旅行中的应用策略；理解教育学对研学旅行的指导价值。

思维导图

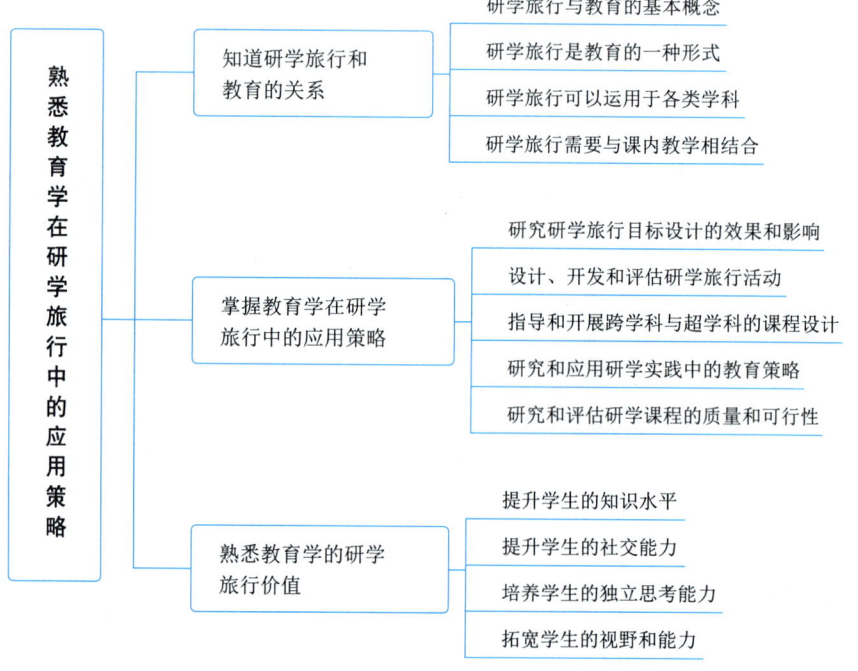

项目二　熟悉教育学在研学旅行中的应用策略

教育学与人类社会

教育是伴随人类的产生而产生，并随人类社会的发展而发展的，可以说人类的发展史就是一部教育的发展史。教育是有规律的，揭示教育规律的科学即教育学，研学旅行是在教育规律支配下孕育、成长起来的一种创新型教育形式。

微课视频

任务一　知道研学旅行和教育的关系

研学旅行与教育之间存在怎样的相互关系？为什么旅游不能等同于研学旅行？如何增强研学旅行的教育性，使其成为提升学生综合素养的重要途径？通过学习，希望你能找到答案。

研学旅行之所以在教育界备受重视，是由自身独特的教育价值决定的，它可以有效弥补学校教育的不足，促进人的全面发展，所以研学旅行与教育存在必然的内在关联。

一、研学旅行与教育的基本概念

（一）研学旅行

1. 研学旅行的发展历程

在我国，研学旅行自古有之，代表性人物是孔子和徐霞客，历史上称之为

"游学"。《史记·春申君列传》中有"游学博闻"的记载，从中可以看出，古人就有在旅行中感悟、在实践中学习的思想，并强调学以致用。

18世纪的欧洲兴起了大陆游学的热潮，促进了欧洲大陆间的文化交流。欧洲兴起的游学与正规的学校教育差别较大，游学者大都在国内完成系统性的教育之后，再周游大陆各地领略社会风情、寻访古代遗迹，且游学者可以根据自身兴趣安排游历路线和内容。由此可见游学是一种非正式的、开放的教育方式，是对年轻人的一种"锻炼"。

在近代，国际上对研学旅行越来越重视，各国纷纷出台政策支持研学旅行教育。日本政府明文规定各级教育必须开展国内外修学旅行，制定相对完善的修学旅行相关政策，将修学旅行作为落实教育目标（尊重生命、珍爱自然、保护环境）的重要载体，培养学生尊重传统和文化、热爱祖国和乡土、促进国际和平与发展的态度。[16]澳大利亚对户外教育尤为关注，将其视为"没有围墙的教室"，其户外教育的重点是了解自我、他人和环境；并规定学生除学习英语、数学、科学、艺术等正规官方课程外，仍需要参加额外的课外活动，包括社区活动、学校野营、体育项目等。[17]英国的教育旅行，遵循沉浸式体验模式，包括文化沉浸式体验和自然沉浸式体验两个方面，并为解决教育旅行经费问题建立多种资金筹措渠道，保障教育旅行的实施。美国则借助营地协会，开展以跨学科、多维度为指导的营地教育。[18]不难看出，虽然国外对研学旅行的叫法各不相同，但追求实现人才全面发展的培养目标却是一致的。

进入21世纪，伴随我国社会和经济的飞速发展，研学旅行的发展也随之加速。2008年，我国教育改革的先行地区广东省最先关注到研学旅行在教育中的重要作用，并将研学旅行放在了举足轻重的地位，写入了中小学教学大纲。2012年教育部成立专项课题研究小组，研究世界各国的相关研学教育和政策。2014年7月，教育部发布《中小学学生赴境外研学旅行活动指南（试行）》，明确了中小学学生赴境外研学旅行活动的定位，强化了对研学旅行活动全过程的规范标准。2014年8月，国务院印发《关于促进旅游业改革发展的若干意见》，强调"要积极开展研学旅行"。2015年8月，国务院办公厅发布的《国务院办公厅关于进一步促进旅游投资和消费的若干意见》中指出，要支持研学旅行的发展，把研学旅行纳入学生综合素质教育的范畴，支持建设一批研学旅行基地，建立健全研学旅行安全保障机制，加强国际研学旅行交流。[19]

2016年11月，教育部联合国家发展改革委、公安厅（局）、交通运输厅（局、委）、文化厅（局）、国家旅游局等共11个部门发布《关于推进中小学生研学旅行的意见》，将研学旅行界定为：中小学生研学旅行是由教育部门和学校有计划地组织安排，通过集体旅行、集中食宿方式开展的研究性学习和旅行体验相结合的校外教育活动,是学校教育和校外教育衔接的创新形式,是教育教学的重要内容,是综合实践育人的有效途径。

不难看出,我国的研学旅行继承和发展了我国传统游学、"读万卷书,行万里路"的教育理念和人文精神,成为素质教育的新内容和新方式,对提升中小学生的自理能力、创新精神和实践能力意义重大。

2. 研学旅行的特点

(1)集体性

从国家文件对研学旅行的定义中可以看出,研学旅行是通过集体旅行,集中食宿的方式开展的校外教育活动。让学生在集体活动中相互合作、相互学习,更好地适应校外开放的和复杂的学习和生活环境,进而促进学生合作能力、实践能力的提升以及正确价值观的形成。

(2)自主性

研学旅行的主体是学生,学生参与研学旅行的自主性越强,越有利于研学旅行目标的有效达成。所以研学旅行在内容选择、活动设计、组织实施的各个环节都应最大限度地考虑学生的自主性特点,进而激发学生的研学积极性。

(3)开放性

研学旅行作为校外实践活动具有开放性的特点。一是其面向社会可选的内容是开放的,凡是具有教育价值的资源均可开发设计成为研学内容去实施;二是其活动组织方式是开放的,在研学旅行过程中依据不同研学资源的特点,可设计不同的研学活动去组织,如对实践性较强的科技馆研学可设计操作体验式活动,而博物馆研学则可设计观察和感悟式的活动。

(4)探究性

实践是研学旅行教学区别于课堂教学的本质特征。在研学旅行活动中,学生采取探究式学习方式,通过观察、分析、验证等学习环节去经历问题的解决过程,并在过程中实现对已学知识的迁移应用和对新知的习得。

(5)体验性

研学旅行的实践性决定了其具有体验性的特点。研学旅行能够将学生置于真实的学习情境中,让学生通过观察、操作、分析等方式去感知自然和社会,体悟精神和品质。因此,研学旅行是一种主动的体验式学习,而不是被动的灌输式学习。

(二)教育

1. 教育的概念

教育在我国最早被解读为教诲和培育,最早见于《孟子·尽心上》:"君子有三乐,而王天下不与存焉。父母俱存,兄弟无故,一乐也。仰不愧于天,俯不怍于人,二乐也。得天下英才而教育之,三乐也。"在西方,"教育"一词源于拉丁语"educare",意为"引出"。对于教育至今也没有一个统一的定义,但有一个统一的共识,即教育是一种有目的地培养人的社会活动,它的目的在于影响和促进人的发展,培养人的实践意识和实践能力。

广义的教育是指凡是能让人习得知识和技能、能影响人的思想和观念、能增强人的体质和健康的活动,都具有教育的作用,包括社会教育、家庭教育和学校教育。

狭义的教育指学校教育,是教育者根据一定的社会要求,有目的、有计划、有组织地通过学校教育的工作,对受教育者的身心施加影响,促使他们朝着期望的方向变化的活动。

2. 教育的特点

(1)系统性

教育是系统工程。教育的系统性表现在时空两个维度,即教育的时间系统性和教育的空间系统性。从时间维度看,教育是学生学习成长的过程,即从学前、小学、初中、高中学习阶段到本科、研究生学习阶段的过程。由此,教育的系统性在时间上就表现为学前教育、小学教育、初中教育、高中教育、本科教育、研究生教育的系统化。系统内的各个教育阶段相互衔接,体现进阶性和教育的深化,是一个螺旋上升的教育过程。从空间维度看,教育不是封闭的学校教育,教育是与校外社会相互联系的,是家庭、学校和社会的综合体。家庭教育问题会反映在学校的教育中,而学校教育问题也必然会回归到家庭和社会,影响学生进入社会后的社会化过程、职业能力、人格、性格、品格、待人接物的方式等。此外,个体在完成学校教育之后并不意味着教育的结束,而是进入了社会化教育的阶段。个体在社会生活和实践的过程中将不断经历反思性学习,以此来促进自身对知识的意义构建,改进自身的行为能力,实现自身的持续性发展。

(2)综合性

教育的综合性体现在教育的育人要求方面,教育需要培养的是完整的人和具有综合素养的人。培养完整的人就需要完整的教育来支撑,从内容方面看,完整的教育在目标、内容上具有综合性,通过综合性的目标要求和内容设计,培养学生知识、技能、价值观等多方面的能力;从要素方面看,完整的教育需要协同家庭、学校和社区等多方面的元素,不同的教育元素对学生不同成长阶段的作用不同,共同为学生提供综合而完整的教育。

项目二 熟悉教育学在研学旅行中的应用策略

（3）差异性

教育的差异性是依据教育对象和教育环境、条件等方面的差异性而定的，包括教育主体、教育条件和环境、教育目标、教育方法、教育内容以及教育过程等方面的差异。

（4）持续性

教育从发展的角度来看，是人的一种成长过程，具有持续性的特征。从时间上看，教育具备衔接人成长过程中的不同受教育阶段的特点；从内容上看，教育需要在目标、内容、要求等方面具有连续性。教育只有遵循持续性，才能更好地发挥育人的作用。

二、研学旅行是教育的一种形式

无论是从研学旅行课程的政策、教育改革和产业背景看，还是从研学旅行实践过程看，其服务对象都是中小学学生，且作为综合实践活动的一种形式，教育是研学旅行的本质属性，是研学旅行课程设计、教学实施等工作的重点。

（一）研学旅行的教育特征

1. 研学旅行目的

研学旅行作为重要的校外教育活动，它是学校教育的延伸和补充，与学校教育共同发挥育人的功能，且具有学校教育不可替代的独特育人价值。

随着国家有关研学旅行文件的出台，研学旅行的育人宗旨便更加清晰，即使中小学学生了解国情、热爱祖国、开阔眼界、增长见识，并提出了"四个感受，三个学会"，即让广大中小学生在研学旅行中实地感受祖国大好河山，感受中华传统美德，感受革命光荣历史，感受改革开放伟大成就，激发学生对党、对国家、对人民的热爱之情，增强对坚定"四个自信"的理解与认同。同时，还提出研学旅行担负着学生能力培养的重任，要让广大中小学生在研学旅行中学会动手动脑，学会生存生活，学会做人做事，促进身心健康，培养学生的社会责任感、创新精神和实践能力，促进形成正确的世界观、人生观、价值观，培养他们成为德智体美劳全面发展的社会主义建设者和接班人。

2. 研学旅行课程

2016年11月，教育部联合国家发展改革委、公安厅（局）、交通运输厅（局、委）、文化厅（局）、国家旅游局等共11个部门发布《关于推进中小学生研学旅行的意见》。《意见》要求各中小学结合当地实际，把研学旅行纳入学校教育教学计划，并与综合实践活动课程统筹考虑，促进研学旅行和学校课程的有机融合。由此，研学旅行作为一门课程被确定下来。《意见》还明确提出学校要在研学旅行课程的设计上下功夫，学校要精心设计研学旅行活动课程，做到立意高远、目的明确、活动生动、学习有效，避免"只旅不学"或"只学不旅"现象。同时，《意见》还就课程的教学计划安排和课程体系建设方面提出要求，学校要根据教育教学计划灵活安排研学旅行时间，一般安排在小学四至六年级，初中一、二年级，高中一、二年级，尽量错开旅游高峰期。要求学校根据学段特点和地域特色，逐步建立小学阶段以乡土乡情为主、初中阶段以县情市情为主、高中阶段以省情国情为主的研学旅行活动课程体系。

3. 研学旅行教学

实践是研学旅行教学区别于课堂教学的本质特征，研学旅行教学已经超出了传统意义上的教学概念。从学习空间的角度看，研学包括学校的学习和校外的学习，且以校外的社会性学习为主。从参与主体的角度看，不再仅仅局限于教的人（研学指导师）和学的人（学习者），还包括交通、基地、营地、博物馆、消防员、公安、家长等一系列对研学旅行实施有帮助的人员。由此可见，研学旅行是一门跨领域、跨行业的综合性学科。从学习过程的角度看，学校内以接受式学习为主的学习方式已经不适合研学旅行，根据研学旅行的需求，互动生成式、实践体验式、实地考察式学习方式成为其主要的学习形式。对研学而言，整个学习过程是开放的、不确定的（相对课堂教学来说），是在现实生活情境下的实践体验式学习过程，是一种新样态的综合实践活动形式。从学习内容的角度看，研学旅行包含的内容丰富且开放，祖国大好河山、中华传统文化、光荣革命历史、科技、安全、职业体验等都可作为研学旅行的内容供学生学习和感悟。对研学旅行而言，自然和社会是其最好的课本，呈现了一种全新的学习样态。

（二）研学旅行的教育价值

1. 研学旅行是融通学校教育和社会教育的重要桥梁

教育的综合性特点要求学校教育和社会教育是融通的，但现实的教育状况受学校教育空间的限制，很难将围墙里的学校教育和围墙外的社会教育融为一体。研学旅行作为一种通过旅行、"在场"观察开展的体验式学习活动，能够让学生融入真实的社会情境，体验运用所学知识观察、思考并分析、解决问题的学习过程。这样的学习方式能够突破学校教育在空间上的局限，实现了知识与生活、知识与社会、知识与实践能力之间的高度融通。同时也能够促进学生个体与社会的融通，研学旅行让学生走出校园这个简单的社会环境，进入真实

项目二　熟悉教育学在研学旅行中的应用策略

的复杂社会环境，锻炼了学生适应社会的能力，在一定程度上促进了学校育人与社会育人的融通。不难看出，研学旅行是从实践的角度，用体验的方式来实现教育的育人目标，在一定程度上实现了学校教育和社会教育的融通，能够促进学生的全面发展。

2. 研学旅行是实现"五育并举"实践育人的重要途径

研学旅行在加强学生集体意识和社会道德规范等品质教育，拓宽视野，获得丰富的体验、感受，加深对祖国所取得的伟大成就和进步、社会生活的变化、优秀文化传统传承以及对自然环境的理解等方面具有独特的育人价值。研学旅行还是连接家庭教育、社会教育的纽带和桥梁，充分发挥其实践育人的功能和优势，不仅是对综合实践活动的丰富和完善，也是立德树人，培养学生德、智、体、美、劳全面发展的有力举措。

3. 研学旅行可以有效促进学生的自主发展

学生对自己学习和生活的有效控制管理，对自我价值的认识和发展，是其自主发展的重要内容。学生要做到主动学习，养成健康的生活方式，才能达到自主发展的目标。研学旅行以学生自主发展为目标，设计具有开放性、探究性、体验性的活动，能在活动过程中较好地促进学生的自主发展。[20]

在研学旅行过程中，学生可以根据自己的兴趣爱好，选择适合自己的探究主题，根据主题自主组建兴趣相投的合作小组，并在组内自主选择或设计研学方案、路线等。同时，在研学过程中，学生的日常生活问题要靠自己去解决，能够有效锻炼学生的生活技能，培养学生的自主生活习惯。学生还能在这类集体生活中学会与人沟通交流和团队协作，增强集体意识和合作精神。由此可见，在研学旅行中学生始终处于主体地位，学生通过参与研学旅行活动能够养成良好的健康生活方式和习惯，学习优良的文明礼仪和行为方式，培养爱自己和爱集体生活的美好情感，为学会有效自我管理提供了机会，有利于学生的自主发展。

三、研学旅行可以运用于各类学科

（一）研学旅行与学科相互关联

研学旅行作为一种实践教育活动，其教育性是其区别于旅游的本质特征，而教育必然与学科知识有着千丝万缕的联系，因此研学旅行必然包含并反映某一学科或多学科的知识和方法，这也是研学旅行资源开发的重要内容。如对历史文化场馆的研学旅行活动设计，大都以弘扬中华优秀传统文化和历史文化为主，在这类研学活动中渗透历史知识能够有效链接学生的已有知识，激发学生的学习兴趣。对自然风光资源的研学开发，大都以感受祖国壮美河山，探究自然现象和规律为主题，在这类研学活动中渗透相关的地理、生物、语文等学科知识能够让学生感知所学知识的现实应用，促进学生对知识的理解。

研学旅行是学科知识实践应用的重要载体，学科知识能够在研学实践中得到验证、延伸、重构和提升。研学旅行中的新知识、新问题需要学生借助已有学科知识去同化、顺应为自己的具体经验。同时，学生在实践中体验分析、解决问题的过程，也是使学科知识进一步拓展和深入的过程。由于研学旅行内容涉及的范围非常广泛，因此其关联的学科和领域也极为多样，除与常见学科相关联外，还可涉及社会多个领域如消防、饮食、医疗健康、农业、工业、交通，等等。

（二）研学旅行体现学科综合

研学旅行的资源和课程内容特点决定了研学旅行是一门综合类的学习活动。它不属于哪一门学科课程，它超越了知识类别，模糊了学科界限，以主题为核心组织课程。

研学旅行的综合性体现在，当学生置身于研学的真实情景中面对复杂问题时，综合运用所学多学科知识分析、解决问题的能力。当学生在研学工业园区时，不仅需要运用地理知识探究工业的区位因素，还可能运用物理、化学知识了解工业的某一生产环节。由此，研学旅行的内容大都是多学科知识的综合体现，需要学生从多个角度综合认识自然和人文事物及现象，从而培养学生从整体上认识和分析事物的综合思维，整合头脑中的相关知识，形成思维网络，促进结构化知识的形成。[21]

四、研学旅行需要与课内教学相结合

（一）研学旅行与课内教学的不同

研学旅行作为一种校外教育活动，其与学校教育差别较大。从学习方式角度看，学校教育是被动式间接经验的学习，而研学旅行是在实践中主动获得直接经验的学习；从学习内容角度看，学校教育以分科教学为主，学科知识间的可迁移性较弱，而研学旅行呈现的内容是主题式的综合知识；从知识的应用角度看，学校按照学科和单元组织的教学，大都缺乏真实的探究情景，让学习者通过想象，运用所学知识对相关问题进行分析和解答，这在一定程度上降低了学习者综合运用所学知识解决问题的能力。同时,这样的学习让知识与现实生活缺乏真实性联系,使得知识学习与现实生活不一致,进而影响了学习者生活能力的提升。相反,研学旅行能够将学习中习得的学校知识在实践中加以综合运用和验证,能够使知识与生活相互关联,促进学习者生存和生活能力的提升。

(二)研学旅行与课内教学的相互联系

研学旅行与课内教学的差异,决定了两者能够相互补充,共同促进学生的全面发展,因此两者存在必然的内在联系。学生在课内学习中习得的知识是校外研学旅行的知识基础,校外研学旅行是课内知识学习的"练兵场""实践田"和"充电站",二者相互联系,相互补充,更好地促进学生知识、能力以及素养和品质的培养和提升。因此,研学旅行需要与课内教学相结合,通过研学旅行使知识与社会、自然相融合,让学生真正将知识运用到现实生活中。

任务思考

结合所学,阐述研学旅行与学校教育有哪些联系和区别?

参考答案

任务二　掌握教育学在研学旅行中的应用策略

任务导入

教育是面向发展中的人的教育，人的身心成长特点决定了任何有关教育的活动都需要遵循一定的教育学规律，研学旅行也不例外。教育学理论或观点是研学旅行课程开发和活动实施的理论指导。

思考：如何在研学旅行课程开发和实施中发挥教育学的指导价值？

任务实施

掌握教育学在研学旅行中的应用策略，能够有效提高研学课程内容和活动设计的科学性、效用性和可操作性。

一、研究研学旅行目标设计的效果和影响

了解教育学的基本概念和相关理论，能够帮助研学旅行课程开发者和活动组织者设计符合教育教学规律和国家育人需求的目标。

（一）研学旅行目标设计的育人性

我国新一轮课程改革以培养学生的核心素养为重点。2014 年教育部印发《关于全面深化课程改革落实立德树人根本任务的意见》，提出要研制中国学生发展核心素养，修订课程方案和课程标准，改进学科育人功能，推动评价改革等重点工作。2016 年教育部发布中国学生发展核心素养内容，该内容以培养"全面发展的人"为核心，分为文化基础、自主发展、社会参与三个方面，综合表现为人文底蕴与科学精神、学会学习与健康生活、责任担当与实践创新六大素养，具体细化为国家认同、国际理解、社会责任、人文积淀、人文情怀、审美情趣、理性思维、批判质疑、勇于探究、乐学善学、勤于反思、信息意识、珍爱生命、健全人格、自我管理、劳动意识、问题解决、技术运用 18 个

基本要点。中国学生发展核心素养的提出，强调了人的全面发展这个核心，是落实立德树人根本任务的一项重要举措，也是提升我国教育国际竞争力的迫切需要。

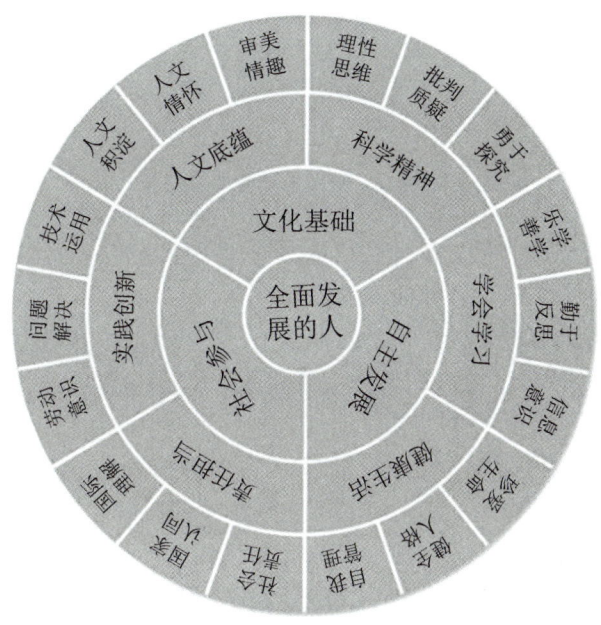

图 2-1　中国学生发展核心素养

研学旅行作为实践教育的重要方式，其育人目标应符合国家的育人需求，符合学生的认知发展规律，为人的全面发展助力。由此，研学旅行的目标应以培养全面发展的人为核心，遵循学生的认知发展规律和教育发展规律，体现育人的目的。育人性是检验研学旅行目标设计的重要标准，也是研学旅行目标设计的核心和关键。

（二）研学旅行目标设计的科学性

1. 目标分层设计

教育的本质属性是有目的地培养人的活动。任何教育都指向育人，育人性也是检验研学旅行目标设计的重要标准，因此育人目标是研学旅行最上位的目标，统领研学旅行的各项具体目标。然而越上位的目标，覆盖的内容面越广，灵活度不够，导致目标实施的可操作性越弱。所以在研学旅行目标设计时需要对上位的育人目标进行分解和细化，将其分解为具体的实施目标进行教学操作。

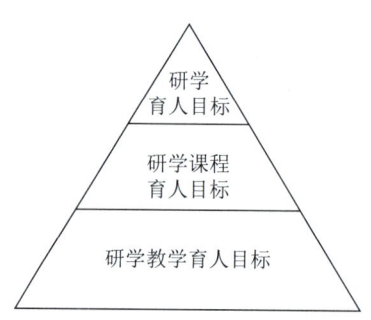

图 2-2　研学目标分层设计

研学育人目标作为最上位的总目标，指向全面发展的人，培养德智体美劳全面发展的社会主义建设者和接班人。

研学课程育人目标作为中位的目标，上承研学的育人目标，并结合研学资源的特点、学生的学段特点和认知发展特点，对研学育人总目标进行下位的分解。

研学教学育人目标作为最下位的目标，承接研学总目标和研学课程目标，并对课程目标进行进一步的细化将其落实到具体的教学活动中去设计，以便对具体的教学活动进行引导，更有利于目标的达成。

三个层次的目标围绕育人核心，逐层分解、细化，最后落实到具体的教学活动过程中。与目标自上而下的设计不同，教学是立足最下位的教学目标开展育人活动，所以随着教学活动的开展和教学目标的达成，中位的研学课程育人目标和上位的研学育人总目标也会随之实现。

2. 目标进阶设计

教育所服务的对象是发展中的人，而人的发展遵循一定的成长规律。由于处于不同发展阶段的儿童，在知识基础、能力、认知特点等方面有较大的差异，因此在研学活动中的表现和发展也有差异。依据学生的身心发展和认知发展规律，将研学旅行划分为三个阶段，即小学四至六年级，初中一、二年级，高中一、二年级。由此，研学旅行在进行目标设计时应遵循教育教学规律，秉持目标设计的发展性原则，设计螺旋上升性的目标体系。在目标体系的构建中体现阶段性和发展性，既保证目标与学生发展阶段的一致性，又保证目标体系的连续性和发展性。

项目二 熟悉教育学在研学旅行中的应用策略

表 2-1 研学课程阶段性目标中价值体认维度的进阶式设计[22]

目标	小学四至六年级	初中一、二年级	高中一、二年级
价值体认	通过亲历、参与研学实践教育活动,感受乡土河山之美,感知乡土文化中的优良传统,了解家乡的革命历史遗迹和英雄事迹,了解家乡的发展与变迁,初步形成国家意识、文化自信和拥护党的意识。 理解并遵守公共空间的基本行为规范,初步形成集体思想、组织观念	通过体验、参与研学实践教育活动,了解研学地的自然风光和环境优势,感知并理解当地历史文化所体现的美德和精神,认知当地社会与自然环境发展变化的原因,感受祖国的发展与进步,形成国家认同、热爱中国共产党的意识。通过职业体验类研学活动,发展兴趣专长,形成积极的劳动观念和态度,具有初步的生涯规划意识和能力。 在研学过程中能主动分享体验和感受,与老师、同伴交流思想认识	通过实践、体验、参与研学实践教育活动,认知研学地所体现的祖国的大好河山、中国的传统美德、革命的光荣历史、祖国的繁荣稳定与发展,理解祖国的历史和现实所反映的在中国共产党正确领导下中华民族伟大复兴的光辉业绩和宏伟前景,增强对中国共产党的感情,形成中国特色社会主义的共同理想和国际视野。 初步体悟个人成长与职业世界、社会进步、国家发展和人类命运共同体的关系,增强根据自身兴趣专长进行生涯规划和职业选择的能力

进阶式目标体系体现学生在素养方面的阶段性发展。从认知规律的角度看,进阶性目标能够引导学生由浅入深,由简单到综合地获取知识,进而实现对知识的感性认识到理性思考的发展,这一发展过程能够促进学生在知识、能力、思维、价值观等方面的发展。

二、设计、开发和评估研学旅行活动

教育学理论是教学活动科学实施的依据,研学旅行作为让学生走出校园、走入社会、亲近自然的教学活动,与教育学理论中的生活教育、自然主义、建构主义的主要观点契合度较高,用这些教育学理论指导研学旅行活动设计,能够提高研学旅行活动的科学性和有效性。

(一)研学旅行活动的设计

1. 突出探究性

研学旅行的教学场所是开放的,脱离了学校教学固定的课堂;研学旅行中学生学习的内容是复杂的,不再是学校教学固定的系统化的学科知识逻辑。这样的学习环境和学习内容使学生在研学旅行中的学习变得复杂且困难。在这样复杂的学习情境中,设计具有驱动性的探究活动,能够有效激发学生的学习积极性,提高学习的参与度。同时,活动、体验是研学旅行学习的显著特点之一，它不同于学校教学中的被动输入，是学生在活动中体验知识获得的过程，这一过程符合建构主义的学习观点，能够促进知识的意义建构，增进学生对知识的理解。

例如，师生参加"桂林山水研学旅行"活动，行走在"桂林山水甲天下"的秀丽山水间，如何避免只游不研的问题是研学活动组织者需要解决的难点。此时，抓住研学资源的特点，围绕研学目标设计探究性活动是突破这一难题的关键。在这次研学活动中，研学活动设计者设计探究喀斯特地貌的成因，探究"刘三姐山歌"文化与当地自然和社会环境的关系，进而引导学生认知区域纷繁复杂的差异，感悟自然与文化之间千丝万缕的关系，促进书本知识与生活经验的深度融合。

根据生活教育理论，在设计探究活动时应贴近学生的生活，从生活现象、问题、情境入手设计探究活动，激发学生探究热情，同时也能让学生思考生活和学习，在两者之间建立联系的纽带，以便让学生更好地将知识应用于生活，服务于生活。

根据建构主义理论，在设计探究活动时应充分考虑学生的认知基础。探究任务要符合由浅入深，由简单到复杂的认知规律，要最大限度地在新知与学生的已有经验之间建立关联，进而促进学习者将新知同化、顺应为自己的具体经验。

2. 重视实践性

研学旅行中的"旅行"两字，凸显了研学的实践和体验性特点，让学习者在真实的学习情境中感受"行走课堂"的魅力，即通过实践活动，动手、动脑，观察、分析、体验知识的获得过程，这是研学旅行区别于学校教学最显著的特征，可以说没有实践与体验就不能称之为研学旅行。

根据体验式学习理论，实践是学习者获得具体经验的最有效途径，同时实践的过程也是学习者不断观察、体验、反思，形成抽象概念并指导自己实践活动的过程。缺乏实践体验的学习，尤其是灌输式的学习，不利于学生的理解，甚至会使学生产生错误的理解。

例如鱼牛的故事。

图 2-3　青蛙介绍牛的模样

图 2-4　小鱼建构牛的模样

在青蛙向小鱼介绍它见过的牛的模样时，并没有考虑到在小鱼的已有经验中没有牛的概念，而只有鱼的形态概念。小鱼在这样的灌输式学习方式下，最终建构的牛的模样便是鱼牛的组合体，这便是一种错误的理解。如果让小鱼去看一看真实的牛，去听一听牛的叫声，摸一摸牛那有温度的身体，小鱼一定能够建构正确的牛的概念，并能够分析出自己与牛的不同。

通过上述举例，可以得出这样的结论，研学旅行先天能够为学习者提供真实的实践体验机会，有助于学习者在实践体验的过程中完成知识的意义建构，深化对知识的理解以及对精神和情感的体悟。

3. 发挥自主性

根据教育学因材施教的观点，研学旅行活动设计要充分考虑学者的需求，设计个性化且多样的活动，让有不同兴趣需求的学生能够找到适合自己的研学活动，并在活动中得到发展。

研学旅行活动设计要围绕学生主体开展调研，了解学生已有知识经验与研学资源的关联度，从学情出发设计研学活动主题和内容；要转变师生的角色，教师要变身研学指导师，引导学生的研学探究学习，在学生探究遇到困难时及时给予帮助和指导；要关注学生的自主学习和体验，要引导学生在研学旅行中提高自主体验和自主学习的能力，从提出问题、研究问题到解决问题，学生应是各个环节的主体。只有充分发挥学生的主体性，才能有效激发学生的参与积极性，充分调动学生的自主性。

（二）研学旅行活动的评估

1. 多元评价

研学旅行是聚合学校、家庭和社会三方之力，共同规划实施的一项教育教学活动，这决定了研学旅行活动评价主体的多元化。

（1）评价对象

从育人的角度看，对学习者的评价是核心。以学生为评价主体，评价内容应包括学生参与研学活动的过程性评价和完成研学活动的终结性评价。过程性评价指向学生参加研学活动的参与度，学生的习惯养成，学生对学习方法和研究方法的习得以及学生创新精神和实践能力的发展等方面。终结性评价指向对学生参与研学过程的总结性评价以及对研学成果的评价。

从研学活动的有效性角度看，还应该对活动课程、研学指导师以及第三方服务进行评价，这三方面直接影响研学活动实施的有效性。以研学活动课程为评价对象，主要评价活动目标与学生实际研学结果的吻合程度，如果吻合程度较差，就要分析是活动实施过程的问题还是目标设定不合理的问题，从而根据评价所发现的问题对活动设计进行改进。以研学指导师为评价对象，主要评价研学指导师的综合素养和实践操作能力，如活动的组织实施能力、激励评价技巧、处理应急事件的能力等。以第三方服务为评价对象，主要评价第三方的服务质量，内容包括第三方提供的研学活动设计是否合理、科学，第三方选派的研学指导师在研学实践教育活动的组织和课程实施方面是否高效，第三方在组织研学活动时是否有完善的管理制度，对研学过程中出现的意外事件是否有应急预案，在课程项目变更、时间安排调整、后勤服务保障等方面是否合理有效等。

以学生为主体的评价贯穿研学活动的全过程。对研学活动课程、研学指导师以及第三方的评价需要在研学过程中进行观察和记录，最后在研学活动结束后进行总结性评价，并提出改进建议。

（2）评价实施主体

研学的综合性特点决定了其评价实施的主体也是多元的，既有学生的自我评价，又有同伴评价、导师评价和家长评价。

自我评价是让学生对自己在研学实践教育活动中的行为、认识和成长做一个评价。自我评价也是学生的一种反思和总结，在这个过程中学生会在评价标准的指导下反思自己的不足并了解个人优势，进而明确自己改进和发展的方向。

小组评价是组内成员或小组管理者给出的评价。这类评价可以让学生了解别人眼中的自己，通过他人对自己的评价让学生更全面、更客观地认识自己的优点和不足，这对学生提升合作意识、增强集体荣誉感和责任感有极大的帮助。

导师评价是研学活动指导师对引导范围内的学生给出的公平、客观的评价。这类评价与学生自我评价和小组评价的不同之处是，它的评价实施者是一

项目二 熟悉教育学在研学旅行中的应用策略

个身心发展成熟的个体,也就是说导师会用更加理性的认识、更具育人价值的思维去审视、评价每一个学生个体。这类评价有助于学生在世界观、价值观以及素养和能力方面的提升。

家长评价有两种方式,其一是随队的学生家长对管理范围内的学生给出评价;其二是未实地参加研学实践教育活动的家长通过了解学校的研学活动,观察学生回家后的表现给出恰当的评价。这类评价,从学生的角度看,可以增强亲子之间的情感,从学校的角度看,可以增进家校合作。

2. 素养评价

在当下以素养培育为重点的课程教学改革的大背景下,研学旅行活动的评价关注点应落脚在学生素养的培养上,结合研学旅行的特点,重点关注学会学习、学会合作、提升实践能力等方面。

(1)学会学习

中国学生发展核心素养中的学会学习包括乐学善学、勤于反思、信息意识三个层面的内容。结合这一素养培养要求,在研学旅行活动评价中应对学生的学习态度、探究能力、搜集处理信息能力等方面进行评价设计。

积极的学习态度是学生乐于参与研学探究的前提,决定了学生在参与研学活动中的主动性和积极性。具备积极学习态度的学生能够在研学活动过程中积极参与、主动提出问题、勤于思考分析问题。

探究能力是学生参与研学活动的必备能力。学生要在研学过程中经历从提出问题到解决问题的过程,而探究是完成这一过程的必要学习方式。对探究能力的评价可以关注学生是否敢于提出问题,是否能自主解决问题并表达自己的观点,是否能够通过观察、记录、总结学习结果等。

搜集处理信息能力是研学实践活动中需要具备的一项能力,这一能力可以通过学生搜集信息的数量、方法、途径以及信息的可靠性和适用性等方面来评价。

(2)合作精神

研学旅行活动作为一项集体食宿的校外实践活动,需要学生真实体验集体生活,学会与他人沟通、交流和合作。同时研学活动大都以项目式学习为主,在项目的完成过程中,学生需要借助小组的力量与他人一起共同完成活动任务。不难看出,在研学旅行活动中学会合作是研学参与者的必修课,这也是学生成长过程中需要习得的必备素养。在对合作精神进行评价时,可以对学生在参与小组及班级活动时的合作态度和行为表现进行评价,体现学生在小组或集体中的作用。

(3)实践能力

研学旅行是有效落实"做中学"理念的重要途径,通过实践可以提升学生在真实社会情境中解决实际问题的能力，培养学生的问题解决思维，让学生养成敢于直面问题，不畏惧，不逃避的品质。实践能力包含的范围较广泛，研学初的方案设计、线路设计、电子设备的使用，研学中的劳动体验、实践操作，研学后成果展示活动的方案设计、组织实施等都属于学生实践的层面，能够全面提升学生的实践能力。在评价时要立足学生发展综合考虑，可以结合研学的不同阶段，分别设计多维度的评价量规。

三、指导和开展跨学科与超学科的课程设计

课程是教育目标达成、教育活动实施的重要载体。研学旅行的课程来源于真实的自然和社会，这些现实资源很难归类为某一学科知识，大都是多学科知识或超学科知识的承载体，由此在设计研学课程时应遵循教育规律，设计符合学生认知发展特点的跨学科或超学科课程。

（一）落实全面育人要求

教育的最终目标是促进人的发展，使其更好地适应社会，提升个体的社会生存能力。然而，社会是复杂问题的集合体，人在社会中面对问题的复杂性使其需要具备综合能力去分析并解决问题。尤其进入信息时代以来，社会的高速发展使得对综合性人才的需求增大。由此，新一轮课程改革提出培养全面发展的人的育人要求。学校教育虽然在德智体美劳的培育方面具有不可替代的作用，但也不能否认目前的学校教育存在重智育轻德育、弱化美育、轻视体育和劳动教育的现象。研学旅行作为学校育人方面的有益补充，在德智体美劳的培育方面具有教学条件和实施方面的优势。

研学旅行的特点是寓学于游，在真实情境中体验学习。通过研学旅行可以引导学生在自然和社会的真实情境中，学会观察、分析现象，在实践中获得真知；还可以通过研学旅行活动在体力、耐力、意志力方面锻炼学生，增强学生的体质；同时，美丽的大自然也是美育培养的天然大课堂，对陶冶学生情操，提升审美意识和能力效果显著；此外，通过劳动体验类的研学旅行活动还可以提升学生的劳动技能，培养学生的劳动精神和品质。

（二）促进综合学习

围绕促进人的全面发展这一育人目标，新一轮课程方案提出促进综合学习的要求。要求教学改革要改进学科育人功能，在学科独特育人功能的基础上，充分发挥学科间综合育人功能，开展跨学科主题教育，将相关学科的教育内容

有机整合，提高学生综合分析问题、解决问题的能力。研学旅行的社会性使其能够融合多学科内容设计课程，在促进综合学习方面具有天然优势。

（三）融通学科设计课程

1. 用跨学科的视角开发研学资源

任何一个研学资源都不是单一学科知识的载体，所以在研学资源开发时要挣脱学科的束缚，用跨学科的视角去挖掘和整合研学资源。具有开放性的研学资源，往往包含较多内容，如果用单学科视角去审视研学资源，往往会舍弃很多优质的研究内容，但如果围绕育人目标用跨学科的视角去挖掘整合研学资源，就能使研学内容更丰富，育人效果更全面。

同时，跨学科视角开发研学资源应重视学生的身心和认知发展规律。要结合不同学段学生的认知发展规律挖掘、整合不同层次的跨学科资源，如对于小学段的学生，开发学生比较熟悉的跨学科资源会更有利于学生的探究；对于初中段的学生，可以适当开发学生未知的跨学科资源，会有效激发学生的好奇心和探究欲望；对于高中段的学生，可以开发超越学校学科分类的跨学科资源，能够拓宽学生的视野，丰富学生的思维以及职业体验。

案例分享

表 2-2　石林县研学旅行主题、地点与涉及学科[23]

研学主题	研学资源点	涉及学科
传承红色基因	糯衣革命烈士墓；五棵树村石林会议旧址；双龙广场革命烈士纪念塔；朱家壁事迹纪念碑；石林一中革命据点；张炽故居	地理、历史、政治、语文
探秘世界遗产	石林风景名胜区	地理、数学、化学、物理、生物、外语、美术
助力乡村振兴	彝族第一村、大糯黑村、阿着底村、蓑衣山村	语文、音乐、美术、政治、劳动、地理、舞蹈
解密神奇自然	长湖、大叠水、冰雪海洋世界、圭山森林公园、喀斯特地质博物馆	地理、体育、语文、美术

上述案例中提到的研学地范围较大，课程资源开发者用跨学科视角将诸多研学资源分为四个主题进行整合，开发适合初中段学生的跨学科研学资源。

2. 以学科融合为出发点设计课程

体现跨学科学习的研学课程需要在课程设计过程中软化学科边界，促进研学课程内容的综合化。从国际课程改革经验看，学科课程的综合化一般有四种整合路径，即学科内整合，此种整合较为常见；科际整合，如社会学科，一般在同类学科之间进行整合；跨学科整合，如 STEM 课程，学科跨度比较大；超学科整合，又称为"主题教学"，即通过开放的主题，整合不同学科及相关知识与技能，因为不再以学科为本位，而转变为以主题为中心，所以是超学科的整合。[24]研学旅行中的跨学科课程属于第三种和第四种路径的综合。

跨学科课程不是多学科课程，在学科综合的过程中应避免多学科的"拼盘"，应借助研学特有的真实情境优势，挖掘情境中的真问题，围绕问题的解决确定跨学科课程的主题并设计研学课程内容。这样设计的跨学科课程能够有效引导学生在真实情境中，围绕主题，运用各科课程的知识与技能、思维与方法以及情感态度价值观等开展体验式探究活动，提升学生综合分析、解决问题的能力。

案例：山东日照港跨学科研学课程设计[25]

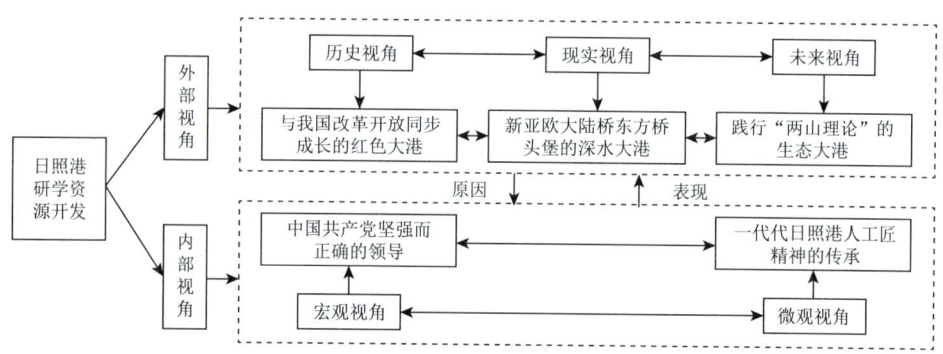

图 2-5　日照港研学资源分析

如图 2-5 所示，日照港是本次研学的地点，也是研学活动的真实情境。本次研学课程的设计者在挖掘这一真实情境时，以学科融合为出发点，从外部视角和内部视角梳理了两条线。内容按照由古至今的时间线，包含祖国的经济发展、生态建设、爱国爱党、劳动精神等，涉及历史、地理、道德与法治、劳动等学科。基于对资源的梳理，确定本次研学的主题为建设历程、辉煌成就和未来发展。在三个主题的引导下，学生运用多学科知识进行探究活动，具体设计思路见图 2-6。

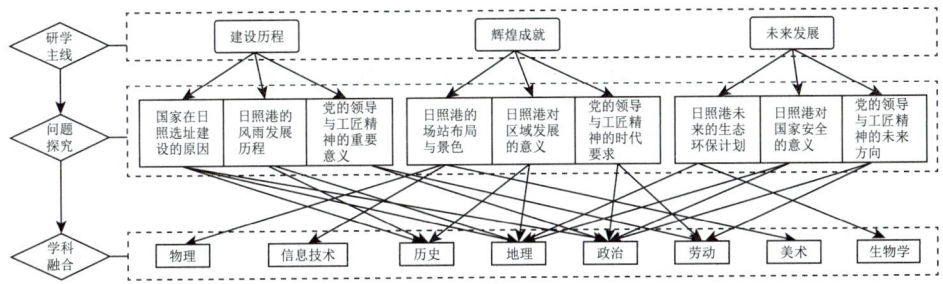

图 2-6 日照港研学旅行活动框架示意图

3. 以综合性视角构建课程评价体系

研学旅行的育人要求以及跨学科研学课程内容的综合化设计决定了课程评价体系的综合性。这里的综合性不仅指向跨学科的知识与能力的综合，更指向全面育人的要求。跨学科研学课程评价要着眼于学生的整体发展，用发展的思维去设计评价体系。要重视过程性评价，关注学生在活动过程中的表现，突出学生运用综合知识解决问题的能力评价。同时，课程评价要关注评价对学生发展的价值，过程性评价要关注对学生能力的提升，终结性评价要以诊断学生获得能力的水平为主。

案例分享

表 2-3 以学生能力的发展过程为评价目标的量表设计

	初步	达标	掌握	应用
活动参与意识				
实践能力				
知识转化能力				
合作意识				
环境保护意识				
探究方法掌握				
总结分析能力				

四、研究和应用研学实践中的教育策略

（一）实践育人

1. 激发学生的主观能动性

主观能动性是一个哲学概念，它包含两个主要方面：一是人们能主动地认识客观世界；二是在认识的指导下能主动地改造客观世界。通过激发个体的主观能动性能够增强学生的主体价值意识，提升学生在活动过程中的自主性和创造性。在研学旅行中激发学生的主观能动性，需要遵循学生的身心发展规律，创设有意义的研学实践活动。首先，实践活动内容要能吸引学生的主体参与，凸显学生在活动中的主体地位，建立师生之间平等交往和对话的良好关系。其次，要充分发挥学生在过程性评价和终结性评价中的主体性，尊重学生的自我评价结果。

2. 重视知行合一

研学旅行的实践性特点使其成为能够落实"知行合一"这一教育理论的重要途径。目前学校教育中重知轻行的问题，导致学生获取的间接经验性知识非常丰富，但并不能很好地指导学生的具体社会实践活动。中国工程院院士、享誉世界的杂交水稻之父——袁隆平曾说："书本很重要，电脑很重要，但书本和电脑都种不出水稻。"也就是说，学生积累的知识如果不在实践中加以应用的话，也只能是学生的书本知识，无法成为学生的生存技能，更不能转化为社会生产力。

研学虽然在落实知行合一方面具有天然的优势，但我们也看到，"听"实践、"看"实践的情况在研学旅行活动中仍大量存在，这大大背离了研学旅行的教育初衷。研学旅行活动要让学生在实践中获得知识，在实践中检验知识，在实践中形成意志品质和关键能力，在实践中浸润中华优秀传统文化等。基于此，要在研学旅行中设计操作、考察、调查、设计、采访、实验、服务以及劳动等实践类活动，让学生在实践中学会探索、学会尝试、学会创新、学会分析、解决复杂问题。

（二）团队合作

研学旅行强调集体旅宿、集体研学，关注学生的集体生活和学习。由此，研学旅行过程中的团队合作就成为一项重要的内容，成为研学活动顺利开展的关键要素。团队合作中的团队是指为达到共同目标而自愿合作，并协同努力的

项目二 熟悉教育学在研学旅行中的应用策略

一群人。团队合作是指团队为完成既定目标而需要实现的思想和行为方式。从团队合作的含义可知，一个团队需要具备统一的目标和必备的团队建设，这样组建起来的团队才能达成合作共识，形成团队凝聚力。否则，所谓的团队就是一盘散沙，不利于团队工作的开展。

研学旅行活动在实践过程中，应组建团队并进行必要的团队建设。通过团队建设，每个团队成员能够明白自己的职责和任务，清楚整个团队的优势和不足，在活动中能做到扬长避短，互帮互助，对同伴进行鼓励与支持，提升团队在逆境中战胜困难的动力。

（三）教育的生成性

研学旅行作为综合实践教育活动，其活动过程本身是开放的、综合的，具有复杂多变的特点，导致研学全过程都充满着各种不确定性。正是研学活动的不确定性，使得研学实践教育活动具有生成性特点。教师在研学课程设计时需要预设研学活动的目标、内容及学生可能遇到的难点问题，但在实际活动组织过程中，仍会出现超出教师预设的学生问题。当面对活动过程中生成的学生问题时，研学指导师应抓住这一教育契机，进行适时的引导和教育，这便是有效的教育生成。但在日常研学旅行过程中，往往存在研学指导师忽略学生在活动过程中生成新问题的情况，导致错过了恰当的教育时机，使学生参与研学的活动体验感和成就感大大降低。

案例分享

卤水点豆腐

在某学校组织的研学旅行活动中，设计了体验豆腐制作的实践环节，让学生用卤水点豆腐。在这一过程中大部分同学都能按照导师的指导成功完成操作任务，但也有个别同学没有成功。此时，由于时间关系需要去乘车地点集合，准备返校，所以研学指导师并没有针对这部分没有成功的同学给出建议，也未对这部分同学进行适时的教育，而是组织大家站队离开。

通过上述案例我们发现，在这个活动中成功完成任务的同学和没有完成任务的同学，他们的实践体验和收获是不同的。在这种情况下就需要老师针对不同的同学采取不同的教育方式，不能无视少部分同学的感受，更不能让学生带着遗憾离开。这类生成性的教育问题在实践体验类活动中普遍存在，这就需要研学活动组织者和研学指导师具备教育的智慧，能够敏锐捕捉对学生的教育契机，进行生成性的有效教育。

五、研究和评估研学课程的质量和可行性

研学课程是研学旅行实施的重要载体，因此研学课程的质量和可行性直接影响研学旅行的目标达成度和育人效果。对研学课程的质量和可信性评估可以根据 CIPP 模式，从课程开发、课程方案、课程实施和课程成效四方面进行评估。

CIPP 模式是美国人斯塔弗尔比姆（L.D.Stufflebeam）于 1966 年创立的教育评价模式。最初的模式由四部分组成，即背景评价、投入评价、过程评价和成果评价。其中背景评价为计划决策服务，投入评价为组织决策服务，过程评价为实施决策服务，成果评价为再一次决策服务。后期，在已有研究成果的基础上斯塔弗尔比姆又进一步完善了成果评价，将其细化为影响、成效、可持续性和可推广性。[26] 研学课程作为研学旅行活动的决策和规划适用于 CIPP 评价模式，模式的导向性和改进性功能能够为研学课程的决策和规划提供评价参考，不断促进研学课程质量的优化提升。接下来结合 CIPP 模式理论阐述课程开发、课程方案、课程实施和课程成效四方面的评估内容。

（一）评估课程开发

课程开发是课程设计的第一步，在这一阶段要充分考虑各方面的因素，保证课程设计的适用性、科学性和可操作性。具体考虑要素应包括课程定位、课程目标、师资情况以及学情分析四方面。其中课程定位可从适用学生群体和涉及的学科内容（跨学科）两方面进行设计；课程目标可从目标的科学性、适切性、可操作性以及全面性四方面进行设计；师资情况可从教师的知识储备、资源开发能力、技术运用能力以及活动组织能力四方面进行设计；学情分析可从学生的知识基础、兴趣爱好、实践探究能力以及学生的需求四方面进行设计。

（二）评估课程方案

课程方案既是课程的主体内容，也是最重要的设计内容，在这一阶段需要具体考虑课程资源和内容方面的适切度和素养落实度。具体考虑要素要包括课程结构、课程内容和课程资源三个方面。其中课程结构要关注课程内容的进阶式设计，要与学生认知规律、素养培育要求相吻合，进行发展性的连续设计；课程内容要关注生活化、探究性、体验性、跨学科综合解决问题能力的培养以及教师对课程内容的驾驭能力；课程资源要关注资源的教育性、可实践性、安

全性以及与学生认知的匹配度。

（三）评估课程实施

课程实施是研学活动的重要环节，是研学课程得以应用和检验的必要过程，只有经过实践检验的研学课程才是最具可操作性的课程。同时课程实施也是课程优化的重要依据，通过实践反馈能够获得课程优化的第一手资料，有助于课程内容的改进和完善，提高课程质量。对课程实施的评估可以从两个角度入手，一是对学生参与过程的评估，二是对教师指导过程的评估。其中，对学生参与过程的评估可以从学生的活动参与度、实践过程性表现（如观察、分析、解决问题的表现）、合作表现、纪律表现、文明表现等方面进行设计；对教师指导过程的评估，可从活动的组织和指导情况入手对活动开展的步骤、指导方法、过程性评价反馈等方面进行设计。

（四）评估课程成效

课程成效是课程实施的结果性评价，通过课程的成效评价可以有效评估课程的设计质量和实施效果。借鉴 CIPP 评价模式，可以从影响评价、成效评价、可持续性评价三个方面进行设计。

影响评价是对课程方案到达、影响目标受众的程度作出评价。不难看出，这一评价纬度指向研学课程对研学参与者的积极影响。可设计指向知识掌握、能力发展、情感态度价值观提升等方面的内容，收集研学参与者在研学过程中的发展性信息，以此来评估研学育人目标的达成度。

成效评价是对结果的品质和重要性进行评价。在研学旅行中可以将其看作对研学成果的评价。研学往往伴有物化成果的形成，所以对物化成果的评价也是有效评估研学成效的重要依据。可根据成果的具体形式设计指向成果完成质量的评价内容。

可持续性评价是对方案成功地制度化并得以长久实施进行评价。在研学旅行中可以看作对课程方案的科学性、适用性以及可操作性的评估。可参照影响评价和成效评价的数据，对课程方案的科学性、适用性和可操作性进行讨论和反馈，评估课程方案的可持续性程度。

任务思考

根据所学教育学理论和观点,阐述研学旅行评价应遵循哪些原则?

参考答案

项目二　熟悉教育学在研学旅行中的应用策略

| 任务三 | 熟悉教育学的研学旅行价值 |

任务导入

研学旅行相较于传统的学校教育具有独特的育人价值，这是研学旅行能够成为学生素养培养重要途径的关键所在。

思考：研学旅行的独特育人价值体现在哪些方面呢？

任务实施

研学旅行作为一种让学生在实践过程中获得知识和体验的学习方式，它改变了传统课堂的授课方式，也弥补了传统课堂教学的不足，在促进研学参与者身心发展和能力提升方面发挥了重要作用。

一、提升学生的知识水平

（一）促进学生对知识的理解

维金斯和麦克泰格在其著作《追求理解的教学设计》中将"理解"定义为可迁移的、有意义的推断。在学习中，理解是将知识转换为实践能力的纽带，不被理解的知识一定不能被正确地运用到社会实践中，去指导人们的生产和生活，更不会在生产和生活领域实现创新。由此可知，理解在学习中占据重要地位。杜威曾经提出知识可以获得，但理解必须领悟的观点，不难看出，理解对于个体来说不能被他人所替代，只能通过自己来实现。

根据心理学研究成果可知，理解的思维起点是直接经验的获得。研学旅行的实践体验性特点，使得"体验"成为学生在研学旅行学习的必要过程和方法。这种体验式的学习，是学生获取直接经验的重要方法。直接经验的获得能够有效实现新知与个体具体经验的同化和顺应，新知只有同化或顺应为个体的具体经验才能推动个体对新知产生思考、分析并进行抽象概括。完成这一知识建构过程，才能使个体在社会实践中主动检验新知的应用效果，最终形成自己的具体经验。由此，研学旅行的体验式学习能够有效促进学生对新知的理解。

同时，研学旅行所提供的真实学习情境和问题，也是学生在实践中检验已有知识的重要途径。学生能够在实践体验的过程中，利用所学知识和方法对问题进行分析和解决。在这一解决问题的过程中，学生能够主动应用知识并检验知识的使用效度，学生在迁移应用知识的过程中实现对知识的真正理解。

（二）让学生习得正确的学习方法

常规的学校教育使学生对学习方法产生一种错误的认知，即认为知识是通过被动接受的方式获得的。在这样的认知情况下，学生一旦走出校园，面对复杂的社会问题就会出现束手无策的情况。研学旅行为学生提供了一种科学的学习方法，即通过观察、思考、交流、实践的方式，使用必要的学习工具获得学习资料，寻求同伴及他人的帮助获取所需学习资源，这样的学习方法能够有效激发学生解决问题的主动性，使学生掌握解决问题的一般方法，有效帮助学生克服面对问题时的畏难情绪，提升学生问题解决的行动能力。

二、提升学生的社交能力

（一）提高学生的沟通能力

传统课堂教学的话语权往往掌握在少数孩子手里，留给孩子们之间的交流沟通时间并不多，且这类沟通交流也仅限于教师抛出的问题，并不能有效提高孩子们的交流沟通能力。研学旅行作为开放式的校外实践活动，能够为孩子们提供更多的沟通机会，也能够从孩子们的兴趣点出发促进孩子之间的沟通，从而让孩子们找到与自己兴趣相投的伙伴。

同时，研学作为一项集体活动，需要研学参与者借助集体力量解决复杂的现实问题，所以需要研学参与者与多人合作才能完成研学任务。而合作成功的必要途径是团队成员间的有效沟通。在一项研学活动中，研学团队成员需要经历分析、商讨、决策等合作过程，在这一过程中沟通的顺畅度直接关系到团队意见的统一和团队目标的达成度。由此，在研学过程中沟通能力是研学参与者的必备技能，并能在不断的沟通交流中提升学生的语言组织能力和表达能力。例如，在研学旅途中孩子们可以利用乘车、住宿的时间，与身边的伙伴尽情交谈，增进情谊，这属于感性的沟通，这样的沟通能够让孩子找到适合自己的新朋友。再如在研学探究活动中，孩子们可以围绕任务进行讨论、交流，确定行

项目二　熟悉教育学在研学旅行中的应用策略

动方案、分工、要求等内容，这样的沟通能够统一团队成员的思想，推进任务的有序完成，并能够收到较好的活动效果。

（二）提高学生的交际能力

交际能力可以通俗地理解为个体运用语言和非语言手段（肢体语言）来达到某种交际目的的能力。这种能力不仅仅停留在语言的表达层面，更重要的是在不同的情景中，面对不同的群体或个体，使用不同的语言准确表达自己的情感或意见，达到与人良好沟通的目标。交际能力是一种综合性社会能力的表现。

在传统的学校环境中，学生能接触到的群体和个体无非是同学和教师，这一固定的社会环境使得学生的交际范围有限，且存在被过度保护的问题，不利于学生综合交际能力的提升。研学旅行能够为学生提供更广的交际空间，能够让学生在活动中接触不同的群体和个体。面对如此开放的交际环境，学生需要走出已有的社交舒适圈，独立去解决如何与人有效沟通的问题。学生在尝试解决与人有效沟通的问题中，能够学会准确使用礼貌用语，准确表达自己的意愿，与人建立良好沟通关系等技能，进而提升自己的交际能力。

三、培养学生的独立思考能力

独立思考的内涵是指打破思考的局限，克服思考的障碍，让学生学会创造性、批判性地思考问题并有效地沟通的想法。从独立思考的内涵可以看出，独立思考并不只是强调个体独立完成对问题的分析和解决，而是凸显个体在面对问题时的创新性和批判性思维。

（一）培养学生提出问题的能力

爱因斯坦提出：提出一个问题往往比解决一个问题更重要。因为解决问题也许仅是一个数学上或实验上的技能而已，而提出新的问题、新的可能性，从新的角度去看旧的问题，都需要有创造性的想象力。从上述观点可以看出，真正的思考不是给出准确的答案，而是在思考的过程中提出自己的不同观点或困惑，问题的提出表明学习者思考的深入。

研学旅行活动关注学生主体作用的发挥，所以在研学过程中很多环节和任务会放手给学生自主完成，研学指导师作为学生完成任务的帮助者从旁指导。研学旅行开放性的活动设计为学生提出问题创设了良好的环境。研学旅行实践体验式的学习活动，为学生提供了发现问题、提出问题的探索过程。同时，在研学旅行活动过程中也鼓励学生提出问题和见解，并在过程性评价中作为一项标准加以体现，学生经历研学活动的实践探究过程能够提升自身提出问题的能力。

（二）培养学生正确思考的能力

在漫长的学生时代，学生所接触到的思考方式是对已有知识结论的验证性分析和探究。由于探究的结论是确定的，所以导致探究的过程也是定时、定向、单一的，不允许学生在探究的过程中出现偏离方向或不遵循探究方法的问题出现。教师的作用是将方法教给学生并进行过程性督促，保证学生在有限的时间内顺利、准确地得出需要被验证的知识结论。这样的教学方式在一定程度上窄化了学生的思维，这样的知识探究是有"围墙"的探究，学生必须在"围墙"里面，按照"围墙"里既定的规则进行探究。当学生走入社会，遇到真实问题，在不确定结果的情况下，这种"围墙"里的思考能力和探究方法能否帮助学生解决问题呢？答案是不太可能。

批判性思维理论认为，学生对知识的探究要经历质疑、思考、归纳演绎的过程，在这一过程中使学生对知识的认识从不理性趋向理性，进而解开自己对于这一知识的各种困惑。不难看出，正确的思考方法是要经过提出问题、分析思考、提炼归纳、实践检验的过程。研学旅行能够为学生提供真实的社会情景，让学生在情景中围绕真实问题经历观察、质疑、分析、实践体验的学习过程。其中，观察是思考的第一步，质疑和分析是思考的深化，实践体验是思考质量提升的关键，通过实践体验可以进一步检验思考的准确性，同时也能借助实践体验中反馈的问题引发对问题更加深入的思考。学生在这样的学习过程中，能够习得正确的思考方法，进而提升学生运用正确思考方法解决社会真实问题的能力。

四、拓宽学生的视野和能力

（一）开阔学生的视野

综合性是研学旅行的基本特征，强调让学生在社会和大自然的课堂中学习。从研学旅行的内容角度看，它所涉及的知识面非常广，既有与学生学校教育相关的知识，又有学生未曾接触过的知识；从研学旅行提供的学习场景看，它所涉及的领域也非常多元，包含自然、历史、科技、环保、消防、红色教育、国防，等等。在研学旅行活动中，学生面对的不是传统课堂中抽象化的知识和虚拟的环境,而是现实世界的真实情景。学生在研学旅行过程中可以感受到更加广阔的社会教育空间,这个空间无所不包,如自然资源、红色资源、文化资源、科技资源、国防资源和博物馆、工矿企业、知名院校等都能成为研学内容。如此丰富的学习资源是学校教育所不能实现的,研学有效弥补了学校教育的缺陷,丰富了学生的人生阅历,开阔了学生的视野。[27]

(二)提升学生的综合能力

综合能力是指人在发展过程中习得的能够使其更好地成长和发展的各项能力的综合体。研学旅行作为一种体验性、开放性、探索性、综合性的学习活动,能够让学生在活动过程中习得生存能力、实践能力以及创造能力,有助于学生综合能力的发展。如在研学旅行的集体生活中习得与朋辈交流沟通的能力,在研学探究活动中习得分析、解决问题的能力和合作能力,在研学劳动实践过程中习得劳动技能和方法等。总之,多样的研学活动方式,丰富的研学课程资源,让学生在不同的研学旅行中习得必备的各项能力,有益于学生的身心发展及社会适应能力的提升。

任务思考

结合所学,从培养学生德智体美劳全面发展的角度,分析研学旅行优于学校教育的方面有哪些?

参考答案

---——— 项目实训与提升 ———---

案例阅读

北京中学探索建设进阶性研学旅行活动课程体系[28]

北京中学通过"三点预设",即"需求点"——根据社会发展和学生成长需求,选择确定具体的研学资源;"联系点"——研学资源与学科知识有什么联系;"教育点"——研学资源对学生思想品德、个性心理、个体成长等方面的发展具有哪些价值,以校本化和课程化作为研学旅行落地的两个关键抓手,研发了覆盖贯通小、初、高学段，以"知根—寻根—培根"为主轴的一体化、分学段、有序推进的研学课程贯通体系。

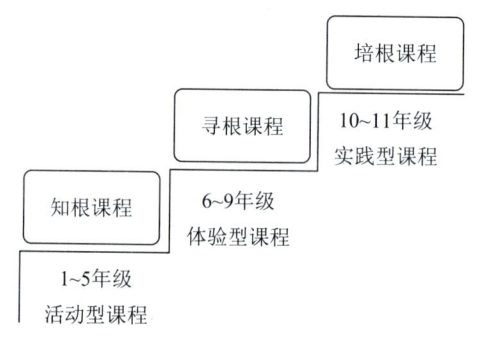

北京中学小、初、高综合一体化研学课程体系图谱

北京中学小、初、高综合一体化研学课程体系贯通课程体系

学段	知根课程		学段	寻根课程	学段	培根课程
一年级	七彩蝴蝶园	北京植物园	六年级	灵动隽永·吴越文化	十年级	责任担当·边疆支教
	孔庙、国子监	西山森林公园		大象无形·中原文化		生涯规划·职业体验
二年级	北京老字号	自然博物馆	七年级	汉风唐韵·秦陇文化	十一年级	坚毅笃行·戈壁徒步
	石花洞	京剧体验馆		厚德载物·齐鲁文化		爱心感恩·公益服务
三年级	中华民族园	农业博物馆	八年级	钟灵毓秀·巴蜀文化		
	北京天文馆	洼里乡居楼		西域风情·丝路文化		
四年级	古建博物馆	黄花城水长城	九年级	崇文致理·徽州文化		
	颐和园	北京科技馆		游牧骑射·草原文化		
五年级	故宫博物院	航空博物馆				
	胡同、四合院	周口店遗址				

项目二 熟悉教育学在研学旅行中的应用策略

知根课程主要在小学阶段开设，以活动型课程为主。课程内容聚焦北京周边区域文化，如西山文化、皇家建筑、环境物候、植物生态等，通过走访北京地区的自然、人文和科技等遗址、古迹，了解和体验发生在身边的自然和文化现象，厚植学生的人文基础。

寻根课程主要在初中阶段开设，以体验型课程为主，聚焦区域典型文化，走向外省，了解中华优秀传统文化在各地域的典型代表；进而走向世界，了解世界文明和优秀文化，培养具有国际视野、多元文化素养的创新拔尖人才。

培根课程主要在高中阶段开设，以实践型课程为主，聚焦人生职业规划、理想信念及价值观。以中华优秀传统文化和世界优秀文化为根，转知为行、转智成识，即把所学知识和经验用来认识世界、改造世界，进而把这种通过行动获得的智慧转化为内在的见识，以此提升自身的修养和格局。

案例剖析

结合本项目所学知识剖析上述案例：

1. 举例说明案例中的课程设计遵循了哪一教育学规律？

2. 选择案例中的一个研学资源，面向初中段学生，设计一个跨学科或超学科课程的目标。

参考答案

项目 三

掌握研学旅行中的心理学应用技能

全国中小学生研学实践教育基地——侵华日军南京大屠杀遇难同胞纪念馆

项目导读

在研学旅行中应用心理学的知识和方法，能够从学生的身心发展需求角度设计研学活动，进而提高研学活动的有效性。本项目围绕心理学在研学旅行中的应用，结合研学旅行的不同阶段，介绍了心理学在研学旅行前的应用要求、心理学在研学旅行中的应用技能、心理学在研学旅行后的应用能力和研学旅行中的心理成长保障四部分内容。

微课视频

学习目标

通过学习本项目内容，掌握心理学在研学旅行前、研学旅行中以及研学旅行后的应用策略，学会在研学旅行不同阶段运用心理学知识和方法设计研学活动，提升研学旅行活动的育人价值。

思维导图

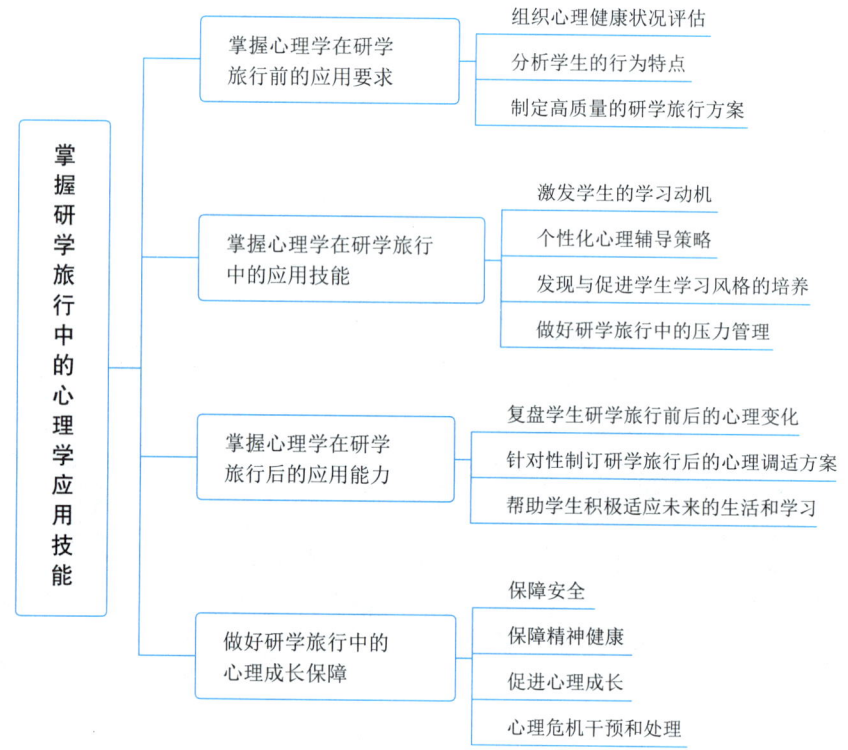

项目三 掌握研学旅行中的心理学应用技能

心理学的概念

心理学是从哲学中分离出来的一门研究人类及动物的心理现象、精神功能和行为的科学。科学的心理学不仅能够描述人类的心理现象，还能够解释人类心理现象背后的发展规律。心理学所涉及的领域非常广泛，如知觉、认知、情绪、行为等，因此也与教育产生了关联。其中发展心理学、认知心理学以及社会心理学都对教育产生着深远的影响。因此，心理学也对具有教育意义的研学旅行产生了深刻的影响。心理学的知识和方法是如何对研学旅行产生影响的呢？

任务一　掌握心理学在研学旅行前的应用要求

在研学旅行前，研学活动组织者需要了解学生的心理健康状况。

思考：采用何种方法去了解？又应该将了解到的信息应用到研学的哪些环节？

中小学生的研学旅行是一种教育教学活动，需要遵循教育学的基本规律。然而，所有的教育理论都是建立在心理学基础上的，所以要充分发挥心理学在研学旅行前的作用，设计符合学生心理健康需要的研学旅行活动。

一、组织心理健康状况评估

任何教育都是面向发展中的人的教育，且教育的最终目的都是促进人更好地发展。人的发展具有规律性，且心理发展规律是影响教育质量的关键因素。研学旅行作为校外实践教育活动，所面对的研学参与者是各个学段的学生，而不同学段学生的身心发展特征差异显著。因此在研学旅行前对研学参与者进行心理健康状况评估，能够增进研学实施者对研学参与者的了解，保障研学活动的有效实施。

（一）心理健康评估的内容

结合研学评估的目的，可将评估内容分为三大方面，即学生学习情况评估、学生社会适应能力评估和学生特殊情况评估。

1. 评估学生的学习情况，为开发研学资源做准备

由于同一研学资源所面向的研学活动主体是不同年龄阶段的学生，所以在开发研学资源时，需要了解不同年龄阶段学生的心理状况。

（1）评估学生的学习兴趣。研学资源大多融合多学科知识，综合性较强，且部分研学资源对学生而言是全新的知识。面对这些综合性的研学资源，研学资源开发者要了解不同年龄段学生的身心发展特点，准确把握不同年龄段学生的学习特点。基于此开发的研学资源才能有效激发学生的研学兴趣，提升学生研学的体验感和综合能力。

（2）评估学生已有知识经验与研学资源的关联度。从认知心理学角度分析，知识的习得需要学习者借助已有经验进行知识建构。所以评估学生已有知识经验与研学资源的关联度，能够帮助研学资源开发者选择合适的资源进行开发和设计，进而让学生在研学活动中有效完成对新知的同化和顺应，实现研学促进学生理解知识的目的。

（3）评估学生的学习障碍。学习障碍又称学习技能发育障碍，指儿童在学龄早期，在同等教育条件下，出现学习技能的获得与发展障碍。这类障碍主要包括阅读障碍、拼写障碍以及计算障碍等。针对这些方面对学生展开评估，能够了解学生的学习能力状况，帮助研学资源开发者开发适合学生学习能力的资源。

2. 评估学生的社会适应能力，为设计研学活动做准备

研学作为一项集体旅宿的校外实践活动，需要学生走出熟悉的校园环境，进入全新的社会环境。这对学生的社会适应能力提出了挑战。对学生进行社会适应能力评估，能够帮助研学实施者在研学旅行中设计提升学生社会适应能力的活动，保障研学活动的顺利组织。

（1）评估学生的情绪障碍。情绪障碍主要发生在儿童少年时期，在15岁左右的中学生群体中多发，主要表现为焦虑、恐惧和抑郁。近年来，受家庭、

项目三 掌握研学旅行中的心理学应用技能

学业以及社会等因素的影响,学生的情绪障碍问题逐渐增多。因此,在研学前对学生的情绪障碍进行评估是非常必要的,能够让研学活动设计者结合学生的情绪状况改进活动方案。避免出现诱发学生情绪问题的活动,增加良好情绪培养的活动设计。

（2）评估学生的人际关系障碍。人际关系障碍是指一切妨碍正常、良好人际关系建立和维持的因素,主要表现为交往恐惧、孤僻、自傲、嫉妒、猜疑、敌意等方面。研学旅行是一项集体活动,团队成员间的人际关系情况直接影响研学活动的有效实施。在研学前对学生进行人际关系障碍评估,能够帮助研学活动实施者了解学生的人际关系状况,并根据具体情况设计培养团队成员间良好人际关系的活动。同时也能够让研学活动组织者了解特殊学生的人际关系状况,进而提前制订有针对性的活动方案,改进这部分学生的人际关系。

（3）评估社会适应障碍。适应障碍是一种因处境变化或应激性生活事件出现时所表现出的短期的不适应反应,主要表现为情绪失调、睡眠障碍、快感缺失和食欲不振等。研学旅行本身的特征决定了学生将在研学的过程中置身于全新的环境中,而全新的环境会导致学生产生不适应情绪。在研学前,对学生进行社会适应障碍评估,可以帮助研学活动组织者详细设计活动方案,避免学生出现因环境改变而产生的情绪焦虑、睡眠问题以及食欲不振等问题。

3. 评估学生的特殊情况,为设计个性化的研学方案做准备

研学活动是一项面向全体学生的校外实践活动,研学活动组织者既要考虑面向全体学生设计研学方案,又要关注特殊学生群体设计个性化的研学方案,保证研学育人目标的达成。

（1）评估学生的性格缺陷。性格缺陷是指一个人表现出来的不同于常人的反应,这类缺陷大部分是先天基因问题,也有部分属于后天经历所致,主要表现为对一切深感无力、偏执、孤独冷漠、强迫性格等。研学前对学生进行性格缺陷评估,有助于研学活动组织者了解特殊性格的学生情况,进而针对这部分学生制订个性化研学方案。

（2）评估学生的品德缺陷。品德缺陷关注学生出现的违反社会道德准则的行为,主要表现为说谎、辱骂他人、攻击他人、捉弄他人、偷窃、欺诈等问题。研学前对学生进行品德缺陷评估,有助于研学活动组织者了解学生的品德情况,进而能够提前制订方案,对品德存在缺陷的学生进行有针对性的活动教育。

（3）评估学生的不良习惯。不良习惯是指儿童形成的比较固定的、自动化的、不良的习惯性行为倾向。不良习惯所包含的范围比较广泛,如不良生活习惯、不良学习习惯、不良健康习惯等。研学旅行兼有培养学生良好生活和学习习惯的任务，所以在研学前对学生进行不良习惯评估，有助于研学活动组织者了解学生的习惯状况，能够在研学旅行过程中有针对性地对学生普遍存在的不良习惯进行纠正和引导。

（4）评估学生的行为障碍。行为障碍是指可观察到的个体的活动异常表现。行为障碍是各种心理过程障碍的结果，心理学研究表明存在行为异常的孩子大都存在心理问题，主要表现为反复做一件事情、强迫自己做某事、多动、洁癖等方面。在研学前对学生进行行为障碍评估，可以帮助研学活动组织者了解学生的行为障碍表现，进而针对这部分学生设计有助于其行为改善的研学活动。

（二）心理健康评估的方法

结合心理健康评估的基本方法，在研学旅行活动前可采用不记名量表调查法、行为观察、访谈法、心理测验等方法进行比较全面的评估。其中量表调查法可操作性强且经济实用，因此在研学前的心理评估中较为常用。而行为观察法因其编码方案较为专业，需要心理专业人员进行协助，所以在研学中不常用。

1. 基本方法

（1）量表调查法

评价量表的内容一般包括量表名称、项目、评定标准以及评分等级。其中项目可以根据研学前需要评估的主要内容进行设计，如学习能力、社会适应能力、人际交往能力等方面；评定标准应具体到学生的行为表现，可以让受测者通过自己的行为表现进行评价，便于操作；评分等级可以按照程度的高低设计为没有或很少（1分）、有时有（2分）、相当多时间有（3分）、绝大部分时间有（4分）四个等级，每个等级的具体定义由受试者自己体会并填写。

评价量表分为自评量表和他评量表，其中自评是指由受评者自己作出回答；他评是由专业人员根据知情人（家长或教师）对受评人的观察结果或评定者自己的观察结果来进行评定。研学中大都采用自评量表。量表调查法的优点是内容比较全面、结果可量化、经济方便等。不足之处是调查常常是间接性的评估，材料真实性容易受被调查者主观因素的影响。

注意事项：

在开始评定前，先由工作人员把总的评分方法和要求向受评者讲解清楚，然后让其独立作出评价。

需要工作人员代为填写的，可由工作人员逐项念给受评者听，并以中性的、不带任何暗示和偏向的方式把问题本身的意思告知受评者。

在设计评估量表时应确定评定的时间范围，不同量表评定的时间范围是不同的，有的评定近一周的情况，有的评定近一个月的情况，有的评定近半年的情况。

评定结束时，工作人员应对受评者的完成情况进行检查，如出现遗漏问题的情况，需要提醒受评者再考虑评定，以免影响分析的准确性。

在评定结束时，工作人员应当场收回问卷并进行检查，统计各项得分。所有条目采用正向记分，没有反向记分项目。总分为各项得分之和，分数越高表明心理健康状况越差。

（2）访谈法

访谈法是指通过访问员和受访者之间面对面地交谈来了解受访人的心理和行为的心理学基本方法。根据研究问题和研究对象的不同，可采用不同的访谈形式，如可逐一采访询问，也可召开小型座谈会。访谈法可分为结构型访谈和非结构型访谈。其中结构型访谈是按定向的标准程序进行，通常采用问卷或调查表；非结构型访谈没有定向的标准化程序，是一种自由交谈。

访谈准备：访谈法对访问员的要求较高，需要访问员接受专门的训练，并学习由心理学家撰写的访谈手册，掌握访谈法的专门知识和技能。在访谈前需要访问员准备好访谈计划，包括关键问题的准确措辞以及访谈对象所作回答的分类方法。也就是要做好充分的访谈准备，以便收到预期的访谈效果。

访谈过程：访谈过程中需要考虑受访者的信任和合作问题，掌握好发问的技巧，并善于洞察受访者的心理变化，以便适时调整自己的访谈策略。设计的访谈问题要易于受访者回答，并对访谈内容进行记录和整理。如果是召开访谈会，则要注意创设有利于受访者畅所欲言的轻松氛围，要做好问题的引导，避免出现意见不统一的争执问题。

访谈法能够收集多方面的受访者资料，使工作人员在较短的时间里，通过观察受访者发现问题。在研学旅行前进行访谈式心理评估可以加强研学工作人员与研学参与者的沟通和交流，为在活动中达成合作共识打下基础。但也存在记录较为困难，后期结果分析、处理比较复杂，测量的标准化程度低，难以做定量分析等问题。

（3）心理测验法

心理测验法是一种标准化的测验。根据不同的标准，心理测验分为不同的类型，如智力测验、能力倾向测验、发展测验和人格测验等。其中智力测验是对个体认知功能的测量，一般包括知觉、空间意识、语言能力、数字能力和记忆力方面的内容；能力倾向测量又称为职业测验，主要测量个体的职业兴趣，了解个体的职业发展方向；发展测验主要用于评估儿童和青少年的学习能力和行为特征；人格测验用于评估个体的人格特征、行为倾向和社会适应性，侧重对情绪、性格、态度、动机、品德和价值观等方面的测量。研学活动组织者可以根据研学前的评价内容选择具有针对性的检测类型。

注意事项：作为测验的主测者必须具备心理测量技术资格，具备心理测验的专业知识和技能，并能严格遵循保密原则，保护被测者的隐私。

心理测验法的优点是，其测量工具是经过科学验证的标准化工具，测量过程有一定的标准要求，测量数据可以量化，测量结果通常是相对于参照群体或其他个体进行比较分析。这样的心理评估可以减少主观偏见对测量的影响，同时，科学性的工具和统一标准的测量过程便于操作，且结果准确。

2. 基本原则

（1）标准化原则

心理测量是一项针对个体心理差异的科学诊断工作，所需要的测量工具是标准化的，测量过程的实施方法是标准化的，计分方法和结果分析也是标准化的。

（2）保密原则

心理测量的保密工作主要包括两个方面，一是对测量工具的保密，二是对测量结果的保密。其中对测量工具的保密，是指对已经编制成功的测量量表和方法进行保密；而对测量结果的保密则是指对涉及个人隐私的内容进行保密。

（3）客观性原则

心理测量在对测量结果进行评价时要遵循客观性原则。要结合受试者的家庭、社会环境以及通过调查、会谈等形式获得的相关资料，对受试者的测量结果作出解释和结论。同时我们需要注意，心理测量容易受主观因素的干扰，所以需要结合多次的测验数据作出判断和解释，尤其是对于年龄较小的儿童，更要采取多轮数据采集的方式来完成心理测验结果的分析。

（三）心理健康评估的意义

1. 有助于研学资源的开发

（1）基于学生的认知规律选择资源

从心理学角度分析，学生的学习需要遵循一定的认知规律。符合学生认知规律的教育和教学活动更有利于学生习得知识和技能。行前，对学生进行有关研学知识、方法和能力方面的评估，能够帮助研学课程开发者了解学生的已有知识基础，这一知识基础是学生进行有效学习的起点。结合学生的知识储备进行资源选择，能够将研学活动的知识内容与学生的最近发展相匹配，有助于激发学生的学习兴趣。同时，对学生学习能力方面的评估，能够帮助研学课程开发者了解学生在学习中的优势和不足。在此基础上选择的研学资源，既能发挥学生的优势能力,又能有效促进学生劣势能力的提升。如学生缺乏调查、考察、资料收集和整理等能力,在资源选择时可适当选择能够让学生进行社会调查的相关资源。

(2)基于学生的心理特点整合资源

研学资源是丰富多样的,如一个景区既有自然研学资源又有人文研学资源。在一次研学旅行中,这些研学资源并不能一次性地全部呈现给学生,而是需要将有探究价值的资源进行整合,让研学参与者在研学旅行过程中习得知识、技能和素养,进而实现"在研中学""在游中学"的目标。在研学旅行前,对学生进行心理评估,能够帮助研学资源开发者了解不同年龄段学生的心理发展规律,知晓不同年龄段孩子的兴趣爱好、情绪特点、行为共性以及成长意识等方面的内容。结合学生的心理发展特点,选择合适的研学资源进行整合,能够使资源内容与学生的心理发展特征相匹配,进而最大限度地激发学生的研学积极性,并发展学生的基本能力和素养。如同样是去泰山景区研学,针对五年级学生和高中段学生所整合的资源就不同。五年级学生竞争意识增强,喜欢通过动手操作体验知识,缺乏观察分析问题和理解事物内涵的能力。基于五年级学生的心理特征,在整合研学资源时可多涉及操作体验式资源,如体验制作泰安豆腐、制作石碑拓片等。此外,也可适当涉及观察分析类活动,如观察泰山植被、天气并分析原因,引导学生初步尝试运用观察、分析的方法解决问题。高中段学生独立意识增强,具备一定的独立思考和解决问题的能力,但该阶段的学生感情变得内隐,不善于表达自己的情感。基于高中阶段学生的心理特征,在研学资源整合时,可多涉及泰山文化探究类活动,如品读帝王先贤以及文人墨客的碑刻诗词,以此来增强学生对泰山文化的理解。同时,还可涉及意志力挑战的活动,如体验挑山工的工作,以此来激发学生永不言弃、知难而进的拼搏精神。

2. 有助于研学活动的设计

(1)基于学生的学习能力设计研学活动

研学前对学生进行心理评估,能够让研学活动设计者深入了解学生的学习兴趣、知识储备以及学习障碍。基于数据的分析和解释,能够找出激发学生学习兴趣、激活学生旧知的方法。同时也能够找出学生学习障碍产生的原因,进而分析有效缓解学生的学习障碍如阅读障碍、拼写障碍以及计算障碍的方法。在结合前期评估进行详细分析之后,研学活动设计者在设计研学活动时,首先需立足学生的知识储备设计学生能跳一跳够得着的学习任务。不能毫无依据地设计对学生能力要求过高的研学任务,导致学生无法完成而收获不良的研学体验;其次,需结合学生的心理发展特点,设计该阶段学生擅长或比较感兴趣的活动方式,如低年级学生具有好动、动手能力强、运动能力强等特点,可多设计体验类、实践类的研学活动，使学生既能发挥其好动的特长，又能在活动中增长见识，积累知识；最后，需用心设计有助于改善学生学习障碍的研学活动，如在研学前的心理评估中测得部分孩子的计算能力不足，则可适当设计符合学生年龄特点的生活性计算体验活动，如布置小学生体验 10 元钱的最大价值活动，让学生自主设计、选择 10 元钱的分配方案，购买自己的必需品。

根据国家提出的学生素养培育要求，研学旅行最大的育人价值是让学生在校外实践活动中学会学习、学会生存。所以基于学生学习能力设计研学活动，能够真正发挥研学在培育学生学会学习方面的作用。

（2）基于学生的社会适应能力设计研学活动

研学旅行作为一种校外集体旅宿活动，它给学生呈现的是全新的生活和学习场景，对学生而言比较陌生，难免出现不适应的情况。在研学前对学生进行社会适应能力评估，能够帮助研学活动组织者了解学生的情绪状况如焦虑、恐惧等，也能够让研学活动组织者了解学生的人际交往能力和社会适应障碍如交往恐惧、孤僻、睡眠障碍等问题。研学前基于心理评估的分析和解释，研学活动设计者在设计研学活动时需结合学生出现的社会适应问题进行程度划分，找出哪些问题呈现的严重程度较大，针对严重程度较大的问题进行有针对性的活动设计。通过研学活动来缓解学生的情绪问题，改善学生之间的交往和适应障碍问题。如在研学前的测评中，发现大部分学生在交往恐惧方面问题较为严重，可在研学活动设计中适当增加多次的团队心理建设活动，增进团队成员之间的了解，加深团队成员之间的感情，有效缓解学生的交往恐惧问题。

3. 有助于研学育人功能的发挥

（1）立足全面育人

研学旅行与学校教育最大的不同之处是它不以智育教育为主，也不用智育的标准来评判学生，研学旅行追求的育人是全面、全方位地育人。从内容方面看，研学旅行的育人内容既有德智体美劳育人的体现，又有社会生存能力、问题解决能力、职业技能等方面的培育，所以在育人方面，研学旅行更全面。研学前对学生进行心理测评，不仅能够让研学活动组织者了解学生在德智体美劳方面的发展水平，还能了解学生的职业倾向和社会适应能力水平，有助于研学活动组织者有针对性地设计研学课程，更有效地促进学生的全面发展。

（2）关注个性差异

研学前对学生进行心理测评，有助于研学活动组织者了解不同学生的个性特点，尤其是能排查出在身心发展方面出现障碍的学生。针对这部分学生，研学旅行活动组织者可以设计适当的活动课程来矫正或改善学生的心理和行为障碍，甚至可以引入专业的心理学课程，让孩子们的身心得到一次洗礼。同时，在研学活动中对这部分个性特征明显甚至有心理和行为障碍的学生,要做好对他们情绪和行为方面的观察、引导和帮助,使这部分学生在研学活动中感受到被接纳、被关爱、被理解、被尊重,进而有效改善他们的身心发展障碍。

二、分析学生的行为特点

研学前的心理评估,为研学活动组织者分析学生的行为特点提供了素材,同时也提出了一项研学任务,那就是设计具有针对性的研学活动,使参与研学活动的学生其行为和情绪障碍得到改善。

(一)制定学生的行为观察方案

研学前对学生进行心理评估,是制定学生行为观察方案的基础。心理评估是了解学生行为问题的方法,而行为观察和分析则是改善学生行为障碍的路径。结合研学前对学生心理评估的分析,首先需要确定行为观察中的目标行为,这里的目标行为是指在研学活动中通过训练和引导,期望学生出现的行为。目标行为设计时既要考虑学生心理评估中的共性行为问题,又要关注存在行为障碍的学生个体;其次需要针对目标行为进行行为分解,一般采用任务分析法,分析学生在活动中改善某一种行为的步骤和环节,这样进行逐项行为问题的改善设计,方便观察者进行详细的观察、记录以及引导和帮助,最终达到整体行为障碍改善的目的。行为观察方案设计的流程如图3-1所示。

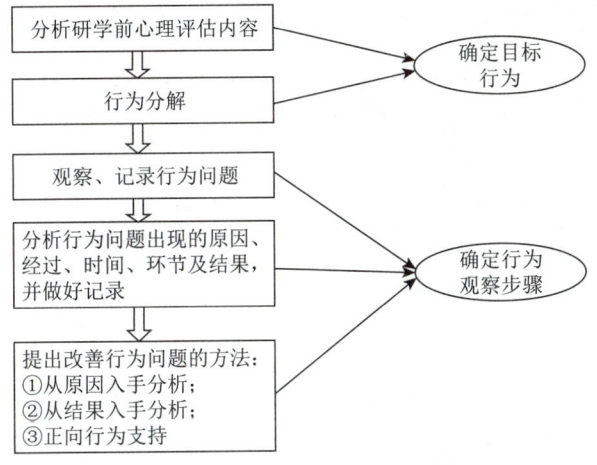

图3-1 行为观察方案设计流程

表 3-1　学生行为观察记录

学生：		观察日期：
观察者：		观察开始时间：
研学活动：		观察结束时间：
目标行为：		
前提/环境	行为表现	结果记录
描述行为出现之前的具体活动或具体环境	描述学生问题行为的具体表现方式	描述行为发生后的具体事件

（二）确定学生的行为干预和评估内容

研学前对学生进行心理评估，并在此基础上对学生的行为进行分析的目的不是找出学生存在的行为障碍，而是在了解学生存在行为障碍后，找出有效矫正或改善学生行为障碍的方法，并确定学生行为分析和评估的内容。可以借鉴行为心理学中的 ABA 行为分析和评估工具（图 3-2），研学前需要借助心理评估，确定重点分析的行为内容。研学中需要针对重点行为分析内容进行观察、记录和矫正效果分析。

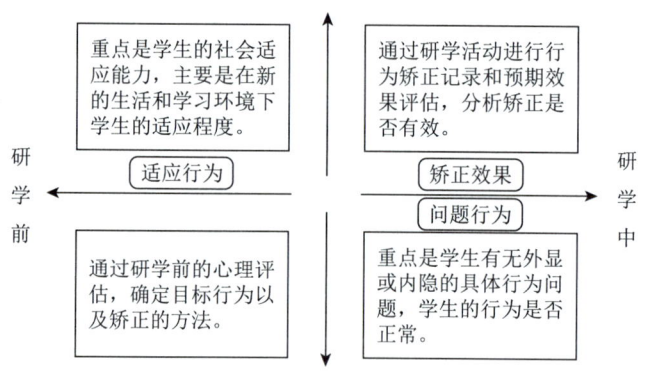

图 3-2　学生行为分析和评估内容设计

在设计行为干预方案时，要特别注意采用合适的行为矫正方法，不能产生负向行为强化，导致学生的行为障碍越发严重。接下来以图 3-3 为例来说明正向强化和负向强化在行为干预方面的不同。

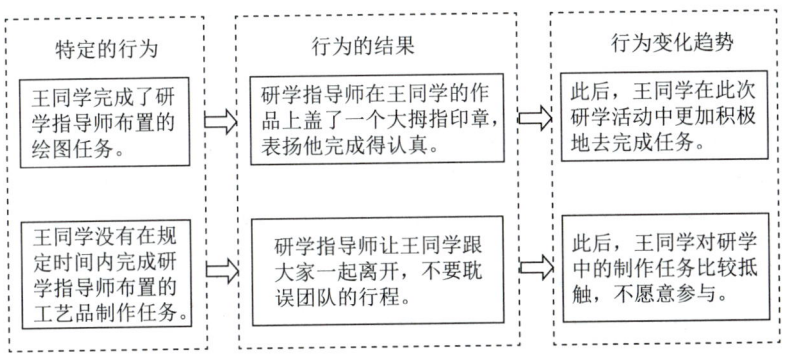

图3-3　学生行为变化趋势

行为干预特别强调教育学生时要用适应性行为替代问题行为，以学生为主体充分理解学生的行为，帮助学生实现他的需要。以上述活动中未完成工艺品制作的学生为例，设计行为干预方案如表3-2所示。

表3-2　适应性行为干预设计

改变行为的前提条件	培养学生的替代性行为
老师根据研学活动时间制作进度时间表，并按照进度记录学生的完成情况。	1. 老师告诉学生在制作过程中遇到问题要及时咨询工艺老师。 2. 老师要求学生在不能按照时间进度完成制作任务时要及时向导师寻求帮助。

上述案例，如果老师立足于学生的需求去思考行为干预方法的话，应该在活动前根据学生的心理测评分析，预设学生的问题行为如不能专注地制作、没有时间观念、拖拉等问题。并在观察过程中及时关注有制作行为障碍的同学，并用合理的时间规划帮助其掌控时间和制作进度，使其能按时完成任务。

三、制定高质量的研学旅行方案

（一）确定符合学情的研学目标

研学旅行是一种综合育人活动。在研学活动中不仅关注学生智育、德育、体育、美育、劳动教育等，还关注学生的身心健康、亲子关系等方面的改善。以往的研学旅行活动目标大都聚焦知识、能力和方法等方面，对于学生的身心健康发展关注度不高，更缺乏指向学生身心发展和行为干预的目标设计。

在研学前，对学生进行学习能力、社会适应能力以及行为障碍方面的评估能够帮助研学活动组织者深入了解学生的身心发展状况，为制定更加全面的研学目标提供了依据。如结合心理评估分析，从知识、能力和素养角度思考，可以制定符合学生认知发展规律的研学目标；从社会适应能力方面思考，可以制定有助于提升学生人际交往能力、合作能力以及环境适应能力的研学目标；从特殊行为障碍的角度思考，可以制定有针对性的行为矫正活动目标。这样设计的研学旅行目标，符合学生的身心发展需要，更有利于学生在研学旅行中得到身心全面发展。

（二）开发适合学情的研学课程

1. 确定适切的研学主题

行前对学生进行心理评估，有助于了解研学参与者的心理发展特点，结合学生的心理发展特点，确定适合学生认知规律和身心发展需要的研学主题。为突出学生的主体性特点，可以在心理评估中涉猎研学资源的内容，供学生选择。通过分析学生对研学资源的关注度，确定学生比较感兴趣且能胜任的研学主题。此外，还需重点关注研学主题是否聚焦。要结合学生的身心发展需要和认知水平设计聚焦研学目标的主题，避免出现大而空的主题。如在北京研学中将主题确定为"北京的历史"。这一主题涵盖的范围较大，包含的内容很多，很容易使学生陷入听一听、游一游的无效研学活动中。曾有一个北京研学案例，研学参与者是小学生，在该案例中老师们将研学的主题设计为"桥"。结合小学生的心理和认知特点设计活动，让学生在颐和园中寻找各式各样的桥，以此感受中国园林桥与园林环境高度融合之美，然后组织小组进行桥梁造型与选型的实践活动，并在此活动中进行桥梁承重能力的实验探究（与数学学科整合）。

2. 设计有效的探究问题

研学旅行一定是带着问题和目标出发的，所以探究问题的设计是研学旅行的关键。在研学活动中，探究问题设计是否有效，能不能激发学生去主动探究，需要充分考虑学生的认知水平和规律。研学前对学生进行学习能力方面的心理评估，能够帮助研学问题设计者了解学生的兴趣爱好，准确把握学生的已有知识水平以及学生已有知识经验与研学资源的关联度。如设计中国革命历史文化方面的研学活动，如果是高中阶段的学生，通过心理测评可知他们了解的中国革命历史文化内容较多，对革命先辈的牺牲精神及革命的意义有一定的理解。所以在设计探究问题时需设计提升革命理想，传承革命精神等方面的问题；但如果是小学阶段的学生，通过心理测评可知其对中国的革命历史知识了解较少，对革命精神和革命的价值理解不深入，所以在设计研学探究问题时应以生活体验类的问题为主，让学生亲身感受先辈们艰苦奋斗的革命精神。

此外，掌握学生不同发展阶段的特征知识，能够帮助研学问题设计者结合学生的身心发展特征，设计符合学生认知规律的探究问题。如小学段学生思维处于形象抽象水平，所以可以设计以观察和体验为主的活动，让学生通过看、摸、做等感知行为去认识事物，习得知识。而初中段学生则处于思维趋于理性的发展阶段，对问题具备一定的独立思考能力，且能提出自己的见解，所以可设计具有探究深度的问题。如在某重庆研学案例中，提出的探究问题为："重庆的轻轨为什么要穿过楼层？"初中阶段的学生完全可以结合所学的地理位置、地形以及人口分布对交通的影响等知识，深入探究这一问题，最后得出自己的结论。

3. 规划合理的研学路线

在了解学情的基础上开发的研学课程资源，其整合的研学资源符合学生的认知水平和身心发展需要，能够使研学的育人价值得到充分体现。但同时也应考虑到各个研学资源所涉及的研学内容是否符合学生的认知水平，是否体现研学内容的进阶，如果研学资源不能按照学生的认知发展规律由近及远分布的话，就需要借助研学路线的规划来对研学资源进行调整，使其符合学生的认知发展规律。如在某井冈山研学路线设计中，研学路线设计者结合学生的认知发展规律，先让学生参观井冈山革命博物馆，让学生了解井冈山的革命故事和历史文化知识；再让学生参观黄洋界纪念碑和革命伟人旧居，重走挑粮小道，让学生在对井冈山革命文化有一定了解的基础上，感受革命的艰苦和艰辛，提升学生对革命先辈的敬佩之情，感受当下和平幸福生活的来之不易。在这个案例中，研学活动组织者根据学生的认知发展规律设计研学路线，让学生随研学地点的变化而产生思想和情感上的变化，起到了很好的育人效果。

任务思考

根据所学研学前的心理学应用知识，以研学旅行的某一阶段为例说明心理评估对研学旅行的意义。

参考答案

| 任务二 | 掌握心理学在研学旅行中的应用技能 |

任务导入

研学旅行活动的参与者大多是中小学学生，不同年龄段学生因其身心发展的特征不同，在研学中具有的行为和情绪表现也不同。研学活动的组织和实施者要充分了解学生的心理发展特征，并在研学旅行中设计符合学生心理发展需求的活动。

思考：心理学的知识和方法对研学旅行中的活动设计有何指导价值？

任务实施

在研学旅行过程中，结合心理学的知识和方法设计研学旅行活动，能够让研学活动组织者在关注学生研与学的过程中，关注学生的心理健康发展，进而促进学生在研学旅行活动中的身心发展。

一、激发学生的学习动机

学习动机是心理学术语，它对引发并维持学习者的学习行为非常重要，是一种学习的内在动力倾向，主要包含学习需要和学习期待两个方面。

（一）分析学习需要

从心理学角度分析，个体的需要是人体组织系统中的一种缺乏、不平衡的状态，而动机是在需要的基础上产生的，需要是激发人们进行各种活动的内部动力。[29]著名心理学家马斯洛在解释动机时也强调需要的作用，他认为人类所有的行为都是基于要达成的特殊目标的需要。根据需求层次理论可知，不同的个体在同一环境下的需求存在差异。马斯洛把人的需求按照由低到高的顺序划分为七种类型即生理需要、安全需要、归属和爱的需要、尊重的需要、认识与理解的需要、审美的需要和自我实现的需要，且高级需要是要建立在低级需

项目三　掌握研学旅行中的心理学应用技能

要基础上的，缺失了必要的低级需要，高级需要也不能被满足。

关于学习的需要属于高级需要，这类需要不仅包括我们通常认为的与学习高度相关的认识与理解和自我实现的需要，还应包括爱与尊重的需要。只有学生在学校感受到被公平、公正的对待，被爱护和尊重，他们的安全、归属、爱和尊重的需要才会被满足。这些需求的满足是认识与理解、自我实现需要的基础。反之，将很难使学生的认识与理解、自我实现需要得到满足。但在学校教育中，爱与尊重的需要往往被忽略，尤其是对在学习上难以找到成就感的学生，所以导致这部分学生难以得到这一水平需要的满足，因而也无法使其跨越到学习的需要水平上来。这也就是我们常说的部分学生缺乏学习兴趣，没有学习干劲的主要原因。

研学旅行作为一种面向全体的育人活动，它既关注研学团队整体的需要，也关注研学成员个体的独特需要。利用心理学知识，研学旅行活动组织者可以从学生的需要角度分析研学资源的适切性，研学活动的有效性，研学育人的全面性和科学性。在研学课程开发和实施过程中，需要借助需要层次理论，充分分析学生的心理需求，尤其要关注学生在爱与尊重方面的需要，使其在心理上获得安全感、归属感，才能进一步激活学生的学习需求。

（二）引发学习兴趣

人们常说兴趣是最好的老师。可见，兴趣是激发学习动机的重要因素。心理学研究表明，直接性学习动机来源于学习者对学习内容或学习结果的兴趣。如学生对知识的探究欲望、对成功的渴望、对某个学科的学习兴趣等。同时，教学内容的新颖程度和教师授课的生动形象程度也是激发学生兴趣的重要因素。在研学旅行活动中，需要从心理学角度寻找激发学生研学兴趣的方法，用兴趣引发学生的学习动机。

在研学旅行活动中激发学习兴趣的方法有多种。首先，可以借助研学旅行比较新颖的素材引发学生的好奇心，进而激发学习兴趣；其次，可以利用对研学旅行目标和任务的分解，让学生在完成小目标和小任务的过程中体验成功的喜悦，进而激发学习兴趣；最后，还可以将学生的原有兴趣转移到研学探究中来，以培养新的学习兴趣，如可以将研学资源与小学生比较喜欢的经典电影故事或传统文化故事相关联，以此来激活学生的已有经验，引发他们的探究欲望，进而激发学习兴趣。

（三）保持学习动机

通过上述学习可知，学习需要是激发学习动机的关键，激发学习兴趣是增强学习动机的因素。但只有持续保持学生的学习动机才是最终能更好达成学习目标的重要一环。从心理学角度分析，维持学习动机的方法有多种，最有效的方法是让学生保持对学习的期待。

以下介绍几种维持学习动机的方法，可供研学旅行活动组织者和研学指导师借鉴使用。

一是在学习过程中给出有效的表扬。这里的有效表扬是指能够使学生的内在动机得以强化和维持的表扬或奖励。心理学家布洛菲（Brophy，1983，1986），通过研究关于表扬的文献，总结出五种最佳表扬建议，即①表扬应针对学生的良性行为；②教师应明确学生的何种行为值得表扬，应强调导致表扬的那种行为；③表扬应真诚，体现教师对学生成就的关心；④表扬应具有这样的意义，即如果学生投入适当的努力，则将来还有可能成功；⑤表扬应传递这样的信息，即学生努力并受到表扬，是因为他们喜欢这项任务，并想形成有关的能力。在研学旅行活动中，会设计一定的评价活动，这样的评价活动大都以激励和表扬为主，但要注意所有的激励和表扬要能提高学生的自我效能感和价值感。注意不能利用物质奖励去刺激学生的内在动机，因为物质奖励容易使学生的学习动机由为学习而学习转变为为奖励而学习，这样不仅不能维持学生的学习动机，反而会削减学生学习动机的强度。二是在学习过程中构建组间竞争和组内合作的学习机制。组间竞争是激发学生学习动机的外部因素，它可以让学习者意识到自己具有竞争能力，因而会积极主动地展开学习并争取成功。组内合作是利用群体动力效应，使团队成员拥有共同的目标，进而让学生在团队中获得归属感和安全感，从而激发其为团队荣誉而战的学习动机。心理学研究发现，取得成功的合作小组成员，都认为同伴的帮助是取得成功的关键因素。不难看出，合作学习机制在维持学生学习动机方面的重要作用。三是在学习过程中不间断地进行积极归因训练。心理学研究发现，个体采取的不同归因方式会直接影响到个体的后续行为，所以在学习过程中要阶段性地进行连续的积极归因。一方面可以引导学生分析成功或失败的原因；另一方面可以帮助教师转换视角，从过去学生成绩优劣的固定思维中解脱出来，转而从有利于学生今后发展的角度进行积极归因。后者对在学习中暂时落后或力不从心的学生来说特别重要，它能够使这部分学生获得尊重和关爱，更能从老师的指导中获得改进学习的方法，对维持学习动机至关重要。

上述三种维持学习动机的方法均可应用到研学旅行活动中。有效的动机维持方法，可以帮助研学旅行活动实施者更有效地维持学生的研学活动动机，保持学生的研学兴趣，保障研学活动的顺利开展和研学目标的达成。

项目三 掌握研学旅行中的心理学应用技能

二、个性化心理辅导策略

心理学对教育的价值不仅表现在呈现了学生的身心发展规律,为实施符合规律的教育提供了依据,而且呈现了个体的心理发展差异,为教育的因材施教提供了支持。个性化的心理辅导是针对不同心理特点的学生或学生出现的不同心理倾向所制定的独特辅导方案。

(一)从学生的普遍需求出发制订心理辅导方案

研学旅行作为一种校外实践教育活动,它对学生而言是陌生的,这里的陌生既包括学习内容也包括学习方法。研学旅行中的学习内容大都是脱离学生课本知识的新内容,研学旅行活动中所采取的学习方法也以探究性、体验式的实践方法为主,与学校中的被动式学习方法不同。同时,在研学旅行过程中多采用团队合作的学习方式,需要团队成员有效沟通和交流才能顺利完成研学任务。由此可知,学生在研学旅行过程中会因不熟悉的学习内容和方法而产生不适应,这种不适应会引发多种心理问题,甚至会导致学生产生行为障碍。

学生与学生之间是存在差异的,但我们在教学中也发现具有相同学习经历的学生,其出现的学习问题也具有相似性,所以在研学旅行过程中团队成员会出现大致相同的心理或行为障碍问题。如遇到某一类问题时由于缺少解决方法而不知所措,导致研学任务无法推进,进而引发小组成员间的争执和矛盾的产生。再如小组内会出现不服从管理或不合群的学生;学生在完成研学任务的过程中会存在组员间缺乏交流和沟通的问题;学生会脱离小组自主组建小团体的问题;等等。针对学生在研学旅行过程中呈现的共性问题,制订有针对性的团体心理辅导方案,能够减少研学中的学生心理问题,保障研学活动的顺利开展。

团体心理辅导是在团体情景中进行的心理辅导模式。团体心理辅导的阶段划分和实施方法如表 3-3 所示。

表 3-3 团体心理辅导设计

辅导阶段	实施方法
关系建立阶段	运用"群体动力学"理论,创设和谐、温暖、理解的团体心理氛围,使团体成员有安全感、肯定感、归属感。在活动开始,可以设计一些游戏,如"猜猜我是谁——将个人的资料做成名片展示并介绍",通过游戏让成员们彼此相识、彼此认同,消除沟通的障碍,引发成员参加团体的兴趣和需要

续表

辅导阶段	实施方法
主题实施阶段	针对心理评估阶段发现的问题确定心理辅导的主题，设计心理辅导活动内容并组织实施。在心理辅导实施的过程中，应营造充满理解、关爱、信任的气氛，创设特殊的游戏或讨论情境，使成员通过对他人的行为进行观察和模仿来学习和形成一种新的行为方式。要让成员融入团体之中，并找到自己在团体中的位置。每次活动后，团体指导者还要请成员们作出反馈，及时交流新的认识及感受
辅导结束阶段	经过多次成功的团体心理辅导之后，成员之间已建立了亲密、坦诚、相互支持的关系，为巩固团体心理辅导的成果，要引导成员把团体学习成果应用到研学活动中。成长评价也是团体心理辅导结束阶段的一个重要程序，让成员填写"成员评量表"，交流个人的心理体验和成长经历
跟踪评估阶段	对参加团体心理辅导的成员，在团体心理辅导活动结束后的一定时间内要跟踪观察，并得到反馈。通过指研学指导师和研学活动辅助人员在研学活动中对学生进行观察和记录，反馈学生参与心理辅导活动的实际效果，并结合问题反馈及时进行指导和干预

（二）从学生的个性需求出发制订心理辅导方案

通过前期对学生进行心理评估，会排查出在身心发展和行为能力方面存在障碍的学生。这部分学生表现出极强的个性化特征，很难融入团体中，成为研学活动组织实施过程中需要重点关注的群体。研学旅行活动相对于学校教育而言，在育人方法方面更具有多元性，如对有心理障碍的学生可以结合学生的具体行为表现分析学生存在的心理问题，并针对问题设计个性化的心理辅导方案，使学生在研学旅行活动中得到专业的心理辅导和有效的行为干预，进而促进学生的身心发展。个性化心理辅导的阶段划分和实施方法如表3-4所示。

表3-4　个性化心理辅导设计

问题诊断阶段	通过前期的心理评估，只能大概区分心理障碍明显的学生与心理健康的学生，并不能提供学生的具体心理问题。所以在这一阶段需要进行资料收集和针对个体的心理状况评估。通过分析收集和评估的信息，对学生存在的心理健康问题进行具体的诊断，找出主要问题，确定心理辅导目标
关系建立阶段	在正式实施辅导之前，要通过活动和沟通与被辅导者建立和谐、融洽的关系，以消除彼此间的交流障碍，并取得被辅导者的信任
辅导实施阶段	在该阶段，要结合学生的具体情况，灵活调整心理辅导和干预的时间和策略。在辅导过程中，要创设适切的情境，采用学生感兴趣的活动方式，通过活动让学生观察、模仿并形成新的良好的情绪体验和行为方式
辅导结束阶段	在该阶段，要让学生自然地过渡到日常的生活和学习中，不能让学生产生辅导依赖，所以辅导者要给出具体的支持方法，使被辅导者能在日常的生活和学习中正常应用

续表

跟踪评估阶段	在个性化辅导结束后，要在研学旅行活动中进行跟踪观察，及时引导、强化学生的良好情绪和行为

三、发现与促进学生学习风格的培养

（一）挖掘学生的学习优势

每个学生都是一个独一无二的个体，教育培养的不是流水线上的工艺品，而是具有鲜明个性特长的未来人才。研学旅行作为学校教育的延伸和补充，在培养学生个性特长方面具有优势条件。研学旅行为学生的学习提供了更广阔的空间，更丰富的学习素材，更多元的学习方法。在这样开放的学习空间里，学生能够充分释放自我的个性和智慧，并运用自己独特的学习优势去参与完成研学任务。如对信息技术比较精通的学生能够利用各种信息技术手段完成研学中的资料收集、整理和分析任务；观察能力强的学生能够在任务完成的过程中准确分析行进路线，分辨要观察的事物等。研学活动组织者可以通过心理评估和心理观察、记录，发现不同学生的学习优势，并将学生的学习优势运用到小组的合作分工中去，以便充分发挥团队成员的个性特长，促进研学任务的高效完成。同时，当学生的学习优势被充分挖掘并得到运用时，学生的归属感和实现自我价值的需要就能够得到满足，对学生的身心健康发展十分有益。

（二）促进学生学习优势的发展

学校教育中对智育的过分关注，导致学生除智力优势之外的其他学习优势得不到培养和发展。研学旅行中的教育立足德智体美劳全面发展，关注学生个性特长的培养和发展，所以在研学旅行活动中学生所表现出的多元化的学习优势能够借助团队分工得到充分展现和发展。如在研学活动过程中分析能力强的学生可以负责研学方案的设计；组织能力强的学生可以负责研学活动的实施和管理；语言表达能力强的学生可以负责成果的分享展示。

同时，研学活动的组织者和实施者也应该明白，学生的学习优势要想得到较好的发展，除了必要的应用训练外，还需要正确的方法指导。所以研学活动过程中，研学指导师要对团队成员进行适时的指导，帮助其运用正确的方法更好地发挥其学习优势。如针对分析能力强的学生，指导其在分析问题时从哪些角度分析，重点分析哪些内容，如何验证自己的分析；对组织能力强的学生，指导其在活动组织的过程中如何制定团队公约、如何实施公约内容、如何评价团队成员、如何处理紧急情况等，这些方法和思路需要研学指导师在研学过程中对学生进行指导。有了正确的方法指导，才能够使学生的学习优势得到更有效的发挥和发展，避免因失败而产生挫败感，进而导致学生出现怀疑自己学习优势的问题。

四、做好研学旅行中的压力管理

研学旅行活动对学生而言既新鲜又充满陌生感，一方面是学习和生活的环境发生了变化；另一方面是师生和生生之间也发生了变化。学生会发现不再是熟悉的校园，不再是熟悉的老师和同伴，在这样新鲜的环境中学习和生活在一定程度上会让学生产生焦虑情绪。由此，在研学旅行中应做好学生的压力管理工作。

（一）给出适合的解压方法

在心理学中解压的方法有很多，针对研学旅行中学生在新环境下出现的焦虑、社交恐惧、缺少安全感等方面的压力问题，介绍几种有效的解压方法。

1. 输出压力法

用行为或情绪进行压力释放。如将自己感觉到的压力写出来，然后一个一个地分析并提出解决方法；用吼叫或大哭的方式来宣泄自己的负面情绪；用倾诉的方式，将自己的压力讲述给朋友或亲人；用运动的方式来减压。

在研学旅行活动中可以设计减压活动，让心理压力明显的学生进行情绪和行为方面的释放，以此来缓解学生的心理压力。

2. 弹钢琴法

压力是伴随任务或事情的增多而产生的，所以在布置研学旅行活动任务时，要有重点，有顺序，不能一股脑儿地告知学生去完成，使其因寻不到章法而产生焦虑和恐惧情绪。

3. 饮食消减法

饮食是人类所有需求中最低级的需求，但同时也是最基础的需求，当人们的饮食得到保障，感觉舒适的时候，心理压力自然也会减缓。所以在研学旅行过程中，要关注学生的饮食是否可口，学生的饮食时间是否充足，不能像旅行团一样在学生就餐过程中对其进行催促，增加其情绪的紧张感。应让学生慢慢用餐，为其提供整洁的、舒适的用餐环境。

4. 适时放松法

每个人在身心疲惫的时候都渴望放松，只有适时地放松自己才能减缓内心的疲惫感。在研学旅行活动中，学生往往会有较长的行进路程，尤其是在天气炎热的季节，这样的长时间行走会让学生产生疲惫感，所以在活动过程中需要适时地组织学生休息或放松，以此来消减学生的焦虑和疲惫感。

（二）进行正确的心理疏导

压力外现为一种情绪，这种情绪如果得不到有效的疏导就会转变成心理问题，影响人的正常学习和生活。在研学旅行过程中，如果学生的压力情绪未得到有效的疏导，就会使团队管理出现困难，进而直接影响研学活动的正常组织。所以在研学旅行过程中，要重视对学生心理压力的疏导。

1. 指导学生遵循良好的生活规律

在研学旅行活动中，学生需要遵循团队的生活规律，这在一定程度导致了学生的不适应。在这种情况下，要对学生进行心理辅导，使其明白其中的缘由，并指导学生主动进行生物钟和饮食规律的调整。

2. 指导学生用正向思维去看待负面情绪

人在压力下往往会产生焦虑、恐惧、愤怒以及烦躁等负面情绪。当学生在研学旅行过程中表现出负面情绪时，研学指导师要引导学生用正向思维去看待并接纳负面情绪。所谓正向思维，就是当学生在面对负面情绪时不排斥、不自我否定、尝试用积极的方式去应对。如可以指导学生肯定自己这一段时间的努力和付出，肯定自己在面对负面情绪时的勇气等，让学生看到自己的力量和能力，进而使其相信自己能够处理好身边的各项事务。

3. 指导学生制定符合自己的目标

压力的存在往往是因为个体难以胜任某项任务，导致这一问题的原因是个体对自己的期望值超出了个体自身的能力范畴。所以，在研学旅行活动中，要指导学生结合自身能力制定符合自己的任务目标。

任务思考

以泰山研学为例，说明如何在活动中激发学生的研学动机。

参考答案

任务三　掌握心理学在研学旅行后的应用能力

任务导入

学生在研学中获得的心理辅导成效，是否会随着研学旅行活动的结束而失效呢？如何做才能将学生在研学中获得的心理辅导成果延续到学生的日常生活和学习中去，使学生的身心健康真正受益呢？请大家带着这个问题开启本项任务的学习。

任务实施

结合心理学知识和方法开展的研学旅行活动，其对学生的身心发展影响如何？是否取得了研学前制定的心理干预目标？这些学生在心理发展方面的变化需要通过研学后的学生心理评估和分析得出答案。

一、复盘学生研学旅行前后的心理变化

（一）面向全体做好学生心理的对照分析及评估

1. 做好研学旅行后学生的心理评估

（1）设计评估量表

结合研学前对学生进行的心理评估，设计具有延续性和对照性的心理评估量表，并对学生进行研学后的心理评估。首先，研学后的心理评估量表要与研学前的心理评估量表在内容上有连续性，这是由研学前心理评估的目的决定的。研学前对学生进行心理评估，有利于研学活动组织者了解学生的心理特征和主要问题，据此设计具有针对性的心理辅导活动，对学生的心理障碍进行科学的干预，使学生在研学活动中获得身心的健康发展。需要注意的是，研学后的心理评估不一定是原版照搬研学前的心理评估。应结合分析和评估的目的，进行适当的调整和增删。如研学前对学生在学习能力方面进行了三方面的心理

评估，其中知识储备和学习兴趣指向研学前的资源选择，并不属于在研学活动中进行干预的心理障碍，所以在研学后的心理评估中可以不再设计。但研学前对学生学习障碍的心理评估，属于要通过研学活动进行矫正和发展的心理问题，所以在研学过程中需要设计干预这一问题的活动，最后在研学后的心理评估中也要设计相应的问题进行心理干预效果的评估。其次，研学后的心理评估量表内容要突出在研学活动中重点矫正或干预的学生心理问题。面向全体的心理评估，往往要抓住的是普遍性问题，所以在研学活动中针对团队的心理辅导或干预主题是少量且具有代表性的。这样的团体辅导很难做到指向个体的评估和分析，但能够通过整体的分析看出心理辅导和干预的效果。

表 3-5　以社交恐惧问题为例设计研学前后的对照评估量表

研学前心理评估问题设计			
问题	程度		
1. 我/他（她）害怕在别的孩子面前做没做过的事情	A. 从不是这样	B. 有时这样	C. 一直这样
2. 我/他（她）担心被人取笑	A. 从不是这样	B. 有时这样	C. 一直这样
3. 我/他（她）周围都是不认识的人时，我/他（她）觉得害怕	A. 从不是这样	B. 有时这样	C. 一直这样
4. 我/他（她）和小伙伴一起时很少说话	A. 从不是这样	B. 有时这样	C. 一直这样
研学后心理评估问题设计			
问题	程度		
1. 我/他（她）在研学活动时害怕在别的孩子面前做没做过的事情	A. 从不是这样	B. 有时这样	C. 一直这样
2. 我/他（她）在研学旅行过程中担心被人取笑	A. 从不是这样	B. 有时这样	C. 一直这样
3. 我/他（她）周围都是不认识的人时，我/他（她）觉得害怕	A. 从不是这样	B. 有时这样	C. 一直这样
4. 我/他（她）和研学小组的伙伴一起时很少说话	A. 从不是这样	B. 有时这样	C. 一直这样

进行前后对照量表设计能够有效分析学生的心理变化，便于评估研学活动中对学生心理辅导和干预的效果。之所以设计多个主语，是考虑到评价参与者的多元性，既可以让学生进行自我心理评估，也可以让同伴或师长对其进行心理评估。

（2）组织心理评估并收集数据

研学后对学生进行心理评估最便捷的方法是借助网络平台进行线上心理问卷调查。同时，也可借助网络平台的数据分析功能进行相关数据的分析。但需要注意的是，如果是专门用于心理评估的网络平台，其分析的数据是更加科学且有指导价值的。但如果是通用的网络平台则需要评估者先收集相关的数据信息，再进行相应的心理分析。同时，在组织评估和数据分析时要注意做好保密和安全工作，保护好学生的个人隐私。在数据处理过程中，一定要认真、细心，准确收集学生的评估信息。

此外，为收集到更全面的评估信息，要兼顾学生、同伴以及师长在心理评估中的作用。可以让学生进行自我心理评估，也可以指定一个同伴对其进行心理评估，还可以让研学指导师或学生家长对其进行心理评估。尤其是家长对学生进行的心理评估，是对学生完成研学活动后在家里的行为表现反馈，更具有心理发展对照分析的价值。

2. 进行研学旅行前、后心理评估的对照分析

（1）准确把握青少年心理健康的标准

心理评估是依据一定的评价标准来评判个体心理问题的存在与严重程度。所以在进行对照分析时首先要明确青少年心理健康的标准是什么？健康标准也是心理辅导和干预的目标，尤其是对于研学活动心理评估来说，也要对比健康标准来衡量心理辅导和干预的成效。从心理学角度分析，青少年心理健康的标准是性格完好、智力正常、认知正确、情感适当、意志合理、态度积极、行为恰当和适应良好等方面。在这些方面的基础上，又可以细化为具体的行为表现，以便于进行心理观察和评估。

（2）针对评估要点进行数据对照分析

为清晰观测研学前、后学生的心理发展变化，可以将研学前和研学后收集到的数据信息进行对照处理。如以社交恐惧问题为例，将研学前收集到的数据信息和研学后收集到的数据信息进行统计比较，制作成具有直观性的统计图表，以便分析在这一问题上的心理变化。

（3）形成对照分析报告

研学旅行前、后针对学生心理健康的评估报告中，首先需要介绍本次评估的基本情况，包括心理评估的目的、对象、评估活动组织情况、数据收集方式及有效数据情况等；其次需要针对具体心理问题进行前、后对照分析，包括数据对照分析、反应的心理发展状况分析以及存在问题分析等；最后结合心理评估的目的进行总结和反思。

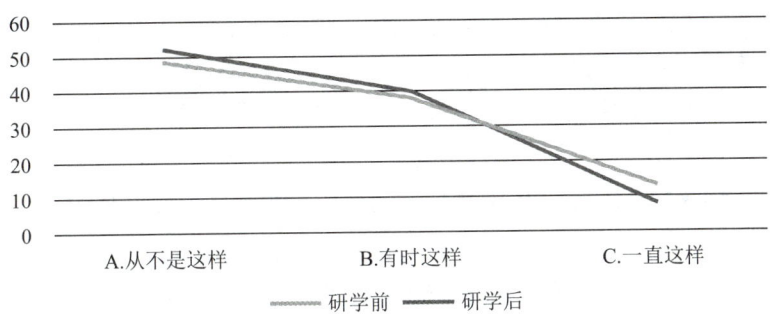

图3-4 研学中学生社交恐惧心理的发展变化统计

（二）立足特殊个体做好个性化心理辅导的对照分析

1. 做好个性化辅导过程性材料的整理和分析

在研学前对学生进行心理评估，可以帮助研学活动组织者了解特殊学生个体的心理和行为问题，为研学活动组织者制定具有针对性的个性化心理辅导方案提供了依据。在方案的指导下，研学活动指导师或研学辅助教师要针对个性化心理辅导对象进行过程性材料收集。这里的过程性材料收集，是指心理辅导教师通过观察、记录等方式，收集的学生在接受个性化心理辅导过程中的行为和情绪表现。通过对这些数据材料的整理和分析，了解学生参与个性化心理辅导过程中的心理变化。同时，收集的信息还应该包括学生参加团队研学活动过程中的行为和情绪表现，这部分记录材料能够反映学生在参加个性化心理辅导之后，在日常研学活动过程中有无行为和情绪的改善。

2. 评估个性化辅导的成效及不足

结合学生在研学活动过程中和心理辅导过程中的行为和情绪记录材料，对学生的心理发展变化进行分析。在分析时重点关注学生在研学前心理评估中出现的行为和情绪障碍有无缓解或改善，同时关注学生心理问题解决的程度。以此来评估在研学旅行过程中，对学生的个性化心理辅导是否有效，哪些行为或情绪问题得到了较好的改善，哪些行为和情绪问题没有明显变化等。结合对照分析情况，找出针对学生的有效辅导策略和无效辅导策略，并针对无效辅导策略进行内容和辅导方式的调整。

3. 做好个性化辅导方案的调整

基于个性化辅导成效和不足的分析，做好个性化辅导方案的调整和完善。通过辅导成效分析，可以找出相对有效的辅导策略。分析有效辅导策略的特点及学生的心理变化情况，可以帮助辅导教师找到有效的心理辅导问题和心理干预方式，进而结合学生的特点总结出适用于他们的有效辅导方案。同时，还可以通过分析无效辅导策略的设计及实施内容，进一步探究存在的问题及改进的方向，及时调整个性化辅导方案，并对学生进行跟进辅导。

二、针对性制订研学旅行后的心理调适方案

心理干预是一项长期的心理治疗活动。如果学生在研学中获得了较好的心理干预成效，但并没有达到使学生自身的心理障碍消除或能自我调控的目标，那么，这样的心理干预应当持续进行下去，直到达成心理干预的目标。所以研学活动组织者需要结合研学后的心理评估和成效分析，制订研学后的心理调适方案。如果是以学校为主组织研学旅行活动，则可让学校的心理健康学科教师参与研学过程中的心理干预，以便在研学结束后能够在学校内持续对学生展开心理调适。如果是以校外研学机构为主组织研学旅行活动，则需要校外研学机构与学校对接相应的后续心理调适方案，以保证学生在研学中获得的心理干预成效能持续到学生的日常生活和学习中去。

（一）全面分析研学后学生的心理状况

1. 面向全体分析学生的心理状况

结合研学前、后对学生进行的心理评估内容，对学生的学习能力、社会适应能力、特殊心理问题等方面进行全面分析。通过对照分析，了解学生的学习障碍、社会适应障碍以及特殊心理问题有无改善。如学生的规则意识增强了，团队合作意识增强了，与人交往能力增强了，语言表达能力增强了，等等；在研学后，学生在学习方面、社会适应方面能够做到的良性行为表现有哪些？如学生能够做到不随地丢垃圾，礼貌待人接物，敢于发表自己的意见和看法等。

同时，研学活动组织者还应该关注学生在研学后的心理变化。研学过程中的学习任务相对于学校学习而言是较为轻松的，研学活动评价也不是指向成绩的质性评价，在活动中团队的作用是主要的，等等。而在学校学习时，学生的学习是存在竞争的，有难度的，是考验学生学习品质和学习能力的。由此可见，研学旅行和学校为学生提供的学习环境和要求有较大差异。当学生从研学活动中走出来，走向学校学习活动时，会存在过渡和调试期，学生需要花费一定的时间去调适自己的生活和学习节奏，以便适应现在的学校学习。从心理学角度分析，这个过渡期对学生而言是非常关键的，它关系到学生能否将研学中学到的方法、能力和品质延续到日常的生活和学习中去。所以，研学活动组织者需要在研学后对学生进行学校适应能力评估，分析学生目前的适应状况，为

进一步有针对性地制订心理辅导方案做准备。

2. 针对个体分析特殊学生的心理状况

对于具有特殊心理特征的学生来说，他们在学校中很难得到心理方面的满足，也极少有机会接受专业的心理干预，所以他们在研学中收获的心理干预成果，亟须进一步巩固和发展。由此，研学后这部分特殊学生能否将研学中收获的心理辅导成效延续下去就显得更加重要了。基于此，研学活动组织者需要针对特殊学生群体进行研学后的心理状况分析，并针对这部分学生制订专项心理辅导方案。尤其要结合前期分析的有效辅导策略和无效辅导策略，对心理辅导方案进行调整，在巩固研学心理辅导成果的基础上有效促进特殊学生心理问题的解决。

（二）针对问题制订研学后的心理调适方案

通过全面分析学生的心理状况，找出学生研学后出现的问题，如学校生活和学习的适应问题、研学心理辅导成果的巩固问题、特殊学生心理辅导的延续性问题等，结合这些问题制订研学后的心理调适方案。

1. 调适学生的学校适应能力

研学后对学校生活和学习的不适应，会导致学生产生焦虑、烦躁、课堂精神状态不佳、对学校组织的活动缺乏兴趣等问题。为更好地调适学生的不适应情绪，可以借鉴以下几种方法。

（1）指导学生调节不良情绪。具体方法有引导学生将不良情绪产生的原因倾诉给朋友、家人等；通过运动或自己感兴趣的活动转移对不良情绪的注意力。

（2）为学生创造条件进行鼓励教育。在日常学习和生活中，教师要善于用正向的激励语言与学生交流，满足其自我价值的需求。

（3）指导学生制订良好的作息时间规划。研学旅行过程中的作息时间与学校的作息时间是存在差异的，因此需要指导学生制订符合学校作息时间的规划表，并督促学生按时作息，保持充足的体力和精力。

2. 延续学生的研学心理辅导成果

基于学生心理评估的研学旅行活动，将研学中学生的心理健康发展作为一项重点育人工作来做。所以在研学后会对学生的身心发展，尤其是在学生的行为和情绪发展方面产生一定的正向影响。这些在研学中取得的心理辅导成果，需要学生在日常学习和生活中加以应用和提升，进而使学生从研学中收获真正的心理发展。延续学生研学心理辅导成果的方法有：针对学生的良性行为和情绪进行持续的期待性评价，用评价促进良性行为和情绪的保持并内化为学生的个人品质；通过研学成果的发展，持续推进学生在研学中习得能力的发展，如组织研学创新成果展示，让学生持续研究、改进自己的研学成果，并设计展示方案，让学生在研学后的一段时间内，保持在研学中习得的探究习惯、思考习惯以及独立解决问题的习惯，使这些习惯和能力在学生身上得到巩固和发展。

3. 制订针对特殊学生的心理辅导延续方案

在考虑研学后的心理调适方案内容时，针对特殊学生的心理调适或心理持续辅导方案是必须要设计的。对于这部分特殊学生来说，他们已经表现出一定的心理问题，如果不及时干预和疏导，很容易积少成多导致严重的心理问题。所以，研学后要结合在研学中对这部分学生的心理辅导情况进行持续的心理辅导跟进。

在制订特殊性学生心理辅导延续方案时，既要考虑对已进行心理辅导成效的巩固，又要考虑对未取得有效进展的心理问题进行新的干预和疏导。要制定详细的心理干预推进进度，选择适合学生需求的心理干预内容和方法，做好对学生日常心理疏导和干预的效果观察、记录和分析，及时调整心理干预方法，使心理干预取得预期成效。

三、帮助学生积极适应未来的生活和学习

（一）运用研学中习得的方法和能力开启新的生活和学习

研学为学生提供了不一样的学习空间，不一样的学习方法，能锻炼学生的社会生存能力和学习能力，教会学生与人合作和交往的方法。从某种程度上说，研学为学生提供了一个与社会真实接触的机会，让学生体验在真实社会中解决自身遇到的各种问题。

1. 面对新问题有解决思路

学校教育和家庭教育给予学生的保护和替代，使学生在面对新问题时缺少解题思维，容易逃避和退缩。而研学旅行却能够为学生提供独立思考、解决问题的机会。在研学过程中学生会遇到各式各样的生活和学习问题，这些问题不可能有人代替学生解决，只能通过学生自己去寻找解决方法。如小学生在研学过程中会遇到一些比较小的问题，如挤牙膏、拧瓶盖、打热水，还可能遇到问路、洗澡等问题。这些生活中琐碎的问题在家庭或学校里都会有家长或老师给予帮助，但在研学旅行过程中只能靠自己或团队小伙伴的力量去解决，并在解决过程中锻炼自己的思维能力和与人交往能力。这样的生活锻炼，能够逐步培

养学生的问题解决思维，使其在遇到新问题时知道如何思考、如何寻求帮助。

2. 面对新问题有解决能力

研学旅行中学生的生存和学习能力是在不断尝试和练习中习得的，经过实践获得的能力对学生而言终身有用，且在此基础上能够使习得的能力获得发展和提升。这种发展中的能力，将成为学生成长过程中的行动力，助力学生解决生活和学习中的新问题。如学生在研学旅行活动中习得的问题解决能力——独立思考、观察分析、交流合作等能力，能够成为学生的必备技能被学生应用到日常生活和学习问题的解决中。当学生在学习中遇到新问题时，首先要做的是独立思考如何解决问题，在对问题有自己的思考之后，学生会带着自己的想法去尝试分析解决问题，当学生在解决问题的过程中遇到困难时，会通过与他人的交流或合作获得解决问题的新方法和新能力。

（二）运用研学中习得的品质和心理调适能力获得身心健康发展

1. 有判断优良行为的能力

在研学旅行活动中，学生通过研学指导师的正确引导，朋辈伙伴的正确示范，能够使自己的不良行为得到纠正，并能使这一良好行为习惯在研学旅行过程中持续得到强化，最终使学生获得良好的行为品质，如文明礼貌、文明习惯、真诚待人、互帮互助等。通过实践体验和强化获得的行为品质，会影响学生对他人行为和自我行为的分析判断。当学生感受到不良行为品质的影响时，会自主做出正确的判断，避免陷入从众的泥潭，进而导致自身良好行为品质的失衡。同时，具有行为品质判断能力的学生，能够用自身的良好行为去影响和纠正他人的不良行为，对促进自身和他人形成良好行为品质具有重要的意义。

2. 有调适不良情绪的能力

在研学旅行活动中，为有效疏导学生的心理问题，研学活动组织者会借助心理辅导活动，指导学生学习情绪调节的方法。由此，经历研学旅行心理辅导活动的学生会习得一定的情绪调适方法。在日常生活和学习过程中，学生如果遇到不良的情绪问题，会运用在研学旅行活动中所学的情绪调节方法来舒缓情绪，减缓压力。如当学生感受到学习压力时，会主动找老师倾诉，向老师寻求帮助。在这个过程中学生的不良情绪能够得到输出，同时可以借助老师的建议对压力进行逐一分解，将能做到的事情列出来逐步去完成，而对于不能做到的事情则要改变自己的原有目标，使目标适合学生的个人能力。

任务思考

根据所学知识，针对学生的某一心理问题设计一份研学前、后的心理状况评估量表。

参考答案

项目三 掌握研学旅行中的心理学应用技能

任务四　做好研学旅行中的心理成长保障

　　随着社会、学校和家庭对学生心理健康的关注，越来越多的人了解到心理健康对学生成长的重要性，研学旅行在学生的心理成长方面也发挥着重要作用。

　　思考：研学旅行中应该如何做好学生心理成长的保障工作呢？

　　学生心理健康的综合性和复杂性，决定了研学旅行中对学生的心理成长保障工作也应综合考量，系统规划，发挥好研学旅行在促进学生心理健康发展方面的重要作用。

一、保障安全

　　从心理学角度分析，人的安全需求是比较基础的需求，只有安全需求得到满足才能促进更高水平需求的获得。这里的安全需求不仅指学生所处环境的安全，还包括学生内心的安全感。其中，环境安全是学生获得安全感的重要方面，环境安全既包括自然环境的安全，也包括学生所处团队环境及人际关系的安全。

（一）创设安全的研学外部环境

1. 研学前进行安全考察

　　在研学前的实地考察中，除研学课程设计中的资源考察外，还应对研学地点的安全性进行重点考察。通过考察和分析，排查研学地点的安全隐患。对存在的安全问题，要及时进行反馈和整改。同时，对研学中存在的涉船活动、机器操作活动、尖锐利器的使用活动以及用电安全方面的活动等，要做好安全防护装备的考察，如救生衣、操作手套、防护面罩、绝缘设备等。对超出学生行为和认知能力的危险设备和区域，要提前告知研学地点的管理部门，进行安全防护设置，防止学生靠近发生危险。

　　研学活动路线的安全性也需要考察，如以山地景区为资源的研学活动，其行程中必然会走山路，那么哪些路线比较安全，山势坡度较缓；哪些路线行进起来比较困难，需要做好安全保障，这些都是在路线设计时需要考虑并要实地考察的重要内容。除考虑行进路线的地形因素外，还应考虑行进路线周边的安全情况，例如，在开放的研学活动场所，如果研学点之间的距离较远，设计的行进路线需要避开车辆较多的路段，也需要避开具有潜在危险性的地点，如无安全防护的水域等。

　　此外，除对研学地进行安全排查外，还应对研学活动所涉及的交通设备、餐饮机构以及住宿地点的安全进行排查。如某学校在进行研学旅行活动前会排查住宿地点的楼层和房间设备是否安全，酒店的入住人员构成情况，酒店的消防设施以及酒店的周边环境是否安全等。

2. 研学中做好安全防范

　　在研学旅行前虽然对各个方面进行了详细的安全排查，但也不能保证在研学过程中绝对不会出现安全问题，所以在研学中要有安全预案。安全预案的内容要让每一位参与研学的师生知晓，并且要进行一定的安全演练，要让师生知道如遇紧急安全问题应首先采取何种应对措施，如何安抚学生情绪，如何转运受伤学生等。同时，要培训研学参与教师做好安全防范工作，要在研学活动过程中做好安全问题的排查，如学生的晕车情况、过敏情况、健康状况、情绪状况以及学生间的矛盾情况等。在排查出问题后，要及时采取措施进行处理，避免因小失大的安全事故发生。

3. 对学生开展安全教育

　　研学前要对学生进行相关的安全教育，增强学生安全意识、提高学生危险判断能力和安全风险防范、应对能力。然而研学旅行的主要参与者是中小学生，处于这一阶段的学生对安全的理解往往浮于表面，并不清楚危险的利害，甚至处于叛逆期的初中学生会故意去触碰危险。所以在进行安全教育的基础上，要通过纪律约束使学生在研学旅行的过程中远离危险。

　　对于研学活动导师来说，研学旅行前纪律培训需要下大力气来进行落实，而纪律要求可以归纳为以下几个方面。

　　（1）出行纪律要求：如团队出行听指挥、参观景点过程的安静有序、不得携带危险物品和设备、研学实践教育活动地点按时集合与乘车秩序等。

　　（2）活动纪律要求：如活动过程的安全措施、每天研学实践教育活动课程手册的完成等。

（3）作息纪律要求：每天作息时间的规定与执行、每晚个人物品整理与洗漱休息等。

（4）酒店住宿要求：如酒店房间内爱护物品与节约水电、饮食过程的食品安全，休息过程保持安静等。

（二）创设安全的团队关系环境

1. 团队心理建设

在研学旅行过程中，学生会组成活动小组，每个活动小组在研学旅行中会集体住宿、集体活动，而这一研学小组并不是学生在学校中关系亲近的好朋友，所以小组成员之间存在陌生感。这样陌生的小组和陌生的伙伴会给学生造成不安全感，所以需要在研学前和研学中通过团队建设活动，增进小组成员间的了解，消除小组成员间的沟通障碍，增进小组成员间的情感，最终使他们拥有统一的小组目标，共同的小组情感，并能形成小组合力。

2. 合理分工

在研学过程中，学生内心的安全感来自团队对其的接纳，而团队对其的接纳来源于学生在团队中自我价值的实现。为满足团队成员实现自我价值的需求，可以借助心理评估发现学生的优势和特长，并结合学生的优势和特长进行组内的合理分工。在此基础上进行的小组分工，能够让学生充分发挥自身优势去完成小组分配的任务，更有利于任务的成功，也使学生在任务的完成过程中获得成功的喜悦和自我价值实现的满足。

二、保障精神健康

近年来，伴随抑郁症患者的年轻化、学生化，学生的精神健康问题逐渐被社会所重视。研学旅行作为一种实施全面教育的校外实践活动，也要重视学生的精神健康教育。

（一）维护好学生的精神健康

心理学中对精神健康问题的描述是指受各种生物、社会有害因素的影响，导致大脑功能出现紊乱，导致精神活动功能失常的现象。不难看出，人的精神健康易受外部环境的影响。

要想维护学生的精神健康，首先要明确有哪些因素会干扰学生的精神健康。据心理学家研究，有两个方面对学生的精神健康发展至关重要，其一是家长的不良情绪暗示会影响儿童及青少年的精神健康。受社会竞争压力的影响，当代的家长本身就存在不同程度的焦虑情绪，这种负面情绪会在生活中传递给儿童及青少年；其二是不良信息会影响儿童及青少年的思维方式和行为模式。在信息网络发达的今天，儿童及青少年会过早地接触手机、电脑等电子产品，并从中获取一些不良信息，这些不良信息会对儿童及青少年产生负面影响。

结合对影响学生精神健康问题的原因分析，在研学旅行活动中，首先可以通过创设良好的研学活动环境和融洽的人际关系环境来维护学生的精神健康，使学生远离不良环境和负面情绪的影响。其次，还可以通过设计有益的教育训练活动，强化有利因素对学生精神健康的影响。

（二）培养好学生的优秀精神品质

人无精神不立，国无精神不强。这里提到的精神健康还应包括学生应该具备的优秀精神品质，如奋斗精神、爱国精神、科学探究精神等。在研学旅行活动中，对这些精神品质的培养可以借助相关基地和场馆，创设真实的学习情境，让学生通过观察、体验，感悟优秀精神品质的历史传承和发展，进而培养学生自立自强、勇于担当、敢于创新、坚定理想信念等优秀精神品质。只有精神强大的人，才有能力克服身心发展中遇到的问题，并有能力进行心理的自我修复，助力自己成长为坚忍、抗挫和有担当的人。

三、促进心理成长

（一）开展好心理健康教育

开展心理健康教育，能够形成、维护、促进受教育者的心理健康，提高受教育者的心理素质，增强受教育者的心理机能，并使受教育者的个性得到充分和谐的发展，从而为受教育者的全面发展提供良好的基础。研学旅行作为重要的实践教育途径，在促进学生心理健康发展方面具有重要作用。通过研学前对学生进行心理评估，可以了解学生的心理健康状况，并能够找出部分心理健康发展出现偏差的学生。针对行前的心理评估，研学活动组织者会根据学生的心理状况制订具有针对性的心理辅导方案，方案既有面向全体学生的心理辅导，也有指向特殊学生个体的个性化心理辅导。让学生在研学旅行过程中接受持续性的心理健康教育，进而有效解决学生的心理健康问题，促进学生身心健康发展。

项目三 掌握研学旅行中的心理学应用技能

研学旅行中的心理健康教育应是一门心理课程，它包含明确的育人目标，系统的课程设计，全面的实施规划以及有效的教育评估。不能把研学中的心理健康教育仅仅看作一个活动或多个活动，也不能将心理健康教育割裂为单个的活动。应围绕研学前学生在心理评估过程中出现的问题，针对问题设计系统的心理健康教育课程，通过课程实施促进学生心理健康问题的矫正和解决，并通过课程实施效果评估分析心理健康教育的成效。

（二）组织好心理健康活动

心理健康活动是心理健康教育课程实施的重要载体。在研学旅行过程中，心理健康活动可分为行前的团队建设活动，行中的主题心理健康活动，以及行后的心理调适活动。

行前的团队建设活动是让学生融入团队，建立团队成员之间情感联系的关键活动。通过团队建设活动可以消除团队成员之间的陌生感，使成员之间的沟通和交流更顺畅。同时，也能够使团队成员获得归属感和安全感，使团队成员明确团队的目标、任务以及职责和分工，为成员之间互帮互助顺利完成研学任务打好基础。

行中的主题心理健康活动，是围绕研学前心理评估中学生存在的重点心理问题开展的系列化主题心理健康活动。这些活动的开展使学生的心理健康问题逐步得到矫正和缓解。后期还需要设计强化良好心理健康表现的活动，使研学中对学生进行的心理健康教育成果得到巩固。

行后的心理调适活动，是针对研学后学生出现的不适应心理进行的心理健康活动。在设计心理调适活动时，要针对学生研学后出现的适应行为和情绪问题，进行专项心理健康教育活动。通过活动疏导学生的焦虑情绪，使学生尽快适应研学后的生活和学习。同时，也需要关注学生在研学中习得的健康心理成果的巩固和延续，应在调适活动中设计巩固和延续已有良好心理发展成果的活动，让学生在研学中的心理健康收益延续到今后的生活和学习中。

四、心理危机干预和处理

（一）进行学生心理危机问题排查

研学前和研学中要组织两次针对学生心理危机问题的排查，通过排查了解学生的心理危机问题及严重程度。研学前进行的心理危机问题排查，可以帮助研学活动组织者了解学生的心理状况，找出心理问题较为严重的学生，并针对这部分学生制订个性化心理辅导方案，以便在研学过程中对这部分学生进行持续性的心理干预。研学中进行的心理危机问题排查，其对象可分为普通学生群体和特殊学生群体。针对普通学生开展的心理危机问题排查，是为避免在研学旅行过程中个别学生由于受到某种刺激而产生不良心理问题，要把这部分学生排查出来，并做好心理干预方案。针对特殊学生群体开展的心理危机问题排查，是为分析、评估研学中对这部分学生开展心理干预的成效，并结合排查出现的问题进行心理干预方案的调整。

（二）设计学生心理危机干预和处理方案

针对研学前和研学中进行心理危机问题排查发现的具有心理问题或心理障碍的学生，设计具有针对性的心理危机干预和处理方案。方案内容需包括：要干预的心理问题，针对的学生群体或个体，采用的干预方法，确定干预的地点，确定心理干预的导师团队人员及其负责的学生团队。同时，还要设计好心理危机处理的流程和分工，以便在学生出现紧急心理问题时能快速有效地进行处理。在完成心理危机干预和处理方案的内容设计之后，要编制并印刷心理危机干预评估工具，以便在研学过程中使用。

（三）培训师生掌握心理危机处理方法

在研学前要对师生进行心理危机处理方法培训，让师生明确当学生发生紧急心理问题时应如何做。尤其是研学随队的老师必须掌握必要的心理干预方法，如心理急救方法、稳定情绪的方法、身心放松的方法、建立良好沟通关系的方法等。通过研学前的心理干预培训和研学中的心理干预小结，不断强化师生掌握心理危机的处理方法。

任务思考

结合所学知识，设计一个研学后的专题心理健康活动。

参考答案

项目三　掌握研学旅行中的心理学应用技能

项目实训与提升

 **案例阅读**

　　由×研学机构组织北京十余所中小学学生及家长，在中国科学院心理研究所"心理梦工厂"科普基地，参加了"探秘心理科学的奥妙"研学活动。"心理梦工厂"科普基地是我国首个以心理健康传播为目的，集科普展览展示、科教活动、科技产品转化于一体的心理科学、心理健康知识传播基地。

　　本次研学活动，首先请心理专家为到场的学生及家长做以"走进心理学"为主题的讲座。专家以学生为出发点，通过有趣的"游戏互动＋专业知识讲解"的形式，让学生们了解了哈洛的恒河猴实验，感觉剥夺实验等多个心理学经典案例。除此之外，还着重为大家分享了一些心理学小技巧，帮助同学们从积极心理学中，学到了应对常见心理问题的小方法，继而认识到心理学是什么，初步探究了心理学中的小奥秘。

　　随后，在中国科学院心理研究所老师的陪伴与指导下，同学们在馆内认真参观、学习，并进行了亲身体验。通过"镜中画"，测量反相位思考；通过"穿越冰河"，测量空间认知和记忆；通过"传情达意"，测量情绪辨别、默契程度；通过"一分钟有多久"，测量时间感知；还有测量恐高、识别微表情等。通过听讲座、参观体验，学生们开阔了眼界，学到了很多心理健康知识，对心理学有了全新的认知。

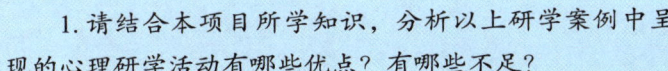

案例剖析

　　1. 请结合本项目所学知识，分析以上研学案例中呈现的心理研学活动有哪些优点？有哪些不足？

　　2. 针对上述研学案例，请你给出改进建议。

参考答案

项目 四

处理好研学指导师与学生的关系

全国中小学生研学实践教育基地——琼海市博鳌镇

项目导读

研学指导师与学生之间是一种特殊的教育关系，研学指导师要秉持教育理念，尊重学生的人格和需求，建立良好的师生关系，促进学生的全面发展和成长。

学习目标

通过学习本项目内容，了解研学指导师与学生在研学实践教育活动中的角色定位，知道研学指导师的职责所在和育人使命；掌握研学实践过程中的基本职业素养和能力；理解良好的师生关系对研学实践活动的积极作用。

思维导图

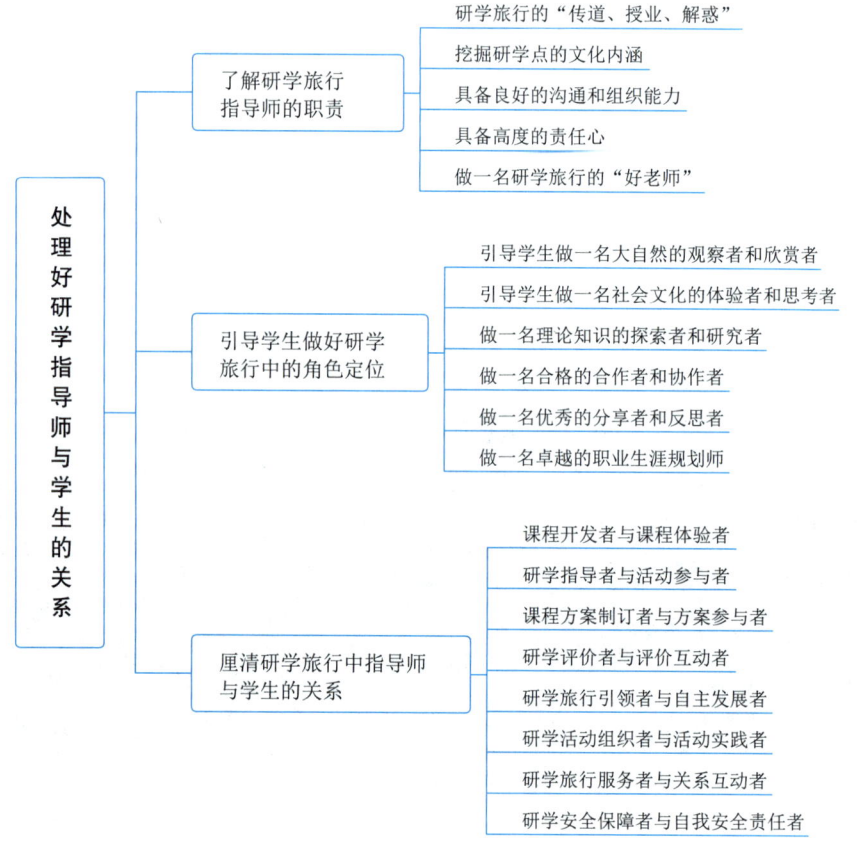

项目四　处理好研学指导师与学生的关系

师生关系的基本概念与历史演变

师生关系是一种特殊的社会关系和人际关系，涵盖了教师和学生之间的地位、作用和相互对待的态度。它不仅涉及教学过程中的交流，还反映了教育目标和价值观的实现。

在历史演变过程中，师生关系受到了社会发展和教育改革的影响。传统上，师生关系强调教师的权威和学生的服从，学生主要通过听讲和记笔记的方式来获取知识。然而，随着社会进步和教育理念的更新，师生关系逐渐转向以学生为中心的教学模式，强调学生的主动性和参与性。现代的师生关系更注重师生之间的平等、尊重和合作，以便更好地激发学生的学习兴趣和创造力。

在当代教育环境中，良好的师生关系被认为是实现教育目标、提高教学质量和促进学生全面发展的重要因素。因此，教师和学生需要共同努力，建立和谐、互动和富有创造力的师生关系，以适应不断变化的社会和教育环境。

以下是师生关系的样例，以一位教师和一位学生的对话形式呈现：

教师：小张，你最近的学习状态好像有些不太好，有什么事情吗？

学生：是的，老师。我最近遇到了一些生活上的问题，导致无法专心学习。

教师：我理解你的情况。在学习过程中，我们的情绪和状态确实会对学习产生影响。不过，我们可以一起找到解决问题的方法。你可以告诉我你的具体情况，我们一起分析一下如何调整你的学习状态。

学生：好的，老师。我会尽力调整自己的状态，专注于学习。

教师：很好。如果你遇到任何困难，可以随时找我倾诉或寻求帮助。我相信你能够克服困难，取得更好的成绩。

学生：谢谢老师，我会努力的。

通过对话，教师表达了对学生的关心和支持，鼓励学生敞开心扉，与教师建立信任和良好的师生关系。同时，教师也提供了一些解决问题的建议，以帮助学生克服困难，更好地专注于学习。这种良好的师生关系有助于学生的学习和发展，能更好地促进教育目标的实现。

任务一　了解研学旅行指导师的职责

 **任务导入**

微课视频

研学指导师在研学旅行过程中扮演的角色是实践学习的引导者身份，区别于课堂教学中的教师角色，但二者之间又具有相似的职能特点。

思考：研学旅行课程实施中如何发挥研学指导师的指导价值？

 **任务实施**

整体认知把握研学指导师在研学旅行实施过程中的职责和角色定位，以专业的视角和引导者的身份促进研学旅行实施的课程化、实践化。

一、研学旅行的"传道、授业、解惑"

研学指导师在研学旅行中扮演着重要的角色，他们的职责包括"传道、授业、解惑"。

"传道"是指研学指导师应该传递给学生的价值观和道德观，引导学生树立正确的思想观念，弘扬中华优秀传统文化，强化国家意识，培育民族精神，形成良好的道德品质。

"授业"是指研学指导师应该传授给学生相关学科知识和技能，带领学生开展探究性学习，拓宽学生的知识面，培养学生的创新思维和实践能力，促进学生的综合素质发展。

"解惑"是指研学指导师应该为学生解答疑惑，帮助学生解决学习、生活中遇到的问题，关注学生的心理健康，引导学生正确看待人生，提高学生的自我认知和自我管理能力。

总之，研学指导师应该具备专业的知识、技能和素养，在研学旅行中注重教育性、实践性和趣味性相结合，关注学生的全面发展和个性化需求，为学生的成长提供全方位的支持和指导。

二、挖掘研学点的文化内涵

研学指导师在挖掘研学点的文化内涵方面有着重要的责任。以下这些方法可以帮助研学指导师挖掘研学点的文化内涵。

1. 深入研究研学点的历史、文化和背景

了解研学点的历史渊源、文化传承和背景资料，可以帮助研学指导师更深入地理解研学点的文化内涵，从而将其融入研学旅行中。

2. 设计多样化的研学活动

研学指导师可以设计多样化的研学活动，例如文化体验、实践探究、学术交流等，让学生在实践中感受研学点的文化内涵。

3. 与当地文化专家合作

研学指导师可以与当地文化专家合作，了解当地的文化传承和习俗，从而更好地挖掘研学点的文化内涵。

4. 引导学生进行文化探究

研学指导师可以引导学生进行文化探究，例如开展文化调查、文化交流等活动，让学生深入了解研学点的文化背景和价值。

5. 将文化内涵融入课程设计中

研学指导师可以将文化内涵融入课程设计中，通过课程讲解、案例分析等方式，让学生更深入地理解研学点的文化内涵。

研学指导师需要具备敏锐的文化感知力和深刻的文化理解力，通过深入挖掘研学点的文化内涵，为学生提供更丰富、更有深度的研学体验。

三、具备良好的沟通和组织能力

研学指导师需要具备良好的沟通和组织能力。研学旅行是集体活动，需要研学指导师在行程中与参与者、相关人员等进行有效的沟通，确保行程的顺利进行。同时，研学指导师还需要在短时间内与参与者建立良好的关系，让学生和家长对研学旅行充满信心。

在沟通方面，研学指导师需要具备清晰、准确的语言表达和文字表达能力，能够清晰地传达信息和要求，同时需要具备良好的倾听和回应能力，能够听取学生的需求和意见，并及时给予回应；在组织方面，研学指导师需要具备良好的组织和管理能力，能够有序、有效地安排行程和活动，确保行程的安全和顺利进行。研学指导师还需要具备团队协作能力，能够与其他工作人员、志愿者等协作，共同完成研学任务。

良好的沟通和组织能力是研学指导师必备的技能之一，能够帮助研学指导师更好地履行职责，确保研学旅行的顺利进行。

案例分享

研学前导师准备

某学校组织了一次户外研学旅行，研学指导师是一位具有多年经验的自然科学家。他在接到组织任务后，立即开始了全面的准备工作。他首先与学校领导和相关部门进行了沟通，明确了研学旅行的目的和任务，并制订了详细的活动计划。随后，他开始联系合作的科研机构和专家，为学生们邀请到了专业的讲师和实验人员。同时，他还负责采购了必要的实验器材和物资，确保活动的顺利进行。

在活动前一天，研学指导师与学生们进行了深入的交流，了解了他们的兴趣和需求，并根据这些信息对活动计划进行了调整。在研学旅行期间，他不仅为学生们讲解了自然科学的原理和方法，还引导他们进行实践操作，帮助他们加深对知识的理解和掌握。此外，他还为学生们设计了一些团队协作游戏和挑战，促进了学生之间的交流和合作。

结论与评价：

在活动结束后，研学指导师对活动进行了全面的总结和评估，认真总结了活动的优点和不足。他还与学校领导和家长进行了沟通，分享了学生们在活动中的表现和收获。通过这个案例，我们可以看到研学指导师具有较强的组织能力和执行力，能够有效地策划和实施研学旅行活动，为学生提供高质量的学习和探索体验。

四、具备高度的责任心

研学指导师的责任心是指在研学旅行中，研学指导师需要对自己的工作、学生和家长等各方面都负有高度的责任。

首先，研学指导师需要对自己的工作负责。这包括制订详细的研学计划，做好各项准备工作和协调工作，确保行程的顺利进行。同时，研学指导师还

项目四　处理好研学指导师与学生的关系

需要不断学习和提升自己的专业知识和技能，以便更好地为学生提供指导和帮助。

其次，研学指导师需要对参与研学旅行的学生负责。这包括关注学生的身体健康和安全，确保学生的安全和健康。在行程中，研学指导师需要细心照顾和引导学生的行为和言语，确保学生的安全和健康。同时，研学指导师还需要为学生提供专业的研学指导和解说，帮助学生更好地理解和掌握研学内容。

最后，研学指导师需要对家长负责。这包括与家长保持良好的沟通和联系，及时向家长汇报学生的情况，解答家长的疑问和担忧，让家长放心。同时，研学指导师还需要与家长共同配合，共同关注学生的成长和发展，为学生的全面发展和个性化需求提供全方位的支持和指导。

研学指导师的责任心是研学旅行中不可或缺的品质之一。只有具备高度的责任心，才能够让学生和家长放心，确保研学旅行的顺利进行。同时，研学指导师还需要不断提升自己的专业素养和组织能力等，以便更好地为学生和家长提供服务和支持。

案例分享

海外研学应急事件处理

某学校组织了一次海外研学旅行，研学指导师是一位具有多年经验的英语教师。在接到组织任务后，她不仅制订了详细的活动计划，还与学校领导、家长和目的地管理机构等多方面进行了沟通和协调。她对每个环节都进行了认真的准备和安排，包括签证、交通、住宿、餐饮等方面，确保学生的安全和舒适。

在活动期间，研学指导师始终保持高度警惕并富有责任心，对学生的安全和健康状况格外关注。她带领学生遵守当地的法律法规和社会习惯，积极融入当地文化，确保学生的行为不会对当地社会造成不良影响。她还密切关注学生的心理状况，及时发现和解决学生的问题和困难，确保他们的心理健康和情绪稳定。

在遇到突发情况时，研学指导师迅速作出决策，及时协调各方资源，确保学生的安全和权益。例如，一名学生不慎走失，研学指导师立即启动紧急预案，迅速与当地警方联系，并在全体学生中进行寻人通知，同时安排当地志愿者协助寻找。在找到学生后，研学指导师对学生的安全和健康状况进行了全面检查，并安排了心理辅导老师进行心理疏导。

结论与评价：

在活动结束后，研学指导师对活动进行了全面的总结和评估，认真总结了活动的优点和不足。她还与学校领导、家长和学生代表进行了反馈和沟通，分享了学生在活动中的表现和收获。通过这个案例，我们可以看到研学指导师具备高度的责任心，能够全面、细致地考虑和安排研学旅行的各个方面，为学生提供了安全、健康、有意义的研学体验。

五、做一名研学旅行的"好老师"

研学指导师是研学旅行中的重要角色，要成为一名好的研学旅行老师，需要具备多种教学和育人素质。

1. 具备专业知识和技能

研学指导师需要具备相关学科的专业知识和技能，了解学科的前沿动态和研究成果。此外，还需要具备教育理论知识和教学技能，能够根据学生的特点和需求设计教学策略，引导学生进行探究性学习。

2. 了解学生的需求和兴趣

研学指导师需要了解学生的需求和兴趣，结合学生的实际情况和兴趣爱好，设计多样化的研学活动和课程，让学生在实践中感受学科知识的魅力，激发学生的兴趣和创造力。

3. 具备良好的教学素养

研学指导师需要具备良好的教学素养，包括课堂组织能力、教学管理能力、学生沟通能力等。这些素养可以让研学指导师更好地掌控课堂秩序，调动学生的学习积极性和参与度，同时能够与学生建立良好的师生关系。

4. 具备创新意识和实践能力

研学指导师需要具备创新意识和实践能力，能够根据不同的研学点和学生需求，设计出具有创新性和实践性的研学方案，让学生在实践中获得知识和技能。

5. 以学生为中心的教学理念

研学指导师需要树立以学生为中心的教学理念，关注学生的全面发展，注重培养学生的创新思维和实践能力，同时能够关注学生的个体差异，为每个学生提供个性化的教学支持。

6. 不断学习和提升自己的专业素养

研学指导师需要不断学习和提升自己的专业素养和教育理论水平，了解最新的教育理念和教育方法，以便更好地为学生提供优质的教学服务。

项目四 处理好研学指导师与学生的关系

总之，研学指导师需要具备专业的知识背景、良好的教学能力、创新意识和实践能力、严谨的教学态度以及团队协作能力等多方面的素质。只有这样才能够更好地为学生提供优质的研学旅行服务。

任务思考

1. 研学指导师在组织和实施研学旅行过程中如何指导学生进行探究和学习，促进他们的创新思维和实践能力？

2. 研学指导师应如何提升自己的专业能力，以满足学生需求和研学发展的要求？

参考答案

任务二　引导学生做好研学旅行中的角色定位

任务导入

研学旅行实施的主体是学生，在特定的主题和环境中学生应体现出不同的角色来参与研学活动。在此过程中做好学生的角色定位显得尤为重要。

思考：研学旅行课程实施中如何让学生清楚自身的角色定位？

微课视频

任务实施

整体认知把握学生在研学旅行实施过程中的角色定位，要求研学指导师以专业的视角科学引导，促进研学旅行实施的课程化、实践化。

一、引导学生做一名大自然的观察者和欣赏者

研学旅行是一种以自然和文化为主题的学习体验，让学生通过实地考察和亲身参与，拓宽视野，增长知识。研学指导师要引导学生成为大自然的观察者和欣赏者。

1. 提供充分的信息和指导

在研学旅行前，为学生提供相关的背景知识和指导，让学生了解观察和欣赏大自然的重要性以及如何安全地进行观察活动。

2. 创造轻松的学习氛围

在行程中创造轻松的学习氛围，鼓励学生提出问题和想法，让学生感受到学习的乐趣和挑战。

3. 引导学生进行观察和记录

提供观察工具和指南，引导学生进行观察和记录，让学生通过观察和实验等活动，了解大自然的奥秘和变化。

4. 引导学生欣赏大自然的美

在观察过程中，引导学生关注大自然的美，欣赏自然风光的壮丽和独特，感受大自然的治愈和启发作用。

5. 组织小组讨论和分享

在行程结束后，组织小组讨论和分享，让学生交流观察结果和感受，分享对大自然的认识和理解。

通过观察和欣赏大自然，学生可以更好地理解自然环境和人类的关系，增强环保意识和责任感，同时也可以提高观察和思考能力，促进全面发展。

案例分享

大自然的观察者和欣赏者

这是一个小学三年级的学生，名叫小明。他是一个热爱大自然的孩子，喜欢在户外活动，对动植物和自然现象充满好奇。他的父母发现他对自然的兴趣，开始鼓励他进行大自然的观察和记录。

小明选择了一个周末的早晨，早早地来到了公园，准备观察和欣赏大自然。他带上望远镜和笔记本，找了一个安静的地方坐下来。他开始观察周围的景象，听到了鸟儿的歌唱声，看到了蝴蝶在花丛中翩翩起舞，感受到了微风拂面的舒适。

小明开始记录他的观察和感受，他画出了他看到的鸟和蝴蝶，并记录了它们的行为和声音。他还记录了气温、湿度等环境信息，以及他在大自然中的感受。

随着时间的推移，小明不仅观察和记录了大自然的美妙景象，还通过自己的感受和理解，表达了对大自然的热爱和敬畏。他写道："我爱大自然，它让我感到宁静和快乐。我们要保护它，让它永远美丽。"

小明还与其他同学分享了他的观察和感受，他们一起探讨了大自然的问题和奥秘。通过这种方式，小明不仅提高了自己的观察和表达能力，还激发了其他同学对大自然的兴趣和热爱。

结论与评价：

小明的案例表明，小学生也可以成为大自然的观察者和欣赏者。通过观察、记录和分享，他们可以深入了解大自然的奥秘和美妙，同时也可以提高自己的观察、表达和合作能力。家长和研学指导师也应该鼓励和支持孩子们对大自然的兴趣和热爱，帮助他们更好地了解和保护我们的地球。

二、引导学生做一名社会文化的体验者和思考者

研学旅行不仅是一种以自然和文化为主题的学习体验，更是一种让学生通过亲身参与和体验，了解和感悟社会文化的重要途径。研学指导师引导学生成为社会文化的体验者和思考者是非常重要的。帮助学生在研学旅行中成为社会文化的体验者和思考者也是研学指导师重要的职业素养要求之一。

1. 提供丰富的文化体验活动

在研学旅行中，设计丰富的文化体验活动，如当地民俗文化表演、传统手工艺制作、历史文化遗址参观等，让学生通过亲身参与和体验，了解和感悟社会文化的魅力。

2. 引导学生进行文化交流和思考

在文化体验活动中，引导学生与当地居民进行交流和互动，让学生了解当地人的生活习惯、价值观和文化传统，同时鼓励学生提出问题和想法，让学生在思考和交流中深入理解社会文化。

3. 组织文化反思和总结活动

在行程结束后，组织文化反思和总结活动，让学生回顾和分享自己的文化体验和感受，总结自己的收获和思考。

4. 提供相关的文化资料和参考书籍

为学生提供相关的文化资料和参考书籍，让学生深入了解所体验的文化背景和内涵，帮助学生更好地理解和感悟社会文化。

5. 培养学生的跨文化意识和尊重态度

在研学旅行中，注重培养学生的跨文化意识和尊重态度，让学生了解和尊重不同文化之间的差异和多样性，培养学生的跨文化交流和沟通能力。

通过亲身体验和思考社会文化，学生可以更好地了解和理解不同文化之间的差异和共性，拓宽视野，增强跨文化交流能力，同时也可以提高文化素养和人文精神，促进全面发展。

三、做一名理论知识的探索者和研究者

研学旅行是一种以实践和探索为主题的学习方式，让学生通过亲身参与和探究，深入了解和掌握相关理论知识。研学指导师引导学生成为理论知识的探索者和研究者是非常重要的。

项目四　处理好研学指导师与学生的关系

1. 设定明确的研究主题和任务

在研学旅行前，为学生设定明确的研究主题和任务，让学生了解探究的目的和意义，明确探究的方向和内容。

2. 提供相关的理论知识和研究方法

为学生提供相关的理论知识和研究方法，让学生了解探究的背景和基础知识，掌握科学的研究方法和技术。

3. 引导学生进行实践探究和数据收集

在研学旅行中，引导学生进行实践探究和数据收集，让学生通过实践和实验，探究相关理论知识的应用和验证，同时培养学生的观察和实验能力。

4. 组织讨论和交流活动

在行程中，组织讨论和交流活动，让学生分享自己的探究成果和发现，提出问题和疑惑，让学生在讨论和交流中深入理解和掌握相关理论知识。

5. 进行探究成果的评价和总结

在行程结束后，对学生的探究成果进行评价和总结，肯定学生的努力和成果，同时也指出不足和需要改进的地方，让学生在探究过程中不断提升自己的理论知识和研究能力。

通过实践探究和理论研究，学生可以更好地理解和掌握相关理论知识，提高观察和实验能力，培养科学素养和研究能力，同时也可以促进自主学习和创新精神，推动全面发展。

四、做一名合格的合作者和协作者

研学旅行让学生通过亲身参与和体验，深入了解和掌握相关知识和技能。在研学旅行中，引导学生做一名合格的合作者和协作者是非常重要的。

1. 鼓励学生分享自己的经验和收获

在研学旅行结束后，鼓励学生分享自己的经验和收获，让学生通过分享自己的经历和感悟，让更多的同学了解和体验研学旅行的意义和价值。

2. 引导学生反思自己的表现和收获

在行程结束后，引导学生反思自己的表现和收获，让学生总结经验和教训，帮助学生更好地了解自己的优势和不足，为今后的学习和成长提供参考和借鉴。

3. 组织分享会和反思交流活动

在班级或学校中，组织分享会和反思交流活动，让学生分享自己的研学经历和反思成果，同时也可以听取其他同学的分享和反思，让学生在交流中不断拓宽自己的视野和思考方式。

4.肯定和鼓励学生的分享和反思

对于学生的分享和反思，要给予肯定和鼓励，激发学生的分享和反思意识，让学生更加自信并积极参与到分享和反思活动中来。

通过分享和反思，学生可以更好地总结自己的学习和体验，提高学习能力和思考能力，同时也可以促进交流和合作，增强社会交往能力。学生通过不断地分享和反思，可以为今后的学习和成长打下坚实的基础。

案例分享

合格的合作者和协作者

一名小学四年级的学生，名叫小李。他是一个开朗、热情的孩子，善于和同学相处，对团队合作和协作有着积极的态度。他所在的班级开展了一项活动，需要同学们分组合作完成一项任务。

小李与几位同学组成了一个小组，共同完成任务。他们选择的任务是组织一次班级运动会，包括比赛项目、奖品、宣传等方面。小李主动承担了组织和协调的任务，他明确分工，让每个同学都发挥自己的特长和兴趣。

在任务执行过程中，小李积极主动，与同学们密切合作。他不仅关注任务的完成情况，还关注同学们的情感和需求。当有的同学遇到困难时，他主动提供帮助和支持，鼓励他们坚持下去。他还与同学们共同商量解决问题的方法，找到最佳解决方案。

在任务完成后，小李与同学们一起分享了成功的喜悦和荣誉。他们共同庆祝了完成任务所取得的成就，并对各自的贡献表达了感激和赞赏。

结论与评价：

小李的案例表明，小学生也可以成为合格的合作者和协作者。通过团队合作和协作，他们可以相互支持、相互帮助，共同完成任务。同时，他们也可以培养自己的沟通、协调和解决问题的能力。家长和研学指导师也应该鼓励和支持孩子们参与团队合作和协作，帮助他们发展社会技能和合作精神。

五、做一名优秀的分享者和反思者

研学指导师引导学生成为优秀的分享者和反思者是非常重要的。

项目四　处理好研学指导师与学生的关系

1. 培养学生的分享意识和反思能力

在研学旅行前，培养学生的分享意识和反思能力，让学生了解分享和反思的重要性，掌握分享和反思的方法和技巧。

2. 提供分享和反思的机会和平台

为学生提供分享和反思的机会和平台，比如组织分享会、研讨会、展览会等，让学生有机会分享自己的研学经历和反思研学过程。

3. 鼓励学生分享自己的经验和收获

在分享会等场合，鼓励学生分享自己的经验和收获，让学生通过分享自己的经历和感悟，使更多的同学了解和体验研学旅行的意义和价值。

4. 引导学生反思自己的表现和收获

在分享会等场合，引导学生反思自己的表现和收获，让学生总结自己的经验和教训，帮助学生更好地了解自己的优势和不足，为今后的学习和成长提供参考和借鉴。

5. 肯定和鼓励学生的分享和反思

对于学生的分享和反思，要给予肯定和鼓励，激发学生的分享和反思意识，让学生更加自信并积极参与到分享和反思活动中来。

通过分享和反思，学生可以更好地总结自己的学习和体验，提高学习能力和思考能力，同时也可以促进交流和合作，增强社会交往能力。学生通过不断地分享和反思，可以为今后的学习和成长打下坚实的基础。

六、做一名卓越的职业生涯规划师

研学旅行让学生通过亲身参与和体验，了解和规划自己的职业生涯。研学指导师引导学生成为卓越的职业生涯规划师是非常重要的。

1. 提供职业规划的相关知识和技能

在研学旅行前，为学生提供职业规划的相关知识和技能，比如职业分类、职业要求、职业发展等，让学生了解职业规划的重要性和方法。

2. 引导学生进行职业探索和体验

在研学旅行中，引导学生进行职业探索和体验，比如参加职业体验活动、与相关行业人士交流、参观企业等，让学生了解不同职业的特点和要求，探索自己的职业兴趣和优势。

3. 组织职业规划的讨论和指导

在行程中，组织职业规划的讨论和指导，让学生分享自己的职业探索成果和困惑，给予学生必要的指导和建议，帮助学生更好地规划自己的职业生涯。

4. 鼓励学生进行实践和尝试

在职业规划过程中，鼓励学生进行实践和尝试，比如参加实习、志愿服务、科技竞赛等，让学生通过实践和体验，提升自己的职业能力和素养。

5. 进行定期跟进和评估

在职业生涯规划过程中，进行定期跟进和评估，了解学生的职业发展状况和问题，给予必要的指导和支持，让学生更好地实现职业生涯目标。

研学指导师通过职业探索和规划，可以帮助学生了解自己的职业兴趣和优势，规划自己的职业生涯，提升自己的职业能力和素养，同时也可以为学生今后的学习和就业提供重要的支持和帮助。

案例分享

中学生职业生涯规划

小王是一名即将升入高中的学生，他对于未来职业的选择感到迷茫和焦虑，希望通过研学旅行的机会，了解不同职业的特点和要求，为未来的职业规划打下基础。

小王参加了一次以职业规划为主题的研学旅行，旨在通过实地考察和交流，了解不同职业的特点和要求。在旅行中，小王参观了多个不同行业的公司和工作场所，与不同职业的人进行了交流和访谈。

在职业体验中，小王感受到了不同职业的工作环境和要求。他了解了从事医学工作需要具备扎实的医学知识和严谨的工作态度，从事艺术工作需要具备创造力和审美能力，从事金融工作需要具备数学和财务知识。通过与不同职业的人交流，小王逐步厘清了自己的职业兴趣和方向。

在反思和总结过程中，小王认识到职业规划是一个长期的过程，需要不断学习和探索。他决定在高中阶段积极参与课外活动和社团，培养自己的领导力和团队协作能力。同时，他还计划参加一些职业体验活动和实习项目，进一步了解自己感兴趣的职业。

结论与评价：

小王的案例表明，中学生可以通过研学旅行中的职业规划，了解不同职业的特点和要求，为未来的职业规划打下基础。在职业体验中，学生可以感受到不同职业的工作环境和要求，进一步厘清自己的职业兴趣和方向。同时，学生还需要在高中阶段积极学习和探索，培养自己的领导力和团队协作能力，为未来的职业发展做好准备。

项目四　处理好研学指导师与学生的关系

任务思考

请结合任务二的学习，设计一份了解学生思维特点、行为特征、兴趣爱好等方面的调查问卷，以便在研学实践过程中更好地了解学生的角色定位以及研学实践任务分配。

参考答案

任务三　厘清研学旅行中指导师与学生的关系

 **任务导入**

良好的师生关系是研学旅行活动目标达成的关键影响因素，在明确研学指导师和学生自身角色定位的同时，把握研学旅行实施过程中二者的关系更是研学旅行活动成果得以实现的关键。

思考：研学旅行课程实施中如何厘清指导师与学生的关系？

微课视频

 **任务实施**

研学旅行学习与课堂学习最大的区别在于师生之间的关系发生了明显变化，在研学旅行中指导师与学生的合作应贯穿始终，任务和实践内涵应相辅相成。

一、课程开发者与课程体验者

在研学旅行中，师生关系可以理解为课程开发者与课程体验者之间的关系。研学旅行的目的是通过实践和探究，让学生深入了解和掌握相关知识和技能。在这个过程中，作为课程开发者的导师，需要设计、开发和管理研学旅行的课程，为学生提供必要的知识和技能指导，同时也需要关注学生的需求和兴趣，提供个性化的教学支持。作为课程体验者的学生，需要积极参与研学旅行，通过实践和探究，深入了解和掌握相关知识和技能，同时也需要尊重导师的指导和建议，与导师和其他同学积极互动和交流，共同完成研学旅行的任务。

在师生关系中，导师需要关注学生的需求和兴趣，提供个性化的教学支持，同时也需要给予学生充分的自主权和信任，激发学生的创造力和探究精神。学生需要尊重导师的指导和建议，积极参与研学旅行，通过实践和探究，

项目四 处理好研学指导师与学生的关系

深入了解和掌握相关知识和技能，同时也需要尊重导师和其他同学的意见和建议，与导师和其他同学建立良好的互动和合作关系。

在研学旅行中，师生需要相互尊重、合作和信任，共同完成研学旅行的任务，促进学生的全面发展和成长。

二、研学指导者与活动参与者

在研学旅行中，师生关系也可以被理解为研学指导者与活动参与者之间的关系。研学指导者通常是导师或者教师，负责设计研学旅行的方案、制订具体计划、提供指导和建议等。活动参与者则是学生，他们参与研学旅行，通过亲身实践和体验进行探究和学习。

作为研学指导者，导师或教师需要发挥主导作用，根据学生的特点和需求，设计合适的研学方案，提供必要的指导和建议。他们需要关注学生的学习状态和进展，及时给予帮助和支持，同时也需要给予学生充分的自主权和信任，激发学生的创造力和探究精神。

作为活动参与者，学生需要积极参与研学旅行，认真履行职责和义务，按照研学方案的要求进行学习和探究。他们需要尊重导师的指导和建议，积极参与互动和交流，提出自己的观点和建议，与导师和其他同学共同完成研学旅行的任务。

在师生关系中，研学指导者与活动参与者的关系是相互促进、相互影响的。导师的指导和支持有助于学生更好地理解和掌握知识，提高学习效果。而学生的积极参与和探究也有助于导师更好地了解学生的学习需求和问题，进一步完善研学方案，提高学习质量。

三、课程方案制订者与方案参与者

在研学旅行中，师生关系还可以被理解为课程方案制订者与方案参与者之间的关系。课程方案制订者通常是导师或教师，他们负责设计研学旅行的课程方案，包括制定学习目标、安排活动和评估标准等。而方案参与者则是学生，他们按照课程方案进行学习和探究。

作为课程方案制订者，导师或教师需要发挥主导作用，根据学生需求和兴趣，设计合适的课程方案，确保学习目标和活动安排的合理性和可行性。他们还需要为学生的研学旅行提供必要的支持和帮助，包括提供学习资源、解答问题等。

作为方案参与者，学生需要积极参与研学旅行，按照课程方案的要求进行学习和探究。他们需要认真履行自己的职责和义务，积极参与各项活动，提出自己的观点和建议，与导师和其他同学共同完成研学旅行的任务。

师生关系在这个过程中是相互配合、相互协作的。学生需要积极配合教师，遵守规定和要求，完成任务和研学手册，并及时向教师反馈问题和困难。教师和学生需要密切配合，相互协作完成研学任务和学习目标。只有教师和学生都能充分发挥自己的作用，才能使研学旅行达到最佳效果。

四、研学评价者与评价互动者

在研学旅行中，师生关系还可以被理解为研学评价者与评价互动者之间的关系。研学评价者通常是导师或教师，他们负责设计研学旅行的评价标准和方法，对学生进行评价和反馈。而评价互动者则是学生，他们参与评价过程，与导师或教师进行互动和交流。

作为研学评价者，导师或教师需要设计合理、公正的评价标准和方法，确保评价过程科学、客观、公正。他们需要观察并记录学生的表现，及时反馈并给予建议，帮助学生了解自己的优点和不足。

作为评价互动者，学生需要积极参与评价过程，认真对待评价标准和方法，配合导师或教师完成评价任务。他们需要了解自己的表现和进步，提出自己的意见和建议，与导师或教师进行交流和沟通，共同探讨如何提高自己的学习效果和表现。

在师生关系中，导师或教师的反馈和建议有助于学生了解自己的学习状况和进步，激励学生进一步努力和提高。而学生的积极参与和沟通也有助于导师或教师更好地了解学生的学习需求和问题，进一步完善评价标准和方法，提高教学质量。

五、研学旅行引领者与自主发展者

在研学旅行中，导师作为研学旅行引领者，负责设计、组织、引领和管理整个研学旅行。他们制定研学旅行的目标、计划和具体方案，确保旅行安全和教学质量。导师还为学生提供必要的指导和支持，例如传授知识、技能，解答问题，引导学生探索和发现等。

项目四　处理好研学指导师与学生的关系

作为自主发展者，学生通过参与研学旅行，自主探究、学习和成长。学生不仅学习导师提供的指导和知识，还从研学旅行中获得实践经验，发展自己的能力和潜力。

在这种师生关系下，导师的引领和管理有助于学生更好地理解和掌握知识，提高学习效果。而学生的自主发展和探索也有助于导师更好地了解学生的学习需求和问题，进一步完善研学旅行方案，提高教学质量。

同时，学生的自主发展也需要导师的信任和支持。导师应该给予学生充分的自主权和空间，鼓励学生发挥自己的创造力和想象力，尝试新的探索和学习。

六、研学活动组织者与活动实践者

在研学旅行中，师生关系还可以被理解为研学活动组织者与活动实践者之间的关系。研学活动组织者通常是导师或教师，他们负责设计、组织和安排研学旅行中的各种活动，确保活动的合理性和有效性。而活动实践者则是学生，他们积极参与各项活动，发挥自己的主观能动性，实现活动目标。

作为研学活动组织者，导师或教师根据学生的特点和需求，设计多样化的活动方案，例如调查研究、实验探索、制作发明等。他们安排活动时间和流程，提供必要的资源和支持，例如指导方针、技术支持、资源材料等，确保活动的顺利进行。指导师作为研学活动组织者，负责设计、组织和安排研学旅行中的各种活动。他们根据学生的特点和需求，制订活动计划和具体方案，确保活动的合理性和有效性。导师还为学生提供必要的指导和支持，例如传授知识、技能，解答问题，引导学生探索和发现等。

作为活动实践者，学生积极参与各项活动，发挥自己的主观能动性，努力实现活动目标。他们主动探索、发现和学习，借助导师的指导和支持，不断提高自己的实践能力和综合素质。

案例分享

策划组织实施研学旅行活动

某中学组织的博物馆参观体验活动，邀请了一位具有多年经验的研学指导师担任策划和组织者。该活动的目的是让学生们通过参观博物馆，了解历史文化，提升综合素质。

研学指导师在活动前与博物馆方面进行了多次沟通和协调，确定了参观时间和流程。他还在网上开展了预先教育，让学生们对博物馆的历史和文化背景有一定的了解。

在活动当天，研学指导师带领学生们来到博物馆，首先进行了安全教育和纪律要求。随后，他带领学生们参观了博物馆的多个展厅，详细介绍了展品的背景和意义，还为学生们准备了互动体验环节，让他们可以亲身感受历史文化的魅力。

在参观结束后，研学指导师组织学生们进行讨论和分享，让他们表达自己的感受和理解。他还为学生们准备了延伸学习资料，引导他们进一步探究和思考。该博物馆参观体验活动取得了圆满成功。

结论与评价：

该案例表明，学生们通过参观学习，了解了历史文化知识，拓宽了视野，提高了综合素质。研学指导师的组织和引导也起到了重要作用，他不仅让学生们有充分的互动和体验，还引导他们思考和探究，激发了他们的学习兴趣和主动性。

七、研学旅行服务者与关系互动者

在研学旅行中，师生关系还可以被理解为研学旅行服务者与关系互动者之间的关系。研学旅行服务者通常是导师或教师，他们为学生提供必要的研学旅行服务和支持，而关系互动者则是学生，他们与导师或其他学生建立积极的关系，进行互动和交流。

作为研学旅行服务者，导师或教师需要关注学生的需求和兴趣，制订合适的旅行计划和支持；他们需要解答学生的问题，帮助学生解决困难、应对挑战，确保研学旅行的顺利进行。

作为关系互动者，学生需要与导师或其他学生建立积极的互动关系。他们需要积极参与课堂讨论、提问和合作，与同学建立良好的合作关系，共同完成研学任务。同时，学生还需要与导师建立良好的关系，寻求导师的指导和支持。

学生的关系互动也需要导师的引导和支持。导师应该为学生提供必要的指导和支持，例如解答问题、提供资源等，帮助学生建立良好的关系，促进互动和交流。

项目四　处理好研学指导师与学生的关系

八、研学安全保障者与自我安全责任者

在研学旅行中，师生关系还可以被理解为研学安全保障者与自我安全责任者之间的关系。研学安全保障者通常是导师或教师，他们负责设计安全保障方案和实施措施，确保学生的安全和健康。而自我安全责任者则是学生，他们有责任关注自身的安全和健康，遵守安全规定和指导，对自己的行为负责。

作为研学安全保障者，导师或教师需要制订详细的安全保障方案，包括应急预案、安全教育、健康管理等方面。他们需要对学生进行必要的安全指导和培训，确保学生了解安全规定和应急措施，提供必要的保障和支持。

作为自我安全责任者，学生需要关注自身的安全和健康，遵守安全规定和指导，不进行危险行为。他们需要对自己的行为负责，对不安全的行为及时报告并寻求帮助，积极参与安全保障工作。学生有责任关注自身的安全和健康，严格遵守安全规定和指导。他们需要理解并遵守导师或教师制定的安全保障方案，不进行危险行为，并及时报告任何安全隐患或问题。

在这种师生关系下，导师的安全保障工作为学生提供了必要的安全保障和支持。他们提供安全教育和指导，确保学生了解安全规定和应急措施，并提供必要的物质保障和支持。同时，学生的自我安全责任意识和行为也帮助减少安全风险，维护研学旅行的安全和健康环境。

案例分享

研学指导师应急处置突发事件

某学校组织的一次研学旅行，共有50名学生和10名教师参加。旅行目的地是一个偏远的山区，天气变化多端，容易出现突发情况。学校对此次旅行做了充分的安全准备，但仍有可能出现不可预测的紧急情况。

在旅行途中，突然下起了大雨，山路变得湿滑而危险。带队研学指导师发现一辆车的刹车突然失灵，车辆开始不受控制地向山下冲去。导师立即决定采取紧急措施，他指挥其他车辆在失控车辆前方停下，并组织学生和教师迅速从车辆中撤离。同时，他立即联系当地的救援队伍，报告情况并请求支援。

在等待救援的过程中，研学指导师组织学生们找到高地避雨，并安排教师们看护学生，避免发生其他意外事件。他还安抚学生和教师的情绪，鼓励他们保持信心，等待救援队伍的到来。

在救援队伍到达现场后，研学指导师与他们密切协作，协助他们进行救援工作。在救援结束后，导师还组织学生和教师进行了一次总结和反思，让他们认识到应急事件处理的重要性，并鼓励他们将这次经验应用到未来的学习和生活中。

结论与评价：

研学旅行应急事件处理是保障学生和教师安全的重要环节。在这个案例中，带队研学指导师迅速采取措施，有效地避免了潜在的危险。同时，他还沉着冷静地处理了紧急情况，组织学生和教师有序撤离，并联系救援队伍，为所有参与者的安全保驾护航。通过这次事件，学生和教师深刻认识到应急事件处理的重要性，同时也增强了团队之间的协作和沟通能力。

任务思考

1. 如何建立指导师和学生之间的平等、尊重和信任关系？

2. 指导师应该如何处理学生在研学旅行中的违纪行为或突发事件？

参考答案

项目实训与提升

案例阅读

研学安全案例背景

为切实保障学校广大师生研学旅行活动的安全，学校特制定了研学旅行活动安全应急预案。预案明确了组织领导、安全工作具体要求以及具体处理方法等方面的内容。学校成立了研学旅行领导组和工作组，成员包括领导小组组长、副组长以及各年级组长和班主任等。

1. 安全工作具体要求

（1）本次活动统一听从领导小组指挥和安排，不得私自调整。

（2）活动期间，各年级组长和班主任要保持联系，及时汇报情况，以便及时协调。

（3）活动中如遇突发事件，要及时向带队老师汇报，并按照应急预案采取相应措施。

（4）活动中要保持纪律严明，避免因秩序混乱发生意外。

2. 具体处理方法

（1）如遇恶劣天气和自然灾害不能出行，则将活动延期。

（2）如遇特殊情况，部分人员身体不适，则向带队老师汇报，并为其请假。

（3）有同学会晕车，提前做好准备，同时了解其是否对晕车药过敏，不过敏者提前半个小时服晕车药，对晕车药过敏者，食用可以预防晕车的相关食品。

研学安全案例描述

某中学组织了一次研学旅行活动，共有30名学生参加。目的地是山区，安排了徒步探险和露营等户外活动。研学指导师是一位具有多年经验的自然科学家，对学生的安全和健康状况格外关注。

在徒步探险的第三天，突然下起了大雨，山路湿滑难行。带队研学指导师发现一名女生的脚步逐渐放慢，显然已经跟不上了。导师立即决定暂停行程，询问女生身体状况。女生表示自己的脚踝有些疼痛，但可以坚持。

考虑到女生的安全和健康，导师决定按照应急预案采取相应措施。他安排一名教师和学生照顾女生，暂停当天的徒步探险活动。同时，他联系了医疗队伍，为女生提供专业的医疗援助。在医疗队伍到达前，导师一直陪伴在女生身边，安慰她的情绪，并确保她得到妥善的治疗。

在医疗队伍到达现场后，研学指导师与他们密切协作，协助他们将女生抬到担架上。经过初步检查和治疗，女生的脚踝伤势得到了妥善处理。在确认女生得到合适的照顾后，导师才回到旅行队伍中。

案例剖析

结合本项目所学知识剖析上述案例。

选择本项目中的一个关键任务，面向高中一年级学生，设计一个职业体验研学实践活动方案。

参考答案

项目五

落实研学旅行促进人的全面发展要求

全国中小学生研学实践教育基地——延安革命纪念馆

项目导读

研学旅行是一种新型的教育形式，它可以有效地促进人的全面发展。拓宽学生的视野和认知，增强学生的国际化视野和文化素养，培养学生的自理能力、独立能力、实践能力、领导才能，同时提高学习兴趣。研学旅行是一种有利于人的全面发展的教育形式，可以为学生提供更广阔的发展空间和更多的实践机会，促进学生综合素质和能力的提升。

学习目标

通过学习本项目内容，了解研学旅行对于促进人的全面发展的积极作用，知道提升研学旅行在培养学生德智体美劳全面发展中的作用和价值。

思维导图

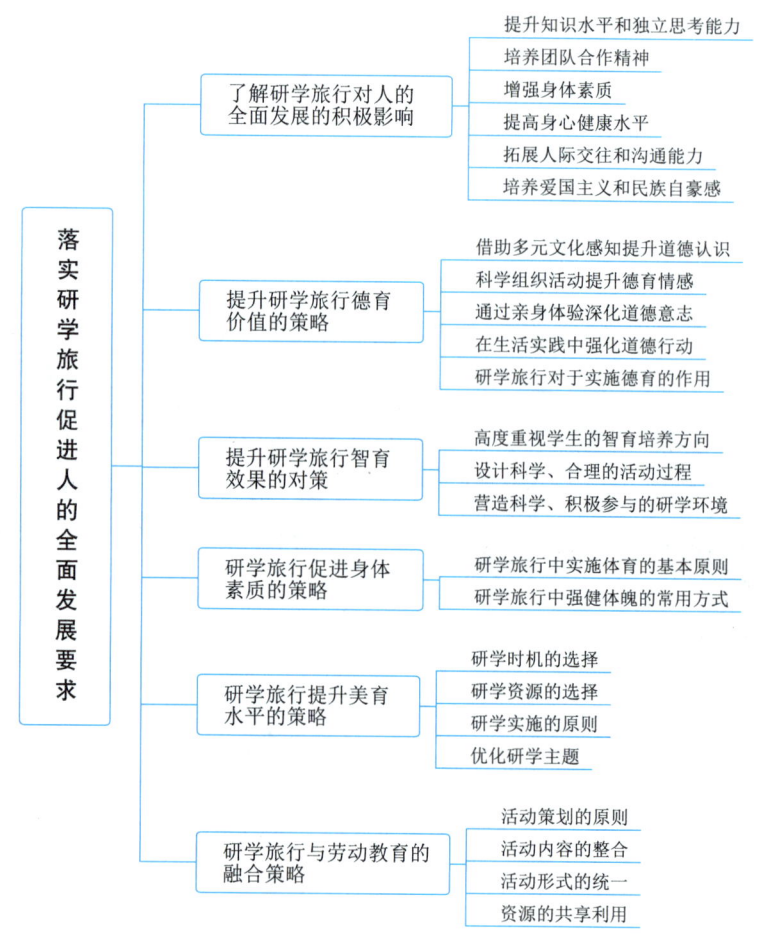

项目五　落实研学旅行促进人的全面发展要求

人的全面发展理论与素养教育

人的全面发展理论是马克思主义哲学的重要组成部分，它强调人的自由、全面、充分、和谐发展，是现代教育的核心目标。素养教育则是实现人的全面发展的一种教育形式，它注重培养学生的素养和能力，使其具备适应未来社会发展的能力和品质。

在素养教育中，人的全面发展理论起到了重要的指导作用。以下是人的全面发展理论与素养教育的关系。

人的全面发展是素养教育的目标：人的全面发展理论强调人的自由、全面、充分、和谐发展，这正是素养教育的目标。素养教育旨在通过提高学生的素养和能力，使其具备适应未来社会发展的能力和品质，从而实现人的全面发展。

素养教育是实现人的全面发展的途径：人的全面发展需要通过一系列的教育途径来实现，而素养教育则是其中之一。素养教育注重培养学生的自主性、创新性、合作性、批判性等素养，使其具备自我学习、自我发展、自我创新的能力，从而实现人的全面发展。

人的全面发展与素养教育相互促进：人的全面发展是素养教育的目标，素养教育是实现人的全面发展的途径，二者相互促进，密不可分。通过实施素养教育，可以促进人的全面发展，而人的全面发展又为素养教育提供了更广阔的发展空间和更丰富的内容。

因此，人的全面发展理论与素养教育是相互关联、相互促进的关系。在实施素养教育的过程中，应始终以人的全面发展为目标，注重培养学生的素养和能力，使其具备适应未来社会发展的能力和品质。

高校领导力与团建研学课程

某高校开设了一些素养教育课程，旨在提高学生的综合素质和能力，促进学生的全面发展。以下是某次素养教育课程的内容和方式。

课程名称：领导力与团队建设

课程目标：通过本次课程，学生将了解领导力与团队建设的基本概念和技能，培养团队协作、沟通、创新和解决问题的能力，提高领导力水平。

课程内容：

1. 领导力概念解析：介绍领导力的定义、要素和重要性，让学生了解领导力的基本概念。

2. 团队建设活动：通过一系列团队建设活动，如团队挑战、小组讨论、角色扮演等，培养学生的团队协作、沟通、创新和解决问题的能力。

3. 案例分析：通过分析成功的领导者和团队案例，让学生了解成功的领导者和团队的特点和要素，为自己的领导力和团队协作提供参考。

4. 实践演练：学生分组进行实践演练，模拟真实场景中的领导和团队协作，让学生在实践中掌握领导力和团队协作的技能。

课程方式：

1. 理论讲解：通过课堂讲解的方式，向学生介绍领导力和团队建设的基本概念和理论。

2. 实践活动：通过实践活动，如团队建设活动、案例分析、实践演练等，让学生在实践中学习和掌握领导力和团队协作的技能。

3. 互动讨论：通过互动讨论的方式，让学生在课堂上交流心得和体会，加深对领导力和团队建设的理解和掌握。

通过本次素养教育课程，学生将了解领导力与团队建设的基本概念和技能，培养团队协作、沟通、创新和解决问题的能力，提高领导力水平，从而实现全面发展。

上述案例给我们的启示是什么？

任务一　了解研学旅行对人的全面发展的积极影响

任务导入

无论是研学旅行还是校内学习，最终都是为了促进学生德智体美劳全面发展，研学旅行因其课程活动的特点，更具有促进学生全面发展的实践性和活动性。

思考：研学旅行如何促进学生全面发展？

微课视频

项目五 落实研学旅行促进人的全面发展要求

研学旅行学习过程中更加注重知识在现实生活和真实情境中的应用，在实践和学习过程中将校内学习的知识应用于解决真实的问题，有助于学生的全面发展。

一、提升知识水平和独立思考能力

研学旅行是综合性、实践性的学习过程，有利于提升学生的知识水平和独立思考能力。

研学旅行能够让学生在实践中学习和应用知识，而不是仅仅在课堂上学习。这种学习方式更加生动、形象，能够让学生更容易理解和记忆知识。例如，通过参观博物馆或历史遗迹，学生可以更深入地了解历史和文化，这样的体验对于他们的知识积累非常有益。

研学旅行还能够培养学生的跨学科思维。在实践中，学生需要综合运用多个学科的知识来解决问题，这有助于他们形成更加全面的知识框架。例如，在进行生态环境保护的研学旅行中，学生需要了解生物、化学、地理等多个学科的知识，这对于他们的跨学科思维培养非常有益。

研学旅行还能够培养学生的独立思考能力。在实践中，学生需要自己探索、思考和解决问题，这有助于他们形成独立思考的能力。例如，在科学实验中，学生需要自己设计实验方案、进行实验操作、分析数据并得出结论，这样的过程能够锻炼他们的独立思考和解决问题的能力。

1. 实践经验

研学旅行通常会涉及实践性的学习，比如实验室研究、实地考察等。这些活动让学生有机会亲身体验知识，比单纯在课堂上听讲更有利于理解和记忆。

2. 多维度学习

研学旅行能够将书本知识与实际生活、社会实践结合起来，形成多维度的学习体验。这种学习方式有助于学生更全面、深入地理解知识，提高知识的应用能力。

3. 培养独立思考能力

研学旅行通常会涉及一些需要学生自己探索、思考的问题，比如研究课题的设计、实地考察的报告等。这可以促使学生主动思考、解决问题，提升独立思考能力。

4. 跨学科学习

研学旅行可能涉及多个学科的知识，比如历史、地理、生物等。这种跨学科的学习有助于学生理解知识之间的联系，形成更全面的知识框架。

5. 激发兴趣

研学旅行能够让学生在实践中发现自己的兴趣，进而激发对学习的热情。当学生对学习内容感兴趣时，就更有可能进行深度学习和独立思考。

总之，研学旅行为学生提供了实践、跨学科、独立思考的机会，有助于提升知识水平和独立思考能力。

当学生参加研学旅行时，他们可能会前往一个历史遗址进行实地考察。在这个过程中，学生需要自己探索遗址，了解其历史背景、建筑风格、文化意义等方面的知识。他们可能会参与考古发掘、观察文物、访问当地居民等活动，以获取更深入的了解。

回到学校后，学生可能会被要求写一份关于这次实践的报告或论文。这会促使他们进一步深入研究、整理资料、分析问题，并形成自己的独立思考。他们可能会提出一些新的观点或解读，展示出自己的创新思维和学术能力。

这表明，研学旅行不仅可以提高学生的知识水平，还能够培养他们的独立思考能力。通过实践、观察、研究和写作，学生逐渐形成了自己的学术见解和思维方式，这对于他们的未来学习和职业生涯都非常重要。

二、培养团队合作精神

研学旅行不仅能够提升学生的知识水平和独立思考能力，还能够培养他们的团队合作精神。在研学旅行中，学生通常需要以小组为单位完成各种任务，比如调查问卷、团队游戏、合作项目等。这些任务需要学生之间相互协作、相互支持，通过团队合作来达成共同的目标。

通过研学旅行中的团队合作，学生可以学会如何与他人合作、如何分工协作、如何沟通协调等重要的团队合作技能。这些技能在未来的学习和职业生涯中都非常关键，也是成功的重要保障。

研学旅行中的团队合作还能够增强学生的集体荣誉感和归属感。通过与同伴共同完成任务，学生可以感受到团队的力量和集体荣誉的成就感，从而更加珍惜集体合作的精神。这对于他们的未来发展和人生成功都有很大的帮助。

项目五 落实研学旅行促进人的全面发展要求

> **案例分享**

研学中的团队合作

某学校学生团队参加了一次研学旅行,目的是探索某个地区的生态环境问题。这个地区可能存在一些环境污染和生态破坏的问题,需要学生团队通过调查、观察和分析,提出相应的解决方案。

在完成任务的过程中,学生团队需要进行以下步骤。

1. 确定研究目标:团队成员需要一起讨论并明确研究目标,比如调查某个地区的水质情况或植被覆盖情况。

2. 分工合作:根据团队成员的特长和兴趣进行分工合作。比如,有的成员负责数据采集和整理,有的成员负责样品分析和检测,有的成员负责报告撰写和汇报展示。

3. 协同工作:团队成员需要相互协作,共同完成任务。比如,在采集样品时需要相互配合,确保样品采集的准确性和完整性。

4. 沟通协调:在完成任务的过程中,团队成员需要不断沟通和协调,确保任务进展顺利。比如,及时讨论研究过程中遇到的问题,分享新的发现和成果,协商解决分歧等。

结论与评价:

通过上述案例,我们可以看到,研学旅行中的团队合作需要学生团队共同协作、分工合作、沟通协调,才能够完成任务。这样的学习体验有助于培养学生的团队合作精神,为未来的学习和职业生涯做好准备。

三、增强身体素质

参加研学旅行可以增强学生的身体素质,主要体现在以下几个方面。

1. 户外活动

研学旅行通常会包含一些户外活动,如徒步、攀岩、野营等。这些活动能够锻炼学生的身体,提高他们的体质和抵抗力。通过接触大自然,学生也能增强对环境的认识和适应能力。

2. 运动技能

研学旅行可能涉及一些特定的运动技能,比如登山、游泳、划船等。这些技能的学习和锻炼有助于学生提高身体协调性和灵活性,培养运动习惯,增强他们的抵抗力。

3. 团队合作

研学旅行中的团队合作活动能够培养学生的协作和领导能力。在完成任务的过程中，学生需要相互配合、共同协作，这种体验有助于他们形成团队精神。

4. 健康的生活方式

研学旅行还能够培养学生的运动习惯和健康生活方式。在旅行中，学生需要保持适当的运动量和饮食卫生，这有助于他们形成良好的生活习惯，促进身体健康成长。

5. 意志品质提升

研学旅行中的一些户外活动还能够培养学生的冒险精神和挑战自我的能力。比如，在攀岩活动中，学生需要克服心理障碍，挑战自己的极限，这有助于他们增强自信心和勇气。

研学旅行不仅能够提升知识水平和独立思考能力，还能够培养学生的团队合作精神，增强身体素质。这样的学习体验有助于学生全面发展，为未来的学习和职业生涯打下坚实的基础。

四、提高身心健康水平

研学旅行能够增进学生的身心健康水平，主要体现在以下几个方面。

1. 改善身体健康

研学旅行通常会包含各种户外活动，比如徒步、野营、拓展训练等。这些活动能够让学生锻炼身体，提高体质和抵抗力，改善身体健康。

2. 促进心理适应

研学旅行可能会涉及一些新的体验和挑战，比如离开家庭、与陌生人相处、应对突发事件等。这些经历能够锻炼学生的心理适应能力和自我调节能力，促进心理成长。

3. 增强自信心

研学旅行中的一些活动，比如攀岩、漂流等，能够让学生克服心理障碍，挑战自我，增强自信心和勇气。

4. 培养兴趣爱好

研学旅行可能会涉及学生感兴趣的一些领域，比如艺术、体育等。这些体验能够激发学生的兴趣和热情，培养他们的特长和爱好。

5. 提升情绪管理

研学旅行中的一些活动，比如团队游戏、角色扮演等，能够培养学生的情绪管理能力，帮助他们更好地控制情绪，保持良好的心态。

研学旅行能够让学生在实践中学习、锻炼和发展，不仅有助于提高知识水平和综合素质，还能够增进学生的身心健康水平，为未来的学习和生活打下坚实的基础。

案例分享

研学旅行在实践中增进身心健康水平

某高中组织了一次为期一周的研学旅行，目的地是一个山区。学生们需要在山区中徒步旅行、野营、拓展训练等户外活动。

在旅行中，学生们欣赏着大自然的美景，呼吸新鲜空气，锻炼身体。他们需要自己动手搭建帐篷、准备食物，提高了动手能力和自我保护能力。同时，学生们还需要进行团队协作，比如一起徒步穿越峡谷、共同搭建帐篷等，培养了团队合作精神和沟通能力。

在旅行过程中，学生们遇到了许多挑战，比如下雨、山陡路滑等。但他们都能够克服困难，相互帮助，共同完成任务。这些经历增强了学生们的自信心和勇气，锻炼了他们的环境适应能力和自我调节能力。

旅行结束后，学生们对大自然的认识更加深刻，也更加珍惜当下的生活。他们的身心健康水平得到了提高，对未来的学习和生活也更加充满信心。

结论与评价：

通过上述案例，我们可以看到研学旅行对于学生的身心健康水平有着积极的影响。学生们通过户外活动锻炼身体，提高了动手能力和自我保护能力，同时培养了团队合作精神和沟通能力。在面对挑战和困难时，学生们相互帮助，共同完成任务，增强了自信心和勇气，锻炼了环境适应能力和自我调节能力。这些经历有助于学生们更好地适应未来的学习和生活，提高身心健康水平。

五、拓展人际交往和沟通能力

人际交往和沟通能力是指与他人交往和交流的能力，包括表达和理解他人的情绪、意图、动机和感觉，并运用语言、动作、手势、表情、眼神等方式与他人交流信息、沟通情感的能力。

人际交往和沟通是一个复杂的过程，涉及许多因素，如语言、文化、社会角色、情绪等。人际交往和沟通能力对于个人的社会适应、人际关系、心理健康等方面都具有重要的影响。

良好的人际交往和沟通能力可以促进个人与他人的相互理解、尊重和信任，有助于建立良好的人际关系，增强个人的社会支持系统。同时，人际交往和沟通能力也是个人学习和发展的基础，能够帮助个人获取更多的信息和知识，提高自我认知和自我调节能力，促进个人的成长和发展。

人际交往和沟通能力的培养对于个人的发展和社会的和谐都具有重要的意义。在教育过程中，我们应该注重培养学生的交往和沟通能力，提供多元化的学习和发展机会，帮助他们建立良好的人际关系，提高他们的社会适应能力。

研学旅行能够拓展学生的人际交往和沟通能力，主要有以下几个原因。

1. 多元文化体验

研学旅行通常会涉及多种文化体验，比如与当地居民交流、体验不同的风俗习惯等。这些多元文化的体验能够帮助学生开阔视野，了解不同的价值观和思维方式，从而提高他们的跨文化交流能力。

2. 团队协作机会

研学旅行中的许多活动需要学生之间进行团队协作，比如团队游戏、合作项目等。这些团队协作的机会能够促进学生之间的交流和合作，帮助他们建立信任和友谊，同时提高他们的团队合作和沟通能力。

3. 挑战性体验

研学旅行中的一些活动具有一定的挑战性，比如攀岩、漂流等。这些挑战性体验能够激发学生的潜能，增强他们的自信心和勇气。在与同伴共同克服困难的过程中，学生能够学会相互支持和鼓励，从而提高他们的交往和沟通能力。

4. 开放性氛围

研学旅行通常提供一个开放性的氛围，鼓励学生尝试新事物、接受挑战和冒险。这种开放性的氛围能够激发学生的积极性和主动性，促使他们与他人进行更多的交流和互动，从而提高他们的交往和沟通能力。

研学旅行通过提供多元文化体验、团队协作机会、挑战性体验和开放性氛围等方式，能够拓展学生的人际交往和沟通能力。这对学生未来的学习和生活都具有重要的意义。

项目五　落实研学旅行促进人的全面发展要求

六、培养爱国主义和民族自豪感

　　爱国主义是指个人或集体对祖国的一种积极和支持的态度，揭示了个人对祖国的依存关系，是人们对自己家园以及民族和文化的归属感、认同感、尊严感与荣誉感的统一，集中表现为民族自尊心和民族自信心，为保卫祖国和争取祖国的独立富强而献身的奋斗精神。爱国主义不仅体现在政治、法律、道德、艺术、宗教等各种意识形态和整个上层建筑之中，而且渗透到社会生活的各个方面，成为影响民族和国家命运的重要因素。

　　2017年10月18日，习近平同志在党的十九大报告中指出，要加强思想道德建设。人民有信仰，国家有力量，民族有希望。要提高人民思想觉悟、道德水准、文明素养，提高全社会文明程度。广泛开展理想信念教育，深化中国特色社会主义和中国梦宣传教育，弘扬民族精神和时代精神，加强爱国主义、集体主义、社会主义教育，引导人们树立正确的历史观、民族观、国家观、文化观。

　　民族自豪感，即对本民族充满信心和乐观主义精神的情感。民族自豪感是爱国主义的重要因素，是指对本民族的历史文化、传统精神、价值取向、现实状况、未来发展等表示高度认同、充满信心和乐观主义精神的情感。它的主体始终是人民群众，因而和剥削阶级宣扬的民族主义意识有着原则区别。

　　研学旅行通过实践、探索、学习等方式，加深对历史、文化、地理、科学等方面的认识和理解。如果能够将民族自豪感的培养融入研学旅行中，可以起到很好的促进作用。

1. 了解民族文化

　　在研学旅行中，可以安排学生参观历史文化遗址、博物馆、艺术展览等，让他们了解中华民族悠久的历史和灿烂的文化，从而增强民族自豪感。

2. 学习民族艺术

　　可以安排学生参加民族艺术表演或制作活动，如民族音乐、舞蹈、戏剧等，让学生感受到中华民族艺术的独特魅力和价值，从而增强民族自豪感。

3. 了解民族英雄

　　可以安排学生了解民族英雄的事迹，如岳飞、文天祥等，让学生感受到中华民族英雄的英勇和奋斗精神，从而增强民族自豪感。

4. 体验民族传统

　　可以安排学生体验一些民族传统活动，如中国传统的茶艺、书法、武术等，让学生感受到中华民族传统文化的独特魅力和价值，从而增强民族自豪感。

5. 了解民族科技

可以安排学生了解一些民族科技成就，如中国古代的四大发明、现代中国的科技创新等，让学生感受到中华民族的科技实力和创新能力，从而增强民族自豪感。

通过研学旅行中的各种活动，学生可以更加深入地了解中华民族的历史、文化、艺术、英雄、传统和科技，从而增强他们的民族自豪感和自信心。

案例分享

长城研学活动

研学旅行目的地：中国长城

1. 了解历史：在长城起点，可以安排一位历史学者为学生讲解长城的历史背景和修建过程，让学生了解中国古代劳动人民的智慧和才能，从而增强民族自豪感。

2. 体验文化：在长城沿线，可以安排学生参观一些民俗文化村落，让学生了解中国北方农村的文化传统和生活方式，从而增强对中华民族文化的认同感。

3. 学习科技：在长城沿线，可以安排一位科技专家为学生讲解古代军事防御体系和长城的建筑结构，让学生了解中国古代的军事科技和建筑技术，从而增强民族自豪感。

4. 增强集体意识：在攀登长城的过程中，可以安排一些团队合作游戏，如接力赛、寻宝等，让学生体验集体合作的力量和团结的重要性，从而增强集体意识和团队精神。

5. 反思总结：返回学校后，可以安排一次反思总结活动，让学生分享在研学旅行中的感受和收获，进一步加深对中华民族历史、文化、科技等方面的认识和理解，从而增强民族自豪感和自信心。

结论与评价：

这个研学旅行方案通过参观历史文化遗址、体验民俗文化、学习古代军事科技、增强集体意识和反思总结等方式，可以有效地培养学生的民族自豪感和自信心。

项目五　落实研学旅行促进人的全面发展要求

任务思考

研学旅行如何与学校教育体系相辅相成，共同促进学生的全面发展和教育质量的提升？

参考答案

任务二　提升研学旅行德育价值的策略

任务导入

微课视频

所谓德育，是教育者根据一定的社会要求，针对教育对象的思想实际和个性心理发展特征，有计划、有目的、有步骤地对教育对象所施加的带有价值引导性的思想政治教育活动。德育概念具有广义和狭义之分。广义的德育，指的是大德育观，包括思想教育、政治教育、道德教育、法治教育、心理健康教育等。狭义的德育，着重指道德教育，具体包括道德观念、道德情感、道德意志，道德信念和道德行为等方面的教育。

思考：研学旅行如何促进学生思想道德水平的提高？

任务实施

中小学德育总体目标强调：培养学生爱党、爱国、爱人民，增强国家意识和社会责任意识，了解中华优秀传统文化和革命文化、社会主义先进文化，增强中国特色社会主义道路自信、理论自信、制度自信、文化自信，引导学生准确理解和把握社会主义核心价值观的深刻内涵和实践要求，养成良好的政治素质、道德品质、法治意识和行为习惯，形成积极健康的人格和良好的心理品质，促进学生核心素养的提升和全面发展，为学生一生成长奠定坚实的思想基础。

一、借助多元文化感知提升道德认识

道德认识是对道德的意识思维能力和鉴别能力，主要包括两个方面：一是对道德原理、原则、规范、意义等的理性认识；二是对道德行为的分析、判断、评价能力。道德认识是通过学习、实践逐步提高的，是道德行为发生的必要条件之一。

项目五 落实研学旅行促进人的全面发展要求

借助多元文化感知提升道德认识是指通过接触和了解不同文化背景下的道德观念和行为方式，来提高个人的道德认识和道德水平。

不同文化背景下的道德观念有所不同，如某些文化强调个人自由和权利，而另一些文化则强调社会责任和义务。通过了解不同文化的道德观念，可以拓宽个人的视野，理解不同的道德观点，从而丰富个人的道德思维和道德认识。不同文化背景下的道德行为方式也有所不同，如某些文化中，人们通过直接表达情感来表达孝顺，而另一些文化中，人们则通过照顾家庭成员来表达孝顺。通过了解不同文化的道德行为方式，可以增强个人的道德鉴别和道德评价能力。故事和故事人物是传递道德观念和行为方式的重要途径。通过学习其他文化的道德故事和故事人物，可以了解到不同的道德观念和行为方式，并且可以通过对这些故事和人物的反思和讨论，深入理解其中的道德价值和道德意义。通过参与多元文化的实践活动，如文化交流、志愿者服务等，可以亲身感受不同文化背景下的道德观念和行为方式，并且在实践中提高个人的道德认识和道德水平。

借助多元文化感知提升道德认识需要不断接触和理解不同文化背景下的道德观念和行为方式，通过实践和学习，不断提高个人的道德思维和道德评价能力，从而促进个人的成长和发展。

将道德认识的培养融入研学旅行中，可以起到很好的促进作用。

1. 多元文化体验

在研学旅行中，可以安排学生参观不同文化背景的历史文化遗址、博物馆、艺术展览等，让他们了解不同文化的特点和价值，从而培养对多元文化的尊重和包容意识。

2. 道德案例分析

在研学旅行中，可以结合所参观的文化遗址、历史事件等，引导学生分析其中涉及的道德问题，如正义、责任、尊重、诚实等，让学生通过实际案例深入理解道德观念和道德价值。

3. 社会实践

在研学旅行中，可以安排学生参与一些社会实践活动，如志愿者服务、环保行动等，让学生通过亲身实践感受道德行为的意义和价值，从而提升道德认识。

4. 多元文化交流

在研学旅行中，可以安排学生与不同文化背景的人进行交流和互动，如文化交流项目、国际义工等，让学生了解不同文化的道德观念和行为方式，从而促进道德认识的提升。

5. 反思总结

在研学旅行结束后，可以安排一次反思总结活动，让学生分享在旅行中的道德体验和感悟，进一步加深对道德观念和道德价值的理解和认识，从而提升道德认识。

通过多元文化感知和社会实践，学生可以更加深入地理解道德观念和道德价值，从而提升道德认识。这种培养方式不仅有助于学生的个人成长，也有助于促进社会的和谐发展。

二、科学组织活动提升德育情感

除了借助多元文化感知提升道德认识，科学组织活动也可以提升德育情感。

设计德育主题活动：在设计活动时，将德育主题融入其中，如感恩、团结、诚信等，通过活动的组织实施，让学生深入理解德育主题的意义和价值，从而提升德育情感。

制定明确的目标和计划：在组织活动时，制定明确的目标和计划，让学生了解活动目的和意义，从而更加自觉地参与活动，并且在活动中发挥主观能动性，增强德育情感的体验和提升。

营造良好的活动氛围：在活动组织过程中，营造良好的氛围，让学生感受到活动的乐趣和意义，从而更加愿意参与其中，并且在活动中增强德育情感的体验和提升。

引导学生参与实践：在活动组织过程中，引导学生参与实践，如志愿服务、社会调查等，让学生通过亲身实践感受德育情感的意义和价值，从而增强德育情感的体验和提升。

及时总结反馈：在活动结束后，及时进行总结反馈，让学生了解自己在活动中的表现和收获，从而加深对德育情感的理解和认识，并且为今后的德育发展提供指导和帮助。

通过科学组织活动，学生可以在参与活动的过程中，深入理解德育情感的意义和价值，从而提升德育情感，促进个人的成长和发展。

项目五 落实研学旅行促进人的全面发展要求

案例分享

德育主题研学

研学旅行德育主题案例，以"社会责任"为主题。

研学目的地：贫困山区

1. 启动仪式：在学校举行研学旅行的启动仪式，介绍目的地和德育主题，激发学生的社会责任感和参与热情。

2. 实地考察：组织学生前往贫困山区实地考察，了解当地居民的生活状况和困难，感受他们的艰辛和不易，增强对社会问题的认识和理解。

3. 互动交流：邀请一些当地的居民和学生，与学生们进行交流和互动，分享他们的生活故事和困难，让学生们了解当地的文化和生活，增强社会责任感和集体意识。

4. 实践体验：组织学生进行一些社会责任实践活动，如帮助当地居民打扫卫生、种植农作物等，让学生亲身体验劳动和奉献的乐趣，培养社会责任感和奉献精神。

5. 反思总结：在返回学校后，组织一次反思总结活动，让学生分享在研学旅行中的感受和收获，进一步加深对社会责任的认识和理解，从而增强社会责任感和自信心。

结论与评价：

上述案例以"社会责任"为主题，通过实地考察、互动交流和实践体验，学生可以深入了解社会问题和社会责任，感受当地居民的艰辛和不易，增强社会责任感和奉献精神。同时，通过与当地人的交流和互动，学生可以了解当地的文化和生活，增强社会责任感和集体意识，也可以培养劳动意识和实践能力。这样的研学旅行德育主题案例，可以有效地提升学生的德育情感和综合素质，促进个人的成长和发展。

三、通过亲身体验深化道德意志

除了借助多元文化感知和科学组织活动提升道德认识和德育情感，通过亲身体验也可以深化道德意志。

设计亲身体验活动：设计一些亲身体验活动，如志愿服务、社会调查等，让学生通过亲身参与和实践，感受道德行为的意义和价值，从而深化道德意志。

引导反思总结：在亲身体验活动结束后，及时引导学生进行反思总结，让学生总结自己在活动中的体验和收获，进一步深化对道德意志的认识和理解。

持续参与实践活动：持续参与实践活动可以让学生不断体验道德行为的意义和价值，不断强化道德意志。可以组织一些持续性的实践活动，如长期志愿服务、环保行动等，让学生在实践中不断深化道德意志。

借助角色扮演：通过角色扮演，让学生扮演不同的角色和身份，感受不同角色和身份的道德责任和义务，从而深化道德意志。

结合日常生活：将道德意志的深化与日常生活相结合，让学生在实际生活中实践道德行为，如尊重他人、关心他人、帮助他人等，从而在生活中不断深化道德意志。

通过亲身体验，学生可以更加深入地理解道德行为的意义和价值，从而深化道德意志。

四、在生活实践中强化道德行动

研学旅行是一种很好的实践方式，可以让学生在旅行中通过亲身体验来强化道德行动。

制定旅行中的道德规范：在旅行前，制定一些旅行中的道德规范，如团结协作、互相帮助、爱护公物、尊重文化等，让学生明确行为准则，从而在旅行中遵守规范，强化道德行动。

参与实践活动：在旅行中，组织一些实践活动，如志愿服务、文化交流、环保行动等，让学生参与其中，亲身感受道德行为的意义和价值，从而强化道德行动。

引导反思总结：在旅行结束后，及时引导学生进行反思总结，让学生总结自己在旅行中的体验和收获，进一步强化对道德行动的认识和理解。

鼓励表扬：对于学生在旅行中的表现和成果，及时给予鼓励和表扬，从而增强学生的自信心和积极性，促进道德行动的强化。

创设道德情境：在旅行中，创设一些道德情境，如模拟团队协作、模拟文化冲突等，让学生在情境中扮演不同的角色和身份，感受不同情境下的道德责任和义务，从而强化道德行动。

学生可以在旅行中通过亲身体验来强化道德行动。这样的方法不仅可以促进学生的个人成长和发展，也可以为社会的和谐发展做出贡献。

项目五　落实研学旅行促进人的全面发展要求

> **案例分享**

文化主题研学

研学旅行实践活动方案，以"文化交流"为主题。

研学目的地：国外友好学校

1. 启动仪式：在学校举行研学旅行的启动仪式，介绍目的地和实践活动主题，激发学生的参与热情和积极性。

2. 文化交流：组织学生前往国外友好学校进行文化交流，了解对方国家的文化、历史和生活方式，感受不同文化的魅力，增强跨文化交流的能力和意识。

3. 实践活动：与国外友好学校的学生一起进行实践活动，如一起完成一项环保项目、一起参加一次社区服务等，让学生亲身感受合作和交流的重要性，培养团队合作和解决问题的能力。

4. 反思总结：在返回学校后，组织一次反思总结活动，让学生分享在研学旅行中的感受和收获，进一步加深对跨文化交流的认识和理解，从而增强跨文化交流的能力和自信心。

结论与评价：

上述案例以"文化交流"为主题，通过与国外友好学校的交流和合作，让学生感受不同文化的魅力，增强跨文化交流的能力和意识。同时，通过与国外学生的合作和交流，让学生亲身感受合作和交流的重要性，培养团队合作和解决问题的能力。这样的研学旅行实践活动方案，可以有效地提升学生的道德认识和综合素质，促进个人的成长和发展。

五、研学旅行对于实施德育的作用

1. 引导政治方向

引导学生培育和践行社会主义核心价值观，踏踏实实修好品德，成为有大爱大德大情怀的人。例如，红色文化是实施德育的重要内容，开展红色文化研学旅行，可以为正在成长的中学生提供巨大的精神力量。青少年正处于人生成长的"拔尖孕穗期"，需要学习和接受先进的思想政治教育，提升思想认识和政治觉悟，树立正确的世界观、人生观和价值观。

利用各类文化资源，开展思想政治教育，通过亲身观察、体验、实践等活动，引导学生树立共产主义远大理想和中国特色社会主义共同理想，有效增强学生对中国特色社会主义的道路自信、理论自信、制度自信、文化自信，立志做民族复兴的时代新人。

北京市人大附中通过与各地政府签署合作协议的方式，探索出一条通过红色研学实践课程坚定学生理想信念的有效路径。从2015年开始，学校先后组织学生前往江西兴国、江苏南京、云南兰坪等地，通过"重上井冈山""重走长征路"等活动，为学生提供亲临革命圣地、感受先烈精神的机会，引导学生从革命先烈的英勇事迹中汲取奋斗力量，坚定为中华民族伟大复兴努力奋斗的意志和决心。同时，在红色研学实践过程中，人大附中学生还与当地学生结对子、进课堂当小老师，在此过程中培养起公益精神和大爱情怀。

2. 约束规范行为

研学旅行是一项复杂的社会实践活动，体现为人际交往范围、频率等增大，研学旅行中涉及的相关法律、法规、文明礼仪、安全制度、道德规范等需要对学生进行有效的教育和引导。

指导师应结合研学主题、研学内容、研学过程对学生有针对性地开展道德、法律等社会规范教育。通过肯定、褒奖符合社会规范的行为，否定、批评背离社会规范的行为，引导学生提升辨别是非、善恶、美丑的能力，并自觉地约束规范自己的行为，使自己的思想、行为具有合情、合理、合法性。

3. 激发精神动力

在研学旅行活动中可有效发挥德育的激励作用，培养学生的自信心，激发他们的精神动力。

例如，在"两弹一星"爱国主义教育基地，学生通过参观、体验，感受到科学家的"两弹一星"精神，即"热爱祖国、无私奉献、自力更生、艰苦奋斗、大力协同、勇攀高峰"的精神，了解到"两弹一星"的精神内涵和意义，自然会激发出爱国、奋斗的精神，并自觉地树立服务人民、奉献社会的远大理想。

"国无德不兴，人无德不立。"德育居于教育的首位，是立德树人之本。研学旅行活动应全面落实立德树人根本任务，以培养社会主义事业的合格建设者和接班人为使命，要利用红色教育资源，弘扬伟大建党精神，弘扬延安精神，坚定历史自信，增强历史主动，发扬斗争精神，为实现中华民族伟大复兴，全面建成社会主义现代化强国而团结奋斗，这也是新时代研学旅行中实施德育的核心要义。

研学旅行正是将课本知识与社会实践活动有机结合的综合性实践活动，在真实情境下让学生通过观察、感受、体验，认识和理解德育目标、具体内容和要求，培养学生爱国、爱党、爱社会主义情怀，在集体研学、团队合作交往中养成尊重他人、关心集体、遵纪守法、乐于奉献的良好道德品质。

项目五　落实研学旅行促进人的全面发展要求

任务思考

1. 研学旅行中实施德育的目的是什么？

2. 简要阐述研学旅行中实施德育的主要方式有哪些？

参考答案

任务三　提升研学旅行智育效果的对策

 **任务导入**

智育是提升人的智力的活动，是指在教育活动中指导师有计划、有组织并系统地向学生传递科学文化知识和技能，发展学生智力，培养其创新精神和实践能力的社会活动。

微课视频

思考：研学旅行如何促进学生智力发展水平提高？

 **任务实施**

学生发展核心素养是新时代推进素质教育的重要内容，也是研学旅行活动中开展智育教育的重要内容。文化基础重在强调学生能习得人文、科学等各领域的知识和技能，掌握和运用人类优秀智慧成果，涵养内在精神，追求真善美的统一，发展成为有宽厚文化基础、有更高精神追求的人。

一、高度重视学生的智育培养方向

结合研学旅行活动的特点，研学旅行中应突出培养学生的科学文化素养、终身学习能力、实践能力和创新能力。

1. 培养学生提升人文素养和科学素养的能力

掌握适应时代发展需要的基础知识和基本技能，丰富人文积淀，发展理性思维，不断提升人文素养和科学素养。

2. 培养学生的问题意识和理性思维能力

研学旅行活动作为校外开展的一项综合实践活动，其活动对象、活动主体、活动内容、活动环境等对参加研学的学生来说，具有复杂性、不确定性、新颖性等特点，活动中随时都会出现新的情况、新的问题，是教师和同学无法预测的，如天气的变化、交通中出现的意外、研学环境的变化等，需要引导、

项目五　落实研学旅行促进人的全面发展要求

帮助学生利用好研学资源，及时调整研学方案以应对问题，培养学生勤于动手、善于反思的良好习惯，具备一定的创新精神和实践能力。

3. 培养学生自主学习能力

呵护学生的好奇心，促使其养成积极的学习态度和浓厚的学习兴趣。培养学生自主学习能力、独立思考能力，形成良好的学习习惯和适合自身的学习方法。研学活动为学生提供了丰富的研学内容，学生可以根据自己的兴趣、爱好，选择、确定研学活动主题，独立设计研学方案，在研学中提升自主学习能力。

4. 培养获取、判断、处理信息的能力

具备信息化时代应有的信息收集、处理、分析、运用的学习能力与发展能力，有利于全面、深入地开展研学旅行活动，提升学生的智力能力和水平。教师要引导学生将研学旅行活动主题与学科教学内容有机融合，有效发挥研学活动促进学生智力发展。

例如，在武汉进行研学旅行时，合肥市琥珀中学教师组织学生收集了与黄鹤楼有关的典故、古诗文等。学生边游边寻，寻后记录，使得旅行活动不仅是单纯的行与看，更锻炼了学生整理和归纳语文素材的能力。同时，实地探寻，提升了感受力，深化了学生理解文本与实物的逻辑关系，或产生对文本的创新性理解。

二、设计科学、合理的活动过程

新时代加强和改进智育，促进智力发展，是研学旅行中实施智育面临的重要任务。为此，改进智育的方法，应注重学思结合，要从知行合一上下功夫。引导学生要勤学，下得苦功夫，求得真学问；要注重因材施教；要注重运用现代信息技术，构建网络化、数字化、个性化、终身化的教育体系，建设人人皆学、处处能学、时时可学的学习型社会。

1. 重视研学课程化设计

所谓研学旅行活动课程化，是指研学旅行活动的实施要有计划、有目标、有组织地对学生进行的一种以研究性学习为主的教学活动。研学旅行活动课程化设计应强调目标明确、主题鲜明、内容丰富、方法灵活、过程充实、成效明显。

（1）目标明确

研学活动目标明确，使整个研学旅行活动都围绕着目标开展，是确保研学活动取得成效的重要条件。目标不明，研学活动易陷入无头绪的状态，失去教

育的意义。

（2）主题鲜明

鲜明的研学活动主题，凸显研学活动的目标、内容、方式的不同，反映研学活动的特色和不同的教育价值。主题不鲜明，易缺乏教学的针对性和实效性。

（3）内容丰富

研学活动内容多样，如科技、人文、历史、地理、综合实践类等为学生开展研学提供丰富的学习资源和研学条件，让不同个性特点的学生自主选择自己喜欢的学习内容，有助于调动学生全员参与，主动探究，丰富知识，拓宽视野，激发学习兴趣和探究欲望。

（4）方法灵活

研学活动的方法要灵活，是指研学方法要依据研学对象、研学目标、研学内容的不同而灵活设计。既要反映研学活动的一般方法，也要有灵活性，体现因时施教、因地施教、因事施教、因材施教。

（5）过程充实

研学活动的过程要充实，体现为教师善于指导，学生全程参与，积极体验，活动成效突出。研学活动使学生处处有所学，时时有所思，反映学生参与学习、探究的良好状态。

（6）成效明显

成效明显体现为对学生智力发展水平的提升，突出学习方法、学习态度、学习能力的改变，体现为学生良好习惯的养成，问题意识和问题解决能力、交往合作能力的提升。

2. 让学生做研学的主角

明确指导师的主体地位，发挥其研学活动的主导作用。研学旅行活动中指导师是研学活动的主导，应善于以学生发展为中心，突出学生主体，尊重和引导学生做研学活动的主角。

注重引导学生参与到研学方案的设计和执行过程中，激发学生参与研学活动的主动性和自觉性。让学生从研学活动的整体性、系统性、科学性维度认识、理解、设计研学活动方案，把握研学活动的目标、内容、过程、手段和方法，积极发挥好研学活动过程中学生的教育、引导、组织、管理、评价、协调等方面的主体作用。

3. 实践出真知，凸显做中学

学生是研学活动的主体，其主体性体现为学生积极参与研学活动，主动按照研学活动要求进行观察、思考、探究，发现新知识，了解新内容，丰富文化底蕴；在动手操作中体验科学知识在实际运用中的重要性，掌握科学知识形成、发展的一般规律和途径，激发学习和探究的动力。引导学生在实践活动中进行创意转化，提升实践能力，从实践过程、实践成果中体验获得感、幸福感。

4. 用问题解决引领研学进程

研学活动应提供学生探究的实践平台，让学生在具体实践中动手操作，这需要鲜明的"问题"做引领，以问题驱动研学活动的深度学习。让学生在发现问题、解决问题的过程中体验和探究，通过动手实践转化为物化形式呈现出来，这样就会进一步激发学生探究的欲望和动力。引导和鼓励学生在研学中发现问题、分析问题、解决问题，培养探究、解决问题的能力，是培养学生创新能力的重要内容。

培养学生的问题意识，在研学中引导学生发现问题，可以激发学生研学的兴趣，调动学生参与研学的积极性、主动性，促进学生深度思考与探究，引领学生深度研学。

5. 学以致用

实践是培养学生理论联系实际的必由之路。研学旅行活动的有效实施，有助于改革学校智育课单纯的灌输式教学，实施互动式、探究式、研究式学习，激发学生学习的动力，培育学生探索问题、运用理论分析解决问题的兴趣和热情。

三、营造科学、积极参与的研学环境

研学旅行的教育价值在于密切学生与生活、自然、社会的联系，丰富学生的学习方式，促进学生主体性的发展和价值观、人生观的形成。邓小平同志在考察峨眉山时曾说："大自然是不同寻常的课堂，也是一本永远读不完的书。"研学旅行活动借助于大自然、社会提供的丰富资源，为学生跨学科研学提供了有利的条件和发展的可能。

1. 增加文化底蕴，深化对书本知识的认识、理解和运用

研学旅行实践教育活动课程具有综合性、实践性、开放性和创新性特点，与学校课堂中实施的学科课程有明显不同，它突出对学生综合能力的培养。研学是行走的课堂，它转变了学生的学习方式，提升了学生的研究能力，丰富了学生的生活阅历，开拓了学生的知识视野。研学旅行活动是在真实情境下引导学生在集体中开展研究性学习，通过项目式、主题式、讲授式、自主式等学习形式，加深对学科知识的学习和运用，培养学生质疑批判能力、分析综合能力、实践能力、创新能力等。

研学旅行活动内容丰富，涉及视野宽广，以实物、实景、实践为研学对象，把乡情、市情、省情、国情等纳入研学范围，教学形式和手段多样化，通过观察、体验、探究等多种研学形式，让学生走近自然、走近社会、走近历史，拓宽学生的视野，丰富思想情感，激发学生的好奇心和探究欲，在参与实践活动中培养学生的思维力和想象力，激发向上的动力。

2. 提高学生自主学习能力

研学旅行活动是以研学为目的，以旅行体验为载体的综合性活动，也是一次离家远行的集体学习活动，它的实施有利于学生自主学习能力的培养。

研学旅行活动的开放性，使学生随时会遇到这样那样的问题，面对陌生环境下出现的新问题，学生需要学会独立分析并解决，需要养成独立自主学习的能力。

独立生活能力的锻炼，有助于培养学生思想上的独立性、自主性。研学旅行中的集体活动、集体生活、集体学习有助于增进同学之间、师生之间的交往合作，促进互帮互助，形成乐观向上的健全人格。

3. 有助于培养学生创新精神

研学旅行以学生为主体，以研究、探究活动为主要学习方式，以整个世界为学习园地，学生观察、了解、探究自然、社会，认识与书本世界不一样的大世界。这种现实情境下的学习方式与课堂学习方式不同，它提供了丰富的教学资源，广阔的学习空间，为不同个性的学生提供了更多的适合自己发展的空间。

研学旅行扩大了学生学习的自由选择权，有助于调动学生学习的积极性、主动性，促进学生自主学习的意识和探究、创新的能力。指导师要善于引导学生在研学中培养问题意识和创新精神，激发其好奇心和求知欲。

4. 有助于促进学校育人方式的变革

研学旅行活动一般都会涉及许多团队合作研学项目，需要大家一起合作来完成，这对于培养学生的团队精神，无疑是有意义的。集体活动让师生之间、学生之间近距离、高频率地互动、交往、合作，使学生不断感受到来自教师的关怀、同学的友谊，有利于培养学生尊重生命、敬畏生命的自觉性，养成以人为本，甘于奉献、淡泊名利的人文情怀。

研学旅行活动有助于改变传统课堂单向"灌输式"教学，使学生由接受式学习变为积极、主动式学习；有助于教师由关注"教"转向关注学生的"学"。正如杜威所言："教师在学校中并不是要给儿童强加某种概念，或形成某种习惯，而是作为集体的一个成员来选择对于儿童起作用的影响，并帮助儿童对

项目五 落实研学旅行促进人的全面发展要求

这些影响做出适当的反应……教师的职务仅仅是依据较多的经验和成熟的学识来决定怎样使儿童得到生活的训练。"教师的价值,不仅在于传授知识、技能,更为重要的是给予学生引导。"纸上得来终觉浅,绝知此事要躬行。"从书本上得到的知识终归浅薄,要真正理解书中的深刻道理,必须躬行实践。在实践中感悟和升华人生道德境界,还需要教师的适时引导。

任务思考

1. 研学旅行中实施智育的目的是什么?
2. 研学旅行中实施智育的活动主题有哪些?

参考答案

任务四　研学旅行促进身体素质的策略

任务导入

微课视频

体育是人类社会发展中，根据生产和生活的需要，遵循人体身心的发展规律，以身体练习为手段，为增强学生体质，学习体育知识、技能和磨炼意志品质而进行的一种有目的、有计划、有组织的教育活动。体育的目的是促进人的身心和谐、健康发展，提升国民综合素质。有学者认为，"孩子最应该学好的课是体育。体育是最能培养和提高孩子情商、智商和综合素质的科目"。体育教育与研学旅行结合起来，是融入体育研学的创新教育形式，可以有效地促使更多青少年投入体育运动中，强化以体育人的功能，从而健全青少年体育服务体系，提升综合素质。

思考：研学旅行如何促进学生身体素质健康发展水平提高？

任务实施

研学旅行中开展体育活动的根本目的是增强学生体质，促进身心健康。实际上，研学旅行中的体育项目，不仅促进学生体质的增强，还促进学生的团队合作意识、集体荣誉感，增强学生对体育塑造体形的审美教育。

一、研学旅行中实施体育的基本原则

研学旅行教育应重视青少年的健康成长，把加强青少年体育锻炼作为提高学生健康素质的基础工程，把加强体育作为贯彻党的教育方针、实施素质教育和提高教育质量的重要举措。

1. 健康第一性原则

健康第一性原则，是指体育应以增强学生体质，发展体能，促进学生全面发展为目标。该原则要求全体学生积极参与体育运动，通过适当的体育知识、

体育技能训练，不断增强学生体质、体能，促进身心和谐发展。研学旅行中，指导师在开展体育教学的过程中要确保体育活动的安全性，做好安全教育和安全预防工作。在进行登山、自行车骑行、徒步等体育项目前，要做好调查研究，掌握学生的身体健康状况，对身体健康不佳的学生不宜安排高强度的体育运动。

2. 身心全面发展原则

全面发展原则包含两层含义，一是指体育活动要面向全体学生开展，提供适合所有学生参加的项目，注重培养学生的团队合作、集体精神。二是学生接受的训练和活动应有利于促进学生的身心全面健康发展。体育不仅是知识和技能的训练，而且是注意力、观察力、思维力、合作能力等方面的培养，还包括心理与健康、营养与健康、疾病与预防、体育与安全等方面的教育。

研学旅行中实施体育活动应注意面向全体学生，突出共同参与意识，同时要有利于学生身心全面发展。体育项目应有多样性和趣味性，为学生提供更多的选择机会，以增强学生参与体育活动的积极性和主动性。

3. 教育性原则

指导师要结合体育活动传授有关体育与健康的科学知识与技能，增强学生对体育健康知识的认识和了解，在体育运动中要注意培养学生的意志力、团结互助精神，合作精神、规则意识，增强学生的集体荣誉感。

例如，学生体能训练时，指导师可以给学生以正确示范引导，让学生掌握科学的训练习惯，不断提高自身素质，同时，也要进行体育精神、体育审美意识的引导和教育，让学生在真实情境下体验、感悟体育精神，养成认真负责的态度，并逐渐成为影响学生终身发展的能力。

4. 因材施教原则

体育新课程标准的基本理念之一是："关注个体差异与不同需求，确保每一个学生受益。"一般情况下，每个学生自身的身体机能都有所区别，身体状况也有一定的差异，运动喜好和自身的运动强项也有所不同，指导师要注意掌握学生的不同情况，因材施教，给学生提供个性化的运动项目，以促进学生的个性发展，达到强身健体的目的。

5. 培养兴趣与提高技能相促进原则

遵循教育教学规律和体育运动规律，以兴趣为引导，注重因材施教和快乐参与，重视运动技能培养，逐步提高运动水平，为学生养成终身体育锻炼习惯奠定基础。

> **案例分享**

戈壁野生动物保护区徒步考察

北京某中学在一次十余天的敦煌西部研学活动中,安排了五天戈壁野生动物保护区的徒步考察。主要是对戈壁典型地貌、生态环境和旗舰动物种群展开调查和探究。重点是考察戈壁环境的独特性。在徒步中,安排了专门的户外支持团队:两名汉族同事和六名哈萨克族同事。在整体的活动设计中,考虑到主要的研学考察环境是在一个哈萨克族民族汇集地,专门设计了对哈萨克民族生活方式和习俗的体验和考察内容。学生们按组领到一项专项任务:熟悉并选定一位哈萨克族支持教师,作为自己组的荣誉领队,要求访谈领队,了解两个主题内容:一个是人文方面的日常生活方式和民族习俗,另一个是这片戈壁滩的动物、植物等生态环境的特点。最后,针对各组了解的情况,进行了一场知识比赛,调动、激发了大家参与考察活动的积极性,考察成效也很显著。

结论与评价:

上述案例表明,研学活动既是一场体能的锻炼,又是一场人文知识的考察,学生的兴趣浓厚,整体活动的知识性、趣味性十足,研学效果非常理想。

6. 群体活动与运动竞赛相协调原则

面向全体学生,开展普及性体育活动,有序开展运动竞赛,全面提高学生体育素养。

7. 安全预防与保障制度并重原则

对体育项目中可能带来的安全风险,要采取充分的保障措施,一旦学生活动中面临危险时能够做到及时、有效的保护和施救。

体育运动的强度应当科学,保证在学生身体可承受的范围之内,尽量避免过度的体育运动对身体造成的伤害。

体育活动中指导师履行好自己的教育和保护义务,确保使用的体育活动训练设施符合标准,尽量避免因为设施出现质量问题或防范措施没有做好而让学生身体受到伤害。

二、研学旅行中强健体魄的常用方式

1. 徒步旅行是一种户外运动,通常是指在郊区、农村或者山野间进行中长距离的走路锻炼。徒步旅行不仅可以锻炼身体,提高身体健康水平,还可以亲

项目五　落实研学旅行促进人的全面发展要求

近自然，放松身心，增加探索和冒险的乐趣。

进行徒步旅行需要准备一些装备，例如舒适的鞋子、防水衣物、防晒用品、水壶等。同时，需要注意安全，了解路线情况、天气状况、身体状况等，并遵守相关规定和安全准则。

徒步旅行的路线可以是山区、海岸线、草原、森林等各种自然环境，其中最具特色和魅力的当数山区的徒步旅行。在山野中穿行，欣赏大自然的美景，感受山林的气息，能够带来独特的体验和感受。

徒步旅行是一种健康、环保、亲近自然的户外运动，适合各个年龄段的人群。通过徒步旅行，人们可以放松身心，开阔视野，体验大自然的魅力，增加对自然和社会的认识和了解。

2. 水上运动指全部过程或主要过程都是在水下、水面或水上进行的各种形式的体育比赛和活动。水上运动项目包括赛艇、帆板、滑水、皮划艇等。

这些项目各有各的特点，但都能强健体魄，锻炼人的耐力和团队合作能力。比如赛艇可以锻炼全身肌肉，而帆板可以锻炼人的平衡能力和勇气。滑水和皮划艇项目要求参与者具备较高的技能和体能，以及对水域和水环境的充分了解和适应能力。

总的来说，水上运动是充满挑战和刺激的，它不仅要求参与者有良好的身体素质和技能，还需要他们具备坚忍不拔的精神和良好的团队协作能力。通过参与水上运动，人们能够提升自己的体能和技能，同时也能获得难以忘怀的乐趣和成就感。

案例分享

划艇接力赛

项目介绍：划艇接力赛是一项团队比赛，要求每支队伍派出四名选手分别驾驶一条划艇，在规定的水域内进行接力比赛。比赛充满了团队合作和竞争的乐趣，需要选手具备良好的划艇技巧和团队合作精神。

比赛规则：比赛开始前，每支队伍需要将四名选手分别安排在四个不同的赛道上，每个选手需要在自己的赛道上完成赛段划艇。在比赛过程中，选手需要遵守比赛规则，不得有任何作弊行为。选手完成自己的赛段后，需要将划艇交给下一位队友，直到所有选手完成比赛。比赛结果以团队完成比赛的时间和选手的表现来综合评估。

奖励制度：比赛设有多个奖项，包括团队冠军、亚军和季军，以及最佳表现奖、最佳技术奖等。

结论与评价：

上述案例中，学生通过参与划艇接力赛，能够锻炼全身肌肉，提高划艇技巧和团队合作精神。同时，他们也能感受到挑战自我的乐趣和成就感，以及与大自然亲密接触的愉悦。此外，比赛还能够增强选手们的团队合作意识和竞争精神，提高他们的心理素质和适应能力。

3. 攀岩是一项体育运动，涉及在天然岩壁或人工岩壁上进行的向上攀爬。攀岩需要高度的技巧和体力，包括转身、引体向上、腾挪甚至跳跃等动作。这项运动被归类为极限运动，既具有挑战性又有一定的危险性。攀岩技术的兴起可追溯到18世纪的欧洲，而现代攀岩真正的发展是在20世纪中叶，当时攀岩运动以天然岩壁为主。1983年，法国人发明人工岩壁后，攀岩运动才完成其萌芽到发展的过程。攀岩技术的进步带来了装备器材的革新，装备器材的革新反过来又促使攀岩技术的进一步发展。攀岩运动现在已经成为一项正式的体育比赛项目，其最高组织机构是国际攀岩联合会，该组织机构于2007年在德国法兰克福成立，负责举办每两年一次的世界攀岩锦标赛等攀岩项目比赛。攀岩运动集健身、娱乐、竞技于一身，被称为"峭壁上的芭蕾"。

4. 骑行是一种环保健康的出行方式，通过骑行可以享受旅行过程之美。一辆单车，一个背包即可出行，简单又环保。在骑行过程中，人们可以充分体验挑战和克服困难带来的成就感，同时也可以欣赏沿途的风景，感受自然之美。

骑行不仅是一种运动方式，还可以改善记忆力。不论是对于记忆力较强还是较弱的人来说，骑自行车都具有提高记忆力的作用。骑车还可以改善与运动有关的大脑区域的活动情况。

此外，骑行也是一种防癌的健康行为。缺乏运动是容易致癌的不良行为之一，而长期坚持骑自行车可增强心血管功能，尤其是有氧运动，提高人体新陈代谢和免疫力，起到健身防癌的作用。

除了以上提到的益处，骑行还可以改善人们的身体健康，增强耐力和心肺功能，降低心血管疾病的风险，减轻压力和焦虑等。

总之，骑行是一种健康自然的运动旅游方式，人们可以充分享受旅行过程之美。

5. 冰雪运动是指利用冰雪环境进行的体育活动，是一种独特的运动形式。冰雪运动包括滑雪、冰壶、滑冰等多种项目，其中最常见的是滑雪。

滑雪是一项具有挑战性和刺激感的运动，它需要运动员在雪地上通过使用滑雪板、雪杖等器具，借助身体力量和技巧来控制速度和方向。滑雪不仅可以

项目五　落实研学旅行促进人的全面发展要求

锻炼人的协调性、平衡感和意志力，同时也可以促进身体健康和增强体质。

除了滑雪，冰雪运动还包括冰壶、滑冰等项目。冰壶是一项需要高度技巧和策略的运动，它需要运动员在冰面上投掷冰壶，通过控制力度和方向来影响冰壶的轨迹。滑冰则需要运动员在冰面上借助冰刀和身体力量来保持平衡和滑行。

随着冰雪运动的普及和发展，冰雪运动也逐渐打破了地域限制，在更多的季节和地区开展。在中国，随着冰雪产业的快速发展，冰雪运动也逐渐普及，越来越多的人参与到冰雪运动中来。

任务思考

请结合任务四的学习，设计一份体育主题的研学实践活动方案。

参考答案

任务五　研学旅行提升美育水平的策略

任务导入

微课视频

美育是以艺术形式为载体传递美的教育，引导学生养成审美意识、表达和创造美的能力。美育具有广义和狭义两种含义。狭义的美育是指以音乐、美术、文学等为主的艺术学科的教育；广义的美育，是指以艺术教育为主体的更宽泛意义的审美教育，包括现实生活的美的教育、自然美的教育、艺术美的教育。

思考：研学旅行如何促进学生审美水平提高？

任务实施

面对大千世界中举不胜举的美学素材，研学指导师应加强自身的美学修养，提高自身的鉴赏能力，并积极创造和利用这些美育素材，借助学生感受到的体验引发深入思考，让学生拥有一颗感受美的心，鉴赏美的眼，表现美的口，创造美的手，做一个德、智、体、美、劳全面发展的人，充分展现"实践育人"的强大功能。

一、研学时机的选择

研学旅行中处处充满着美。对学生来说，研学旅行可以说是一路风景，一路欢歌。学生对研学旅行活动充满好奇和期待，通过感受大自然的神奇之美、社会多元文化发展之美，在欣赏风景、品味美食、惊叹科技发展时，体会到人们的创造之美、劳动之美，人文和科技精神之美。在相互关爱、相互帮助中感悟人与人之间的行为美、语言美、心灵美。

在研学旅行中开展美的教育，培养学生发现美、欣赏美、创造美的意识和能力，有助于提升学生的审美素养和综合能力。

项目五　落实研学旅行促进人的全面发展要求

二、研学资源的选择

艺术类课程主要有戏剧欣赏或体验活动，美术工艺制作类实践活动，以及组织学生在户外写生、摄影、制片，用画笔或镜头记录美好的生活，也可以带领学生开展行为艺术活动，参观艺术博物馆，制作艺术工艺品等。如一些学校组织学生去西安研学，碑林博物馆通常是学生的必去之地。在碑林博物馆，学生学做拓片就是一种很好的艺术研学课程。同样，在景德镇陶瓷体验基地学习拉坯、制模、施釉、彩绘等一系列传统陶瓷工艺的制作过程，亲手创制属于自己的餐具或杯子等陶瓷作品，可以让学生体会艺术创造的成就感和幸福感。

研学旅行活动把大自然、大社会当作研学的"课本"，里面到处充满着美的内容和美的形式，指导师要善于在自然和社会中整合资源，为开展美育教学提供丰富的课程资源，从研学对象看，美育的基本内容主要有以下几方面。

1. 自然美

自然美，也称美的自然，是指各种自然事物呈现的美的色彩、美的线条、美的形状、美的声音等。自然美是社会性与自然性的统一。所谓社会性指自然美的根源在于实践，是在人们的实践活动中被感知自然性而产生的自然美。所谓自然性指自然事物的某些属性和特征（如色彩、线条、形状、声音等），是形成自然美的必要条件。

自然美是自然物被纳入实践活动中被人们感觉到的美。自然美的现象包括两大类：一类是经过劳动改造的自然景物，经过人类劳动改造、利用的自然景物，称为人化自然，如古今中外各式各样的建筑物、雕塑、人工种植的花草树木等；一类是未经劳动改造的自然景物，如日月星云、原始森林、山海湖泊、沙漠、草原等。自然美作为经验现象，是人们经常能够欣赏和感受到的。

自然美的审美意义是多重的，主要体现在四个方面：第一，对自然美的欣赏，能够开阔人的视野，增长人的知识。第二，对自然美的欣赏，能够唤起人们对生活的热爱之情，愉悦身心。第三，自然美能够陶冶人的性情，培养人的高尚情操。第四，欣赏祖国大自然的美，可以激发人们热爱祖国的情感。

2. 艺术美

艺术美是具体地表现在艺术品上，而艺术品是艺术家创造性劳动的产物，是美的物化形态，是人类高尚情感的结晶。艺术品具有形象性与情感性高度统一的特点，在具体的、个别的、可感的形象性之中，渗透着作家的强烈情感，较一般的生活形象更易对人们产生巨大的情感激励效果。

艺术美育的特点是寓教于乐，具有悦耳悦目、怡情养性的功能。它能使人

· 163 ·

们在艺术的欣赏和创造过程中既得到理智的满足和情感的陶冶，又得到创造的愉悦，在审美活动中不知不觉地受到美的教育。

艺术教育的价值在于影响人的精神，陶冶人的品格和情操，而这种价值的实现是通过艺术的感化作用实现的。即通过艺术形象的感染来提高人的审美能力，陶冶人的情操，塑造人的完美个性。

例如，名人雕塑、字画、音乐作为艺术作品，其艺术教育的价值不仅体现在形式的美，而且体现在内在的美，精神上的美。某研学活动把武汉大学的名人雕塑作为教育主题，引导学生寻访武汉大学的名人雕塑，了解武汉大学名人的事迹和他们的崇高精神，感悟武汉大学的人文底蕴，探讨名人雕塑中的人物与武汉大学之间的关系、与国家发展之间的关系，可以称得上是一次富有意义的美育活动。

在武汉大学校园内的名人雕塑中，既有在民族危难中奔走呼吁、殚精竭虑的仁人志士，又有在各自领域成就卓著、贡献突出的名师大家，他们的胸襟抱负与贡献担当，高山仰止，令后学闻之敬畏，感慨不已。他们的精神力量成为武汉大学"自强弘毅，求是拓新"人文底蕴的重要内核。

3. 社会美

社会美是指人类在社会生活实践中创造的美的思想、语言、行为及凝聚在生产、生活产品当中的高尚的美的精神。

人按照美的规律创造着自身，社会美的核心是作为社会实践主体——社会人的美。人的美可分为内在美和外在美两个方面：内在美包括人生观、理想、修养等，它需要通过外在的行为、语言、风度等形象表现出来；外在美主要是形式的美，它显现着内在美，但又具有相对独立性。在人的美中，内在美是更根本、更持久的美。

外在美与内在美的和谐统一是社会美的最高形态。与自然美相比，社会美在内容和形式的关系上更偏重内容，社会美总是与那些反映人类历史发展方向的进步的道德观和政治理想直接连接在一起。社会美与善密切相关，但不等同于善，它不具有直接的功利性，它把善变为个体高度自觉自由的行动，从而引起人们的审美愉悦。

人类在征服自然、改造自然和变革社会的实践中所展现出的智慧、品德、意志、性格、创造力等成为推动人类自身和社会进步的积极力量，被人们赞扬和肯定而产生一种审美价值。社会美还存在和表现于静态的人类劳动的产品上，在感性成果中，凝结了人的本质力量，物化了人的审美心理的因素。无论自然界的崇高、社会领域的崇高或艺术作品中的崇高都以其理想主义的力量给人以启迪、陶冶，使人在刚劲激越之美的感召下，产生对卑鄙庸俗的唾弃和对高尚的崇敬与向往，从而获得积极从事社会历史实践活动的勇气和力量。

总之，研学旅行活动应借助于丰富的自然美、艺术美、社会美的教育资源，引导学生学会欣赏美、感受美、表达美和创造美，以此熏陶、陶冶学生的思想、情操和精神，提升学生的审美意识和道德水平。

三、研学实施的原则

为有效提升学生核心素养，培养学生健全人格，新时代中小学审美教育要加强音乐、美术教学，开展丰富多彩的课外文化艺术活动，增强学生的美感体验，提升学生欣赏美和创造美的能力。

1. 坚持育人为本，面向全体

遵循美育特点和学生成长规律，以美育人、以文化人，让每个学生都享有接受美育的机会。关注学生的心灵成长。艺术教育不仅要了解艺术，而且要善于通过艺术关注学生心灵。关注心灵成长的艺术课程有以下特征。

第一，以学生为主体，尊重学生的情感，注意保护学生对于艺术的好奇心、创造性，提升审美能力和创新精神。第二，营造宽松的学习氛围，不以某种所谓客观的标准评判学生的优劣。第三，注重艺术活动的过程，而不仅仅是活动的结果。第四，多一把尺子衡量学生，给学生多条发展路径，促进学生全面发展。美术学科是一门综合性较强的学科，研学旅行有利于学生美术学科核心素养的形成。

案例分享

"壁画里的故事——龟兹壁画拼图"

新疆博物馆举办了青少年研学"壁画里的故事——龟兹壁画拼图"活动。研学活动分为三个部分：首先，参观引导，观看壁画的真实面貌。讲解老师带领学生进入龟兹壁画洞窟内部，近距离观看壁画的真实面貌。学生通过现场观看、临摹实践以及文化理解等方式，对艺术作品形成深刻的图像，提升图像识读能力。

其次，了解壁画背后的故事和文化内涵。通过导游进一步导览、讲解让学生体会不同区域的文化差异性与联系性，有利于培养学生对不同区域的文化认知素养。

最后，由学生实践操作进行拼图复原，培养和发展艺术创意实践能力。

结论与评价：

通过实践操作，让学生在复原壁画拼图过程中，探究壁画作品的美术表现形式及纹理特征，增强了学习艺术作品的直观性，有助于帮助学生深入体会艺术作品形成的过程与创作手段，有利于培养学生创造精神和实践能力，陶冶情操，形成美术核心素养和人文素养。

2. 坚持因地制宜，分类指导

要根据研学的课程资源和场所，因地制宜地开展美育教学活动，同时也根据学生的不同年龄和学段发展需要，分类指导活动，设计不同的评价标准，引导学生参与到教学活动中。

小学阶段的研学目标，突出对小学生的情感体验，培养学生的家国情怀，激发学生对艺术的好奇心和兴趣；初中、高中阶段的研学目标，在情感体验的基础上，突出对审美知识、审美文化、审美价值的教育和引导。

例如，围绕"探寻儒家文化"这一主题，引导学生了解儒家的历史文化、名人文化、建筑文化、戏曲文化、饮食文化等，激发学生热爱中华优秀传统文化的思想感情，培养学生的自豪感。研学活动既要丰富学生的知识、增长见识、开阔学生的视野，又要培养学生的想象力、创造力、动手能力和探索发现能力，促进学生全面、健康、快乐成长。

实施个性化教育，促进学生个性化、多样性发展。提倡启发式、探究式、互动式、研讨式学习。引导学生在研学旅行中发现问题，探究问题，培育学生独立思考、自主学习能力，注重对学生学习过程、学习方法的指导。在与学生的积极互动中有意识地了解学生的个性、兴趣、爱好，根据个性差异因材施教。

3. 坚持改革创新，协同推进美育

加强美育综合改革，统筹学校美育发展，促进德智体美劳有机融合。整合各类美育资源，建立研学旅行课程资源库，促进学校与社会互动互联，齐抓共管、开放合作，形成全社会关心支持美育发展和学生全面成长的氛围。

搭建区域性研学旅行发展联盟。联盟可由中小学校、教育行政部门、研学旅行服务提供部门、研学旅行基地、研学旅行学术研究机构等组成。联盟对当地的研学旅行课程的开展进行统筹协调管理与规划，并执行监督问责职能，加强自我管理，提高研学旅行课题的质量。

地方各级人民政府和各有关部门要为学校美育工作创造条件，继续完善文化经济政策，各类文化场所（博物馆、科技馆、文化馆、纪念馆等）要向学生免费或优惠开放，鼓励文化艺术团体到学校演出高雅、健康的节目。农村中小

项目五 落实研学旅行促进人的全面发展要求

学也要充分利用当地文化资源，因地制宜地开展美育活动。

四、优化研学主题

研学旅行活动要引导学生认识和了解美，掌握审美的方法，学会发现美、欣赏美、创造美，培养学生的审美意识和能力，培育健全的人格。为此，研学指导师应有明确的美育教学目标、设计体验场景和安排活动流程，并组织开展综合性学习实践活动，加强学校美育与区域人文的有效链接。研学中的审美教育，一方面，要注重激发学生的研学兴趣，培养审美情趣；另一方面，要不断提升学生发现美、欣赏美、表达美和创造美的综合审美能力。

1. 扎根生活，给学生一双发现美的眼睛

美育的核心理念是审美教育，培养学生对真善美的热爱和向往，激发学生学习的自主性、能动性与创造性。人们进行旅行活动是为了获得愉悦的感觉，在旅行中培养学生的兴趣。研学旅行活动首先是一种审美活动。著名学者叶郎先生说："旅游，从本质上说，就是一种审美活动，离开了审美，还谈什么旅游？旅游涉及审美的一切领域，又涉及审美的一切形态。旅游活动就是审美活动。"审美活动体现了人的"合目的性"与客观事物之间"合规律性"的统一，从而使审美主体获得美的享受，愉悦身心，陶冶性情，以增添生活的乐趣。

提升审美意识和能力，需要用审美的态度对待美，拥有审美的眼睛才能见到美。美学家蒋孔阳先生指出："美学运用到实际生活中，是要对人进行审美的教育，提高人的素质，帮助人的全面发展。"

美育教学应扎根时代生活，反映学生身心发展的特点和需要，用美的教育塑造学生美的灵魂，同时将美育教学自觉地融入德育、智育、体育、劳动教育中，发挥美对人的全面发展的引领、调节与整合作用，不断提升学生的思想美、人格美、智力美、身体美、劳动美。

美能够唤醒学生对生活的热爱，善于发现美的人其心灵一定是美的。普及美学学科创建人邱伟杰曾说："人生来即美，造化即美，人的美是与生俱来的，叫作本来美。"一棵树有绿荫的美，一朵花有开合的美，一个人有不同于他人的独特美。美育的意义在于培养学生发现美、感受美、学习美、创造美进而传播美，从而塑造美好心灵、培养健全人格，促进人与社会的和谐发展。只有不断地普及美的教育，把美的基因融入民族血脉，造就具有真正审美能力的现代中国人，"美丽中国"这座大山才能平地而起。

研学旅行中，学生要学会欣赏自然美景，享受自然美，同时也要学会欣赏美的人文景观，享受人文美。为此，指导师在教学中应当积极创造条件，尽可能地组织学生进行实践教学，在教学中引导学生观察、体验、欣赏各种自然美、人文美。尽可能向学生展示各种美的事物、美的人物，激发学生体验各种美的事物、美的人物的兴趣，增强教学的艺术性和趣味性。

2. 立足现实，多提供鉴赏美的机会

怎样以"美"为突破口促进学生全面发展呢？美育教学应从培养学生的审美兴趣入手，帮助学生形成正确的审美意识。要凸显学生学习主体，充分考虑到学生的个性心理特征和心理发展水平，在欣赏与创作活动中，给予学生相当的个性自由，较大的选择范围，以调动学生学习的主动性和创新性。

（1）以"思"为核心，引领美的思想

所谓美的思想是指真的、善的、高尚的思想。教师作为人类文明的传承者，应该把人类的文明精华、智慧结晶如同传递奥运圣火一样传承到学生手中，并以"发展学生的创新精神"作为教育不懈追求的价值取向。

（2）再现美的教学内容

结合研学的主题、研学资源，让学生感受自然美、艺术美、社会美等具体内容，引导学生从现实情境中领悟到人类创造的文化、精神之美，进而影响着他们人格的形成和潜能发展。

（3）运用美的教学手段

教学手段实际上是一种媒介，通过它再现、强化、传递教学内容，实现教学目标。让艺术审美融入研学旅行，凸显教学的艺术性，提升学生研学的幸福感。图画是空间中沉静的美，音乐是时间中流动的美，而戏剧则是生活时空中动静结合的美。在研学中，可以通过图画、音乐、戏剧这些艺术的直观感受与教师的语言描绘相结合，让学生进入情境和思维的碰撞中，通过图画中的色彩、线条、形象，音乐的节奏、旋律，表演中的角色、情节等感受和表现美。教学手段的美感，作用于学生的感知觉，又必然丰富了学生的表象，激活了学生的思维、联想、想象、情感的活动，让外在美内化为心灵的美，让心灵的美外化为行为的美，使学生成为传承和创造美的主人。

（4）运用美的教学语言

学生的心弦，往往是美的教学语言拨动的。教学语言对学生的感知活动、思维活动、情感活动都起着主导与调节支配的作用。

具有美感的教学语言，往往再现了教材描写的情境：或是联系了学生生活经验，激发了他们的学习动机；或是利用学生联想、想象把他们带入向往的境界；或是引导学生对美的实质的理解、对教材语言美的鉴赏，连同对教材表现的"美"与"丑"的评判。也就是说，富有美感的教学语言，要么让学生感受到美，要么让学生联想到美，要么引导学生去追求美，要么启发学生领悟到美。

3. 让美走进现实生活

2015年，国务院办公厅印发《关于全面加强和改进学校美育工作的意见》强调，要坚持育人为本、面向全体，坚持因地制宜、分类指导，坚持改革创新、协同推进。

一是科学定位美育育人目标，开设丰富优质的美育课程，实施美育实践活动的课程化管理。

二是大力改进美育教育教学。深化学校美育教学改革，加强美育的渗透与融合，创新艺术人才培养模式，建立美育网络资源共享平台，注重校园不同环境的育人作用，加强美育教研、科研工作。

三是统筹协调学校与社会美育资源。采取有力措施配备美育教师，通过多种途径提高美育师资整体素质，整合各方资源充实美育教学力量，探索构建美育协同育人机制。

四是充分利用好媒体宣传平台，努力讲好中国美故事，让世界体验中国美、喜欢中国美、尊重中国美、传播中国美。

五是坚守中华文化立场，继承和发扬中华民族优秀文化传统，坚持不忘初心、外求养分、面向未来。把社会主义核心价值观融入美育文化建设的方方面面。

研学旅行中实施美育教育比学校教育拥有更浓厚的生活气息，为学生的艺术创造提供了更宽广的空间，使艺术表现方式更加灵活多样，进一步激发学生创造美的热情和灵感。

任务思考

请结合研学中的美育教学，谈一谈研学旅行中实施美育对学生全面发展的意义。

参考答案

研学旅行与劳动教育的融合策略

任务导入

微课视频

劳动教育是中国特色社会主义教育制度的重要内容，直接决定社会主义建设者和接班人的精神面貌、劳动价值取向和劳动技能水平。研学旅行中适当开展劳动教育，有助于增加与劳动人民的感情，丰富研学内容，体验劳动的辛苦与快乐，有助于养成劳动的意识和习惯，也是劳动教育的核心要义。

思考：研学旅行如何促进学生劳动能力水平提高？

任务实施

重视和加强劳动教育在人的全面发展中的地位和作用，是世界教育改革和发展的趋势。我国劳动教育提倡学生在劳动中学习劳动，在劳动中掌握劳动技能，在劳动中创新劳动方式方法，在劳动中收获劳动成果，进而理解深层次劳动的价值、意义。正如习近平总书记一直强调的"劳动最光荣、劳动最崇高、劳动最伟大、劳动最美丽"。"全社会都应该尊敬劳动模范、弘扬劳模精神，让诚实劳动、勤勉工作蔚然成风。"

一、活动策划的原则

研学旅行中实施劳动教育，应坚持教育与生产劳动、社会实践相结合，提升运用社会教育资源开展劳动教育的能力及组织策划学生实践活动的能力。实施劳动教育应遵循以下五个基本原则。

1. 把握正确育人导向

坚持党的领导，围绕培养担当民族复兴大任的时代新人，着力提升学生综合素质，促进学生全面发展、健康成长。2018年全国教育大会上，习近平总书记提出："要在学生中弘扬劳动精神，教育引导学生崇尚劳动、尊重劳动，懂得

项目五　落实研学旅行促进人的全面发展要求

劳动最光荣、劳动最崇高、劳动最伟大、劳动最美丽的道理，长大后能够辛勤劳动、诚实劳动、创造性劳动"，要"培养德智体美劳全面发展的社会主义建设者和接班人"。把准劳动教育价值取向，引导学生树立正确的劳动观，培养对劳动人民的感情，掌握劳动本领，为报效国家、奉献社会而不断努力。

2. 遵循劳动教育教学规律

符合学生年龄特点，以体力劳动为主，注意手脑并用、安全适度，强化实践体验，让学生亲历劳动过程，提升育人实效性。要让学生直接参与劳动过程，增强劳动感受，体会劳动艰辛，分享劳动喜悦，掌握劳动技能，养成劳动习惯，提高动手能力及发现问题、解决问题的能力。

3. 体现劳动教育的时代特征

适应科技发展和产业变革，针对劳动新形态，注重新兴技术支撑和社会服务新变化。深化产教研融合，改进劳动教育方式，树立诚实合法劳动意识，培养科学精神，提高创造性劳动能力。

4. 重视综合素养的培养

加强政府统筹，拓宽劳动教育途径，整合家庭、学校、社会各方面力量。统筹协调、安排日常生活劳动、生产劳动和社会公益劳动，形成协同育人格局。

5. 坚持因地制宜

根据各地区和学校实际，结合当地在自然、经济、文化等方面条件，充分挖掘行业企业、职业院校等可利用资源，宜工则工、宜农则农，采取多种方式开展劳动教育，避免"一刀切"。学校要充分利用区内外劳动教育实践基地、综合实践基地和其他社会资源，结合研学旅行、团日队日活动和社会实践活动，加强城乡学生交流，组织学生学工学农。城镇学校可结合实际情况组织学生参加公益劳动与志愿服务，农村学校可结合实际情况在农忙时节组织学生帮助家长进行适当的农业生产劳动。

二、活动内容的整合

依据大中小学各学段劳动教育目标、内容、项目、方式、评价等，依托劳动教育基地等支撑体系，把学校、家庭、社会各方面的资源和场所利用起来，广泛开展劳动教育，凸显劳动教育在全面育人中的重要地位和战略意义。

劳动托起中国梦，劳动对提高学生的综合素质、促进人的全面成长至关重要，劳动教育是立德树人的基本内容。目前在"五育"体系中，劳动教育仍是短板，构建适应新时代的更高水平的劳动教育体系刻不容缓。研学旅行中要广泛开展以劳动教育为主题的实践活动，是落实立德树人根本任务的重要举措，也是促进学生全面发展的重要途径。

《关于全面加强新时代大中小学劳动教育的意见》（2020年3月20日）强调"整体优化学校课程设置"，构建劳动教育课程体系。大中小学设立必修课程和劳动周，同时强调其他课程有机融入劳动教育内容和要求。在教学形式上，鼓励科学设计课内外劳动项目，采取灵活多样的形式，对实践场所提出了多渠道的支持要求。比如，充分利用现有综合实践基地、青少年校外活动场所、职业院校和普通高等学校劳动实践场所；农村地区可安排相应土地、山林、草场等作为学农实践基地；城镇地区可确认一批企事业单位和社会机构作为实践场所等。

三、活动形式的统一

社会大课堂是学生实践体验的重要平台。学校在研学旅行中借助社会大课堂，安排一定时间的农业生产、工业体验、商业服务等劳动实践活动，对于培养学生的劳动意识，增强职业规划能力，激发学习动力等具有重要影响。组织学生走进博物馆、科技馆、农业博物馆、展览馆等各类教育场馆开展农业生产、农具使用、工业生产等工农业基本知识方面的普及教育；组织学生走进蔬菜水果种植、畜牧养殖、城市绿化等现代农业基地、生态庄园体验感受现代农业的魅力；组织学生走进农业生产基地、工厂车间、制造基地、商业企业等参与劳动生产、流通、服务贸易的实践体验，带给学生的教育无论从思想、情感上还是行为上都是深刻的、多元的和持久的。管理果树、清扫园区、种植蔬菜、捡拾花生……在田间地头辛勤耕耘，有助于提升学生的劳动能力。

四、资源的共享利用

家庭、学校、社会协同合作，共同发挥劳动教育的合力育人作用。家庭要发挥在劳动教育中的基础作用，学校要发挥在劳动教育中的主导作用，社会要发挥在劳动教育中的支持作用。

家务劳动是劳动教育的重要组成部分。研学活动要密切家校联系，利用家长教师协会，加强家校合作。加大宣讲力度，转变家长教育观念，帮助家长明确劳动在孩子学习、生活以及未来发展中的积极意义，鼓励家长为学生劳动创造机会。学校可适当安排适量的家庭劳动作业。家庭劳动作业以引导学生养成

项目五 落实研学旅行促进人的全面发展要求

主动参与劳动的习惯，习得基本的生活知识和技能，逐步形成自理、自立能力为主要目标。针对学生的年龄特点和个性差异布置整理、扫地、洗碗、洗衣、煮饭、修理花草、宠物养护等力所能及的家务。鼓励学生参加社会劳动，积极争取社区街道、所在村镇和学校周边单位的支持，为学生参加社会劳动和社区服务提供便利。

案例分享

劳动育人

四川某小学有的学生将研学中学到的烹饪技术带回家，在爸爸妈妈的指导下制作川菜，培养热爱劳动、分担家务的好习惯。同时，家长成为孩子家务劳动的指导者和协助者，形成劳动教育合力。

有的学生在参观了植物园后便开始了与花草的"亲密接触"——他们查找资料给植物制作名片、给花草绘制自画像……学生们在动手动脑的过程中，亲近自然，接受劳动教育。有的学生在实地考察之后，将自己的收获做成了调查报告和美食报告。通过制作研学报告，对川菜文化和古蜀文化有了更深入的了解，也加深了他们对家乡的热爱之情。

结论与评价：

上述案例，通过引导学生参与研学活动中的劳动活动，使学生习得劳动技能，并激发学生的劳动热情，使学生能主动将所学劳动技能应用到日常生活中。同时劳动研学也激发了学生的探究热情，使其在劳动研学之后继续进行劳动探究。

任务思考

请结合本任务的学习设计小学生劳动主题研学实践活动。

参考答案

项目实训与提升

 **案例阅读**

研学旅行目标案例背景

《教育部等11部门关于推进中小学生研学旅行的意见》明确提出开展研学旅行的目标是：让广大中小学生在研学旅行中感受祖国大好河山，感受中华传统美德，感受革命光荣历史，感受改革开放伟大成就，增强对坚定"四个自信"的理解与认同；同时学会动手动脑，学会生存生活，学会做人做事，促进身心健康、体魄强健、意志坚强，促进形成正确的世界观、人生观、价值观，培养他们成为德智体美全面发展的社会主义建设者和接班人。

研学旅行目标案例描述

2006年，曲阜举办了第一届孔子修学旅游节。这是中国第一个修学旅游节，也是中国第一个以"儒家文化"为主题的修学节庆活动，受到了广大学生和家长及学校的欢迎，获得了较好的市场反应和社会影响。2016年，曲阜市荣获首批"中国研学旅游目的地"称号，成为全国首批10个、山东省唯一入选城市"三孔"景区，同时获得"全国研学旅游示范基地"称号，也是全国首批20家、山东省唯一入选单位。2017年11月，根据教育部基础教育司正式公示"第一批全国中小学生研学实践教育项目评议结果"，曲阜三孔景区入选首批"全国中小学生研学实践教育基地"名单。

 **案例剖析**

1. 请结合你对曲阜历史文化名城的了解，谈一谈曲阜作为全国中小学研学实践教育基地的优势有哪些？在曲阜研学旅行实践活动中应设计哪些活动课程，既能体现曲阜的文化特色，又能让中小学生喜欢并获得不一样的收获？

参考答案

2. 结合研学旅行中实施智育的原则和方法，掌握研学旅行实践活动培养学生认知能力、思维能力、实践能力、创新能力等综合能力发展的基本方法。

项目六

研学旅行课程设计

全国中小学生研学实践教育基地——全国青少年井冈山革命传统教育基地

项目导读

研学旅行的课程设计是研学旅行教育理论的重要组成部分，直接决定着研学旅行实践活动带队质量。本项目也是本书的核心内容。本项目主要有三个任务，即熟悉研学旅行课程设计的环节、掌握研学旅行课程设计要素、牢记研学旅行课程设计方案实施要求。其中任务二是本项目的核心环节，任务三对前面两个任务提出了具体化要求，形成整个研学旅行课程设计教学理论的核心。

学习目标

熟悉研学旅行课程设计的环节，掌握研学旅行主题课程方案要素，掌握研学旅行专题课程方案要素，掌握研学旅行课程设计方案实施要求。

思维导图

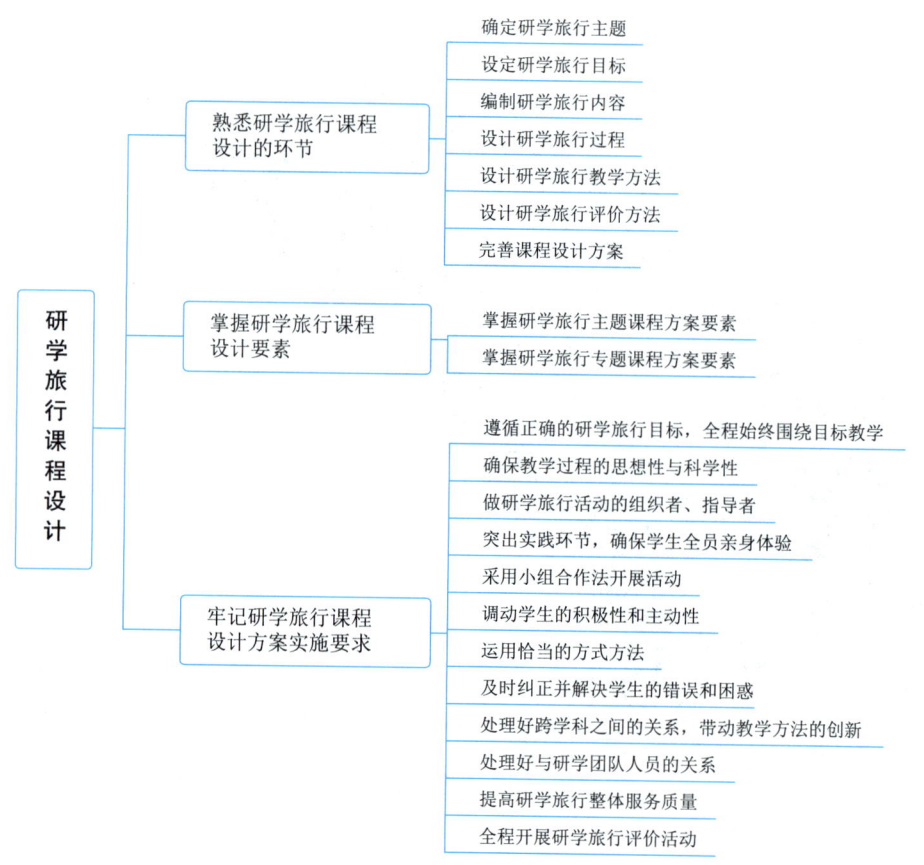

项目六　研学旅行课程设计

 情境

教学的分类

教学从宏观上看，可以分为理论知识的教学和实践能力的教学两大类，普通中小学以前者为主，职业学校以后者为主。随着时代的进步和社会经济的飞速发展，为了更好地适应未来社会对人才的需求，学生不仅需要扎实的理论知识，同时也迫切需要提升实践能力，理论与实践相结合需要从纸面走入教学实践过程中。

研学旅行就是实现两者有机统一的途径之一。

微课视频

任务一　熟悉研学旅行课程设计的环节

 任务导入

某研学旅行服务公司胡经理同本市某高级中学签订完红旗渠研学旅行服务合同后，立即安排旅行社计调王经理编写红旗渠研学旅行课程方案，并要求王经理保守机密，不能让其他职工看到。计调王经理连夜加班，赶制设计。他参照红旗渠一日游的线路做了简单改编，把"红旗渠一日游行程单"换成"红旗渠研学旅行一日游行程单"，两份行程单除了题目不一致，其余内容完全一致。第二天早晨上班后他交给了胡经理。胡经理看了看说："不错，很好。上几次旅游团游客对这个行程很满意，这次这些学生们也一定满意。"

思考：该公司开展研学旅行课程方案设计活动的做法对不对？研学旅行课程设计有哪些环节？

 任务实施

研学旅行课程设计是一项非常复杂而系统的工作，我们在设计时，需要遵循一定的步骤与环节，以确保后期研学旅行教学实践工作的顺利开展。

一、确定研学旅行主题

研学旅行主题是研学旅行的灵魂，研学旅行过程中的所有环节设计都应围绕主题来展开。在设计研学旅行主题时，应遵循教育性、实践性、开放性、综合性、层次性、因地制宜和与时代同步原则，采用整合学科资源法、融合学校活动法、教育目标达成法、发掘社区资源法、运用社会热点法、生活与职业体验法、指导师经验提炼法、学生自主选题法等多种方法进行选题。课程主题命名要做到准确规范、简洁醒目、新颖有趣、贴近实际要求，主题名称坚持小、实、专、新四个标准，标题需既反映实质又新颖有趣。

二、设定研学旅行目标

设定研学旅行目标，首先要了解研学旅行中存在的问题，分析学生的实际情况与期望水平之间的差距，确定总的研学旅行目标，解决"为什么教"的问题；其次，根据研学旅行总目标，撰写具体合适的课程目标，解决"教什么""达到什么要求"的问题；再次，对学生特征进行分析，确定学生的初始能力，了解学生的一般特征，分析学生的学习风格；最后，阐明研学旅行目标，把研学内容分解成很多具体的研学旅行目标，用一种非常明确、具体的且可以观察和测定的行为术语准确地表达出来，形成一个目标体系。

研学对象为中小学生，可按照核心素养目标编写，参见《中小学综合实践活动课程指导纲要》四维目标，即价值体认、责任担当、问题解决、创意物化。

课程目标	价值体认	
	责任担当	
	问题解决	
	创意物化	

劳动教育主题的研学旅行活动可参照《大中小学劳动教育指导纲要（试行）》《义务教育劳动课程标准》四个维度目标，即树立正确的劳动观念、具有必备的劳动能力、培育积极的劳动精神、养成良好的劳动习惯和品质。

项目六　研学旅行课程设计

劳动教育目标	劳动观念	
	劳动能力	
	劳动精神	
	劳动习惯和品质	

三、编制研学旅行内容

编制研学旅行内容时，指导师首先要在广泛收集与课程主题相关的素材的基础上，根据课程目标、研学旅行资源、指导师的经验或兴趣、学校意见等确定课程内容。然后，按照课程的实施顺序把课程的内容、方法、时间等有机地组织起来，搭建课程结构，编写课程大纲。

四、设计研学旅行过程

按照实施时间的顺序，可将研学旅行课程实施方案分为研学旅行前、研学旅行中和研学旅行后三个基本步骤。按照实施步骤和任务，这三个基本步骤可划分为五个基本环节，即研学准备，设置问题；研学导入，提出问题；研学新课，解决问题；研学总结，拓展问题；研学评价，反思问题。在研学旅行教学过程中，按照确定的研学旅行顺序，开展研学旅行活动，避免教学实施过程的随意性，解决"怎么规范化教"的问题。

研学旅行教学过程之三步五环教学法

步骤	研学段	环节	环节名称	教学内容
第一步	研学前	第一环	研学准备，设置问题	
第二步	研学中	第二环	研学导入，提出问题	
		第三环	研学新课，解决问题	
		第四环	研学总结，拓展问题	
第三步	研学后	第五环	研学评价，反思问题	

五、设计研学旅行教学方法

研学旅行课程教学方法是研学旅行课程设计的重点环节，主要包括研学旅行教学方式、研学旅行教学方法及其流程设计。研学旅行实施过程中，指导师应选择恰当的研学旅行课程方式，运用符合学生学习特点的教学模式和教学方法，让学生尽可能参与、融入研学旅行学习中来，解决"用什么方法教"的问题。主要的研学旅行方式有考察探究式、社会服务式、设计制作式、职业体验式、党团队教育活动式、场馆参观式、劳动教育式、艺术审美式、体育健康式等。主要的教学方法有小组合作法、参观访问法、成果展示法、头脑风暴法、情境体验法、角色扮演法、直接讲授法、项目式（PBL）教学法等。

六、设计研学旅行评价方法

研学旅行评价标准是研学旅行课程目标；评价对象包括指导师"导"的行为和学生"学"的行为；评价类型可分为诊断性评价、形成性评价、总结性评价；评价方法包括自我评价、同学互评、指导师评价、家长评价、基（营）地评价、旅行社评价；评价目的是了解是否达到研学目标，从而确定"效果如何"。

七、完善课程设计方案

优质的研学旅行课程方案设计都要经历个人设计方案、集体讨论方案、现场完善方案三个过程，要特别注意检验"设计研学旅行目标"和"设计研学旅行过程"这两个步骤，发现问题及时修改、补充、完善。

任务思考

研学旅行课程设计有哪些环节？

参考答案

项目六 研学旅行课程设计

任务二　掌握研学旅行课程设计要素

南京某研学旅行公司参与南京某中学研学旅行招标投标活动,提交的投标标书没有中标,理由是:投标书中设计的研学旅行课程方案不符合教育教学规律,不符合研学旅行特点。研学方案如下。

高一学生参观南京大学、游览总统府

一、活动目标

通过参观南京大学和总统府的游览,完成研学旅行活动。

二、活动流程

07:30 酒店早餐后集合,集体乘车前往南京大学。

08:30 抵达南京大学,开始参观游览。

11:30 午餐。

12:40 集体乘车,前往总统府。

13:00 抵达总统府,以班级为单位,在研学旅行指导师带领下参观游览。

16:30 乘车返回原酒店。

三、活动安排

1. 团队达到以后,按班级为单位,由1名指导师带队分别进入不同的景区进行参观活动。

2. 中午按规定地点进行分别就餐。10人一桌,10菜1汤。

3. 交通安排:53座大巴。

4. 活动保险:旅行社责任保险、意外伤害险。

思考:本案例研学旅行活动方案是否符合教育教学规律?为什么?如果你是研学旅行指导师,你会为此次研学旅行设计哪些研学活动?

任务实施

一、掌握研学旅行主题课程方案要素

研学旅行主题课程方案是研学旅行指导师根据研学旅行活动所用的研学旅行资源单位教材、学校教科书和学校教学总要求，结合研学旅行学生具体情况，按照研学旅行目标来编制的整体的研学旅行进度计划。主题课程方案类似于旅行社行程单和教师单元计划。

（一）主题课程方案要素

研学旅行主题课程方案包括学校常规要素和研学旅行要素两个方面。

1. 学校常规要素

学校常规要素是指学校常规教学教案中常有的要素，包括课程名称、学校班级、课程设计人、学校代表、带队老师、课时、教学内容、教学过程、教学方式、教学方法、教学评价、教学反思等。

2. 研学旅行要素

研学旅行要素是指研学旅行涉及的要素，主要包括项目组长、研学地点、项目负责人、师资配置、活动经费、安全制度等。

项目组长是在研学旅行活动中，全程随团活动并负责统筹协调研学旅行各项工作的旅行社专业人员。

项目负责人是指根据项目组长的派遣，负责研学旅行具体项目和内容实施执行的专业人员。具体项目负责人包括指导教师、导游、安全员、项目专家等。

研学旅行师资包括参与研学旅行活动的学校代表、带队老师、指导教师、安全员、导游、项目专家、心理咨询师、医务人员、安保人员、家长志愿者等。

活动经费就是举办研学旅行活动所需要支出的各种费用。

安全管理制度包括研学旅行安全管理工作方案，研学旅行应急预案操作制度，研学旅行产品安全评估制度，研学旅行安全教育培训制度，疫情、自然灾害、火灾、食品卫生、治安事件、设施设备突发故障等在内的各项突发事件应急预案等。

项目六　研学旅行课程设计

（二）主题课程方案格式

研学旅行主题课程方案编写格式

【主题课程名称】	【学校班级】
【课程设计人】	【设计时间】
【项目组长】	【指导教师】
【学校代表】	【带队老师】
【导游】	【项目专家】
【总课时】	【专题课时】
【课程总目标】	【师资配置】
【研学地点】	
【课程内容】	
【研学流程】	
【研学方式】	
【研学方法】	
【安全制度】	
【研学评价】	
【研学反思】	
【经费说明】	

案例分享

探访鲁西南战役纪念园，传承刘邓大军革命英雄精神
——鲁西南战役纪念园研学旅行主题课程方案

一、鲁西南战役纪念园概况

鲁西南战役纪念园（原名羊山景区）是国家AAAA级景区、国家级水利风景区、全国红色旅游经典景区，其坐落于山东省济宁市金乡县羊山镇，是为纪念在解放战争鲁西南战役和羊山战斗中英勇献身的革命先烈而建。目前鲁西南战役纪念园已经成为全国爱国主义教育基地、国家国防教育示范基地、全国重点文物保护单位、全国重点烈士纪念建筑物保护单位、中国关心下一代党史国史教育基地、山东省中小学研学实践基地。

二、鲁西南战役纪念园主题课程

【课程名称】探访鲁西南战役纪念园，传承刘邓大军革命英雄精神

【研学对象】初中二年级 300 人

【课程目标】通过本次瞻仰刘邓大型雕塑、悼念革命先烈、纪念碑廊考察、鲁西南战役纪念馆考察、支前民工情景剧表演，让学生了解解放战中的鲁西南战役及其重大意义，了解中国共产党及人民解放军为了人民的幸福和全中国的胜利解放，抛头颅，洒热血，用生命换来了今天的幸福生活，引导学生树立热爱中国共产党、永远跟党走的坚定信心。

【总课时】6 小时

【研学地点】鲁西南战役纪念园

【师资配置】研学指导师 15 名、学校带队教师 2 名、导游 1 名、安保人员 1 名、医护 1 名。

【研学方式】纪念馆参观式、团队教育式、考察探究式、职业体验式、劳动教育式。

【研学方法】讲授法、参观法、角色扮演法、头脑风暴法、调查访问法、体验法。

【研学内容】瞻仰刘邓大型雕塑、悼念革命先烈、团队宣誓仪式、纪念碑廊考察、鲁西南战役纪念馆考察、支前民工情景剧表演。

【教学过程】

专题课程一：瞻仰刘邓大型雕塑，赓续我党红色血脉

研学资源：刘邓大型雕塑是为纪念鲁西南战役的指挥者刘伯承司令员和邓小平政委而建立的。雕塑全长 18 米，基底宽 6 米，雕塑主体刘、邓人物像高 8 米，其他部分最高处为 6 米。群雕山体为一"羊头"形状，群雕人物为 13 位解放军战士，寓意刘伯承司令员和邓小平政委共同合作了 13 年。

研学时间：45 分钟

研学地点：刘邓大型雕塑

研学方式：参观考察式、团队教育式

研学方法：讲解法、体验法

研学过程：

一、瞻仰刘邓大型雕塑，追忆刘邓英雄革命事迹

1.上车前发放研学手册。检查原来布置的问题，查看手册中的鲁西南战役纪念园材料。下车后导游、带队教师组织学生在刘邓大型雕塑广场前集合，排

列整队。

2.聆听讲解员讲解刘邓大型雕塑,讲解鲁西南战役的经过和历史意义、刘伯承、邓小平事迹,接受红色革命教育。

学生一边聆听,一边做记录,课后写出研学记录。

二、共青团员入团仪式

1.团委书记宣布新团员名单。

2.授予团员标志,佩戴团徽。

3.宣誓。由仪式主持人领导,面对鲜红团旗,举右手握紧拳头,庄严宣誓。

中国共青团的入团誓词:我志愿加入中国共产主义青年团,坚决拥护中国共产党的领导,遵守团的章程,执行团的决议,履行团员义务,严守团的纪律,勤奋学习,积极工作,吃苦在前,享受在后,为共产主义事业而奋斗。

4.新团员代表讲话。

5.仪式结束。

三、少先队员重温入队誓词

1.全体少先队员佩戴鲜艳的红领巾。

2.出示少先队旗。

3.少先队员握紧拳头,在辅导员引领下,庄严宣誓:

我是中国少年先锋队队员,我在队旗下宣誓:我热爱中国共产党,热爱祖国,热爱人民,好好学习,好好锻炼,准备着:为共产主义事业贡献力量!

四、领导致辞讲话

1.纪念园首长讲话。首长为各中队旗手佩戴红领巾,并表达了对青少年殷切的希望。希望每一位同学珍惜新时代美好时光,勤奋学习,不怕困难,在追逐梦想的路上砥砺前行。

2.学校领导讲话

纪念园是全国爱国主义教育示范基地,在这里举办入队、入团仪式,更能激发学生对少先队、共青团的热爱。在刘邓大型雕塑前系上红领巾、戴上团徽,并庄严宣誓,更能加强学生的历史使命感和责任感,铭记作为"强国一代"的责任与担当,继承和发扬中华民族坚贞不屈、自强不息的爱国主义精神。

【安全管理及防控】

(1)统一行动,集中不脱离队伍,随时清点人数。

(2)注意行路安全,按顺序进出纪念馆。

其他专题课程

（3）不与小商贩发生交易，不随意买零食。
（4）夏季高温防中暑。

【经费说明】

按300名学生+20名教师计算，每人180元。含交通费、保险费、门票费、花篮费、工具租赁费、服装费、材料费、服务费、专家费、午餐费（餐标：十人一桌，十菜一汤，六荤四素）等。

（本案例由文化和旅游部人才中心研学旅行指导师考评员高霞编写）

二、掌握研学旅行专题课程方案要素

专题课程是指在实施研学旅行教育教学的过程中，为达到某一专门教学目的或解决某一专门问题而对学生进行的教育课程。如陶器制作、剪纸技术、我是小交警体验、荷花盆景制作等。

（一）专题课程方案要素

专题课程方案包括学校常规要素和研学旅行要素两个方面。

1. 学校常规要素

学校常规要素是指学校常规教学课时教案中常有的要素，主要包括专题课程名称、学校班级、带队老师、设计人、指导教师、专题课时、课程目标、研学内容、研学重点、研学难点、研学教具、研学方法、研学方式、研学过程、研学评价、研学反思等。此处重点强调课程目标。

2. 研学旅行要素

研学旅行要素是指研学旅行过程中涉及的要素，包括研学背景、研学链接、导游、研学旅行地点等。

研学背景是指研学旅行资源单位的历史文化背景、政治背景、旅游资源背景、研学旅行基地背景、食住行背景等。

研学链接是指研学旅行专题课程内容和中小学现行课程教材中相关联的知识链接，在研学旅行实践中俗称"研学链接"。

（二）专题课程方案格式

研学旅行专题课程方案格式

【课程名称】	【设计时间】
【设计人】	【指导教师】
【学校班级】	【学校代表】
【带队教师】	【指导师】
【专题课时】	【研学地点】
【课程目标】	【研学背景】
【研学内容】	【研学链接】
【研学重点】	【研学难点】
【研学方式】	【研学方法】
【研学工具】	【研学过程】

案例分享

小小竹蜻蜓飞起来

【课程名称】小小竹蜻蜓飞起来

【专题课时】1课时

【课程目标】

（1）树立正确的劳动观念。通过制作竹蜻蜓的活动，让学生认识到劳动的重要性，尊重劳动，牢固树立劳动最光荣、劳动最崇高、劳动最伟大、劳动最美丽的思想观念。

（2）具有必备的劳动能力。掌握基本的制作竹蜻蜓的知识和技能，正确使用常见劳动工具，增强体力、智力和创造力，学习创意制作，提高动手实践能力。

（3）培育积极的劳动精神。在学习木工制作基本技艺过程中，学习创意制作，提高动手实践能力，体验工匠精神。

（4）养成良好的劳动习惯和品质。通过制作竹蜻蜓，体验劳动的欢乐，养成从小爱劳动的习惯，激发学生对劳动的兴趣，并在实践中进行习惯的培养。

【研学内容】

学习制作竹蜻蜓，掌握制作竹蜻蜓的一般方法和步骤，并通过使用互联网查阅竹蜻蜓的知识,培养学生的观察能力、分析问题的能力和动手能力,养成动手实践、磨炼意志,培养学生正确的劳动价值观和良好劳动品质。

【研学重点】

学会从多个角度观察事物、在制作活动中乐于探索,逐步形成自己的创造个性,提高学生的手工制作的基本技能。

【研学难点】

运用掌握的手工技能和工具材料,想象、创作出新颖、独特而有创意的优秀作品,养成动手实践、磨炼意志,培养学生正确的劳动价值观和良好劳动品质。

【研学方式】

考察探究式、设计制作式。

【研学方法】

讲授法、小组合作法。

【研学工具】

活动材料:大约20厘米长、3厘米宽、0.5厘米厚的木头或竹片一片,大约25厘米长圆柱状小木棍一根(可用糖葫芦竹签),以及小刀、胶水、细砂纸、手套等。

【研学过程】

研学旅行前:课前准备,设置问题

全班同学分成四个劳动小组,各小组成员通过翻阅资料、问家长、查电脑等方式了解竹蜻蜓的知识。准备竹蜻蜓的制作材料,在课堂上给同学们分享。

你对竹蜻蜓了解多少?制作过程中需要注意什么?

要积极地和同学、教师探讨交流,增强沟通协作的能力。在准备妥当时,制订出详细的计划清单,尝试自己动手制作简易的物品。

研学旅行中:课堂导入,提出问题

"小荷才露尖尖角,早有蜻蜓立上头。"蜻蜓给了我们飞行的梦想,相信我们都有过将竹蜻蜓放飞的经历。那么大家在玩耍时有没有想过,这种民间最古老的玩具是怎么来的?你对竹蜻蜓了解多少?我们是否可以制作自己专属的竹蜻蜓?

开展新课,解决问题

(1)小组内讨论课前问题,每个小组推选一名同学进行分享。

竹蜻蜓是中国民间古老的儿童玩具,其外形呈"T"字形,横的一片像螺旋桨。这种简单而神奇的玩具,曾令西方传教士惊叹不已,将其称为"中国螺旋"……

项目六 研学旅行课程设计

①各小组检查制作竹蜻蜓所需要的工具和材料。

②师生交流,教师总结并一一出示所需的工具和材料。

③教师组织整个分享过程并适时鼓励学生带着疑问去寻找答案,让学生学会通过使用互联网查阅竹蜻蜓的知识,去图书室寻找它的信息,锻炼学生考察探究的能力;引导学生学会与他人合作,体会劳动创造美好,养成从小爱劳动的习惯。

(2)出示多媒体,教师讲授多媒体上竹蜻蜓的制作步骤。

步骤一:先在木片正中央打一个洞,控制直径,比小木棍稍小一点。

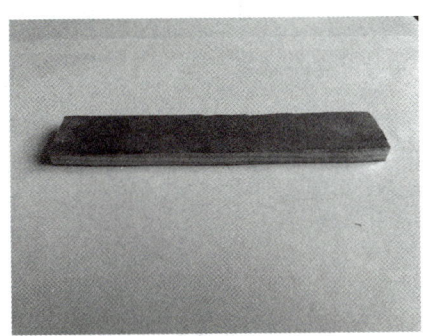 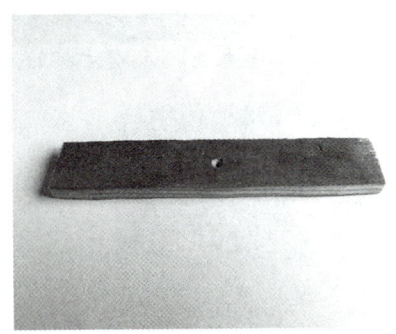

步骤二:用美工刀从木片中央部位开始至靠近身体的一侧削薄,另一侧保持原厚度。

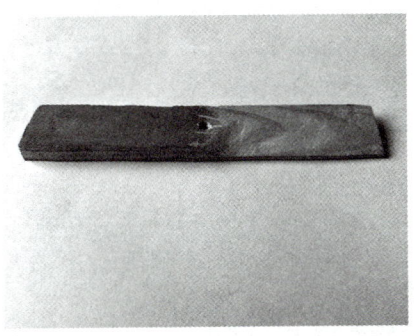 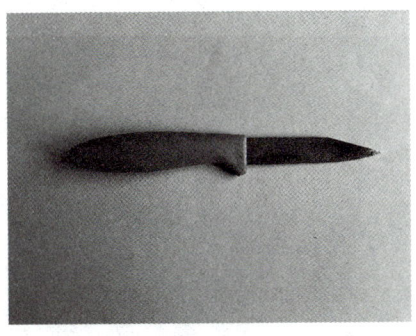

步骤三:背面也是如此加工,把木头削成一个倾斜面。

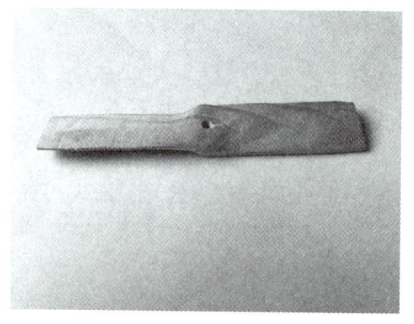 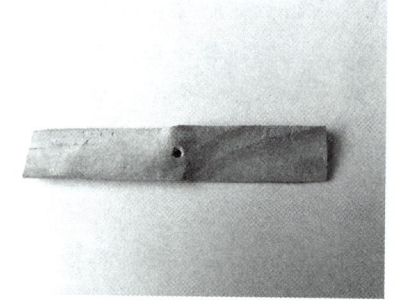

步骤四:另一端重复步骤二和三的操作。
步骤五:把小木棍插入刚才打的洞里面,用胶水固定一下。

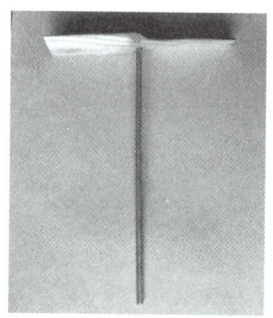 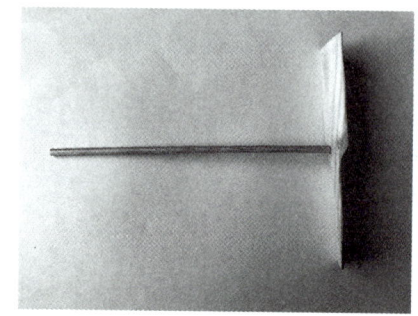

步骤六:用细砂纸把叶片打磨一下,给它上点儿色,画点儿图案。

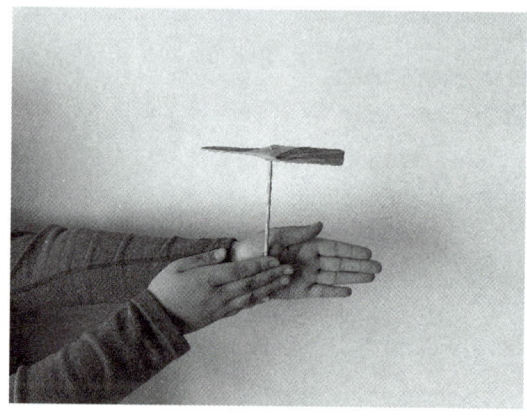

蜻蜓怎样飞起来?

先用你的右掌尖和左掌根夹住竹蜻蜓的手柄;然后迅速把右手往前一搓,就像搓烟卷一样;搓到尽头的时候,将手放开,竹蜻蜓就飞出去了。

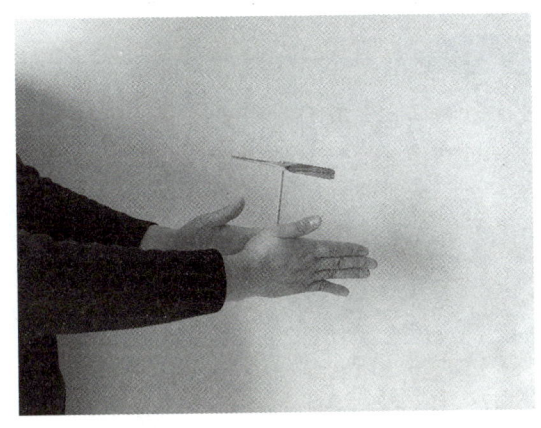

（3）学生动手操作：对照多媒体上的制作步骤操作。

①学生动手操作，教师进行有针对性的辅导。

②小组内同学间互教互学，教师巡视指导，及时发现问题，提醒学生注意安全。譬如，刀具使用要安全，小心木刺，制作过程中不可打闹嬉戏。

教学评价，激励提升

课上进行小组内评价、小组互评、师生互评。教师带领同学们评选出谁的竹蜻蜓最好看、飞得高、飞得远。根据评价结果选出"制作小能手""恒心小达人"……教师对同学们的认真准备和课上积极主动配合给予好评，对同学们普遍存在的操作情况予以提醒。

榜样激励。指导学生从本次活动中榜样的具体事迹中领悟他们的高尚精神和优良品质，明确要求学生在学习、生活中努力向榜样看齐，养成热爱劳动、勤于动手的好习惯。

研学旅行后：教学总结，反思问题

教师总结并讲解说明本节课的内容。在手工制作竹蜻蜓的过程中，同学们调动所有的感官，不仅可以增加手的灵活性，还可以提升手、大脑和眼部的协调能力。小时候多接触艺术类的活动（手工、绘画、音乐等）能够提升大脑的容量，养成细致耐心、持之以恒、勇于探索的良好劳动习惯。

课后同学们根据自己的实际情况，思考自己在整个过程中的表现，写一篇劳动日记。由最早的考察探究，到和老师、同学的探讨交流，直至最后的创意物化，都可以写入日记中。养成多提问、多研究、多交流、多尝试的良好习惯，并将这些本领服务于自己的生活与学习。

> **任务思考**
>
> 1. 研学旅行主题课程方案有哪些要素？
> 2. 研学旅行专题课程方案有哪些要素？

参考答案

项目六　研学旅行课程设计

任务三　牢记研学旅行课程设计方案实施要求

网传视频资料显示，2022年6月，国家AAAAA级某景区孔子石碑前，某导游员举着研学旅行旗，耳朵戴着话筒，20个左右的低年级小学生围着他，听他讲解孔子的事迹。3分钟后，他对着学生进行思想教育，告诉学生如何学习孔子，如何做一个真正的人。声音响亮，慷慨激昂，理论说教一波压过一波。视频中，天很热，学生无精打采，只有前面几个人在聆听，其余学生有的低头，有的交头接耳，有的做小动作，有的喝饮料，有的扔纸片，没有一点儿师生互动环节。整个视频持续6分钟，只有导游一个人举着研学旅行旗，挥斥方道，滔滔不绝……

思考：研学旅行指导师角色如何精准定位？本案例中的导游讲解有什么不当之处？在研学旅行实践中，指导师的教学方法除了讲授法，你认为还有哪些教学方法？指导师怎样才能上好研学旅行课？

一、遵循正确的研学旅行目标，全程始终围绕目标教学

研学旅行教学活动全程始终围绕立德树人目标教学，注重立德树人根本任务，突出核心素质教育导向，培养他们成为德智体美劳全面发展的社会主义建设者和接班人，引导学生做有理想、有本领、有担当的时代青年。让广大中小学生在研学旅行中感受祖国大好河山，感受中华传统美德，感受革命光荣历史，增强对坚定"四个自信"的理解与认同；同时学会动手动脑，学会生存生活，学会做人做事，促进形成正确的世界观、人生观、价值观。

二、确保教学过程的思想性与科学性

研学旅行教学过程既有思想性又有科学性，这是正确实施研学旅行课程的基本质量要求。在思想性上，要深入发掘研学旅行资源教材的内在思想性，师生共同切磋，认真探求真知，让学生深受启迪、震撼或认同，激起学生的思想共鸣，使他们深受教育。在科学性上，指导师或者项目专家要准确无误地向学生传授知识，引导他们进行正确操作，及时纠正学生在研学旅行中的种种差错，理论联系实际引导学生掌握重点和难点，抓好研学旅行的基础知识和基本技能教学。这些内容和环节在实施过程中务必体现出来，确保研学旅行教学过程的思想性与科学性。

案例分享

走进武夷山种茶基地，制作武夷岩茶，传承中国茶文化（片段）

【前期课程回顾】

采武夷岩茶、制作武夷岩茶、茶文化表演

【拓展问题】

①用亲手制作的茶叶为在场的教师、师傅泡一杯红茶，以表达对最亲的人的敬意。

②以小组为单位，组长负责带领组员，带着茶壶、茶具到大街、到工地、到田间，分组开展义务送茶活动，让在田间干活的农民，让路边打扫卫生的环卫工人、开车的司机、行走的路人能喝一口香飘四溢的红茶，体会劳动的美丽，体会为人民服务的意义。

这个方案的最后片段，就是表现出研学旅行教学过程注重思想性和教育性。按照一般的研学旅行课程方案设计，学生制作完武夷岩茶、参加完茶文化表演，就能激发学生传承中国茶文化的信心和兴趣，研学旅行活动基本可以结束了，但是本案例作者又对研学旅行课程进行了延伸，引导学生为辛勤的教师献茶，且带着茶壶、茶具到大街、到工地、到田间，开展义务送茶活动，给农民献茶，给环卫工人献茶，给开车的司机献茶，给行走的路人献茶，把对中国茶文化的传承和热爱、对劳动人民的热爱落实到具体行动之中，把研学旅行活动推向了高潮。

三、做研学旅行活动的组织者、指导者

在研学旅行过程中，研学旅行指导师不是传统意义上的教师，也不是旅游中的导游，而是熟悉研学旅行行业特点和规律的专业技术人员。教师在研学旅行教学过程中，既不能用导游的讲解方式讲解，也不能用班级授课制式的"上课"方式去"教"学生，要求教师成为学生研学旅行活动的组织者、参与者和指导者，引导学生主动去探究、去体验。

四、突出实践环节，确保学生全员亲身体验

研学旅行是实践性较强的教育教学活动，要突出学生亲自动手参与的环节，要求学生人人参与，亲自实践体验，因此，在研学旅行课程实施时，必须增加实践动手的环节，才能改变我国中小学生的传统学习方式，由被动地接受学习转变为主动地自主学习，由机械的记忆性学习转变为探究式的研究性学习，让学生成为研学的主体，真正实现"游中有学"，才能将研学旅行的最大作用发挥出来，促进中小学生核心素养的全面发展。

研学旅行课程实施无论采用哪种模式，务必做到学生人人动手，个个参加，亲自体验、考察探究，确保每个学生都能成功，享受成功的喜悦，享受研学旅行带来的快乐。

案例分享

《线装书的制作》教案（片段）

……

（二）研学旅行过程突出学生亲身参与的实践环节

突出学生亲自参与的实践环节就是力求在线装书的制作过程中，每个环节都要精心设置一些促使学生亲自参与的研学旅行活动。

1. 小组合作，让学生自主提出问题，自己解决问题；
2. 小组合作，讨论提出问题，师生共同解决问题；
3. 学生讨论线装书的构成，讨论制作线装书使用的工具；
4. 师生分析线装书的制作，展示制作方法；

5. 指导师指导学生制作线装书，学生互助制作线装书。

（本案例由高霞编写）

五、采用小组合作法开展活动

全程始终采用小组合作法分组开展活动，引导学生在各自的小组内，尽职尽责，分工合作，培养团结合作意识和责任担当意识。在研学旅行中分组开展活动，利于激发学生的活动兴趣，培养学生的自学能力，提高学生解决问题的能力，锻炼学生的发散思维能力，培养团队合作能力，营造互助合作的氛围。

案例分享

五四爱国运动情景剧研学旅行课程（片段）

研学内容：五四爱国运动情景剧
研学方法：职业体验法、角色扮演法、小组合作法、查找资料法。
研学过程：
【组建小组】分成 8 个研学小组，制片组、编剧组、导演组、演员组、道具组、服装组、摄影组、宣传组。
【分配任务】给每个小组分配考察任务。

五四爱国运动情景剧任务表

名称	任务	组长	成员
制片组	负责整个情景剧项目的筹备、策划、费用		
编剧组	编写五四爱国运动情景剧剧本		
导演组	组织所有创作人员、技术人员和演员，把剧本搬上表演舞台		
演员组	参与情景剧的演出		
道具组	准备、制作情景剧道具、音响		
服装组	帮助演员租借、制作情景剧服装		
摄影组	对整个表演过程进行摄影、录像和后期剪辑制作		
宣传组	负责情景剧宣传报道、编制手册、编写文案		

项目六　研学旅行课程设计

【开展表演】

1. 以小组为单位，组长带领组员开展准备活动，完成自己小组分配的任务。

2. 导演宣布五四爱国运动情景剧表演开始。

3. 主要情节。1919年5月4日发生在北京的一场以青年学生为主，广大群众、市民、工商人士等阶层共同参与的，通过示威游行、请愿、罢工、暴力对抗政府等多种形式进行的爱国运动，是中国人民彻底反对帝国主义、封建主义的爱国运动，称"五四爱国运动"。扮演李大钊、陈独秀、章士钊、胡适、辜鸿铭、刘师培、鲁迅、匡互生、方豪、罗家伦、袁世凯、段祺瑞、大总统徐世昌、教育总长傅增湘、交通总长曹汝霖、驻日公使章宗祥、军警、游行学生、工人代表、北京市民代表、日本人代表的演员陆续登场表演。

4. 表演开始，各小组根据自己的任务分工，各自开展工作。

【总结评议】采用学生自评、学生互评、专家评价、指导师评价、学校评价五部分进行综合评价。

【宣传报道】宣传报道组整理本次情景剧表演活动情况，并以各种方式进行宣传报道，展示本次的研学旅行成果。

（本案例根据旅游教育出版社王彬、李岑虎主编的《北京市红色研学旅行课程指南》文章整理改编）

六、调动学生的积极性和主动性

在整个研学旅行过程中，指导师要注重尊重、爱护学生，民主平等地对待学生，无论学生的答问或状态的表现多么令人不满意，也要耐心、宽容，也要适当地给予肯定和真诚的鼓励，以调动和保护其积极性。

在研学过程中，要随时关注研学内容、探讨的方式与深度、运用的方法等是否能激发学生的求知欲、主动性，使研学真正成为师生双向互动的活动，一旦发现问题就要立即改进，以推动研学活动生机勃勃地向前发展。指导教师要想方设法让全体同学都参与到既竞争又协作的研学探索中来，让学生真切感受到自己才是学习的积极参与者和主人，并为自己的积极参与及其多方面收获感到兴奋、幸福，富有成就感。

同时在整个研学旅行过程中，始终发挥班干部、共青团员、少先队员等先模人物的模范带头作用，依靠先模学生调动他们的积极性，带动全体学生全身心地投入到研学旅行中来。

七、运用恰当的方式方法

  无论考察探究式、实验操作式、职业体验式、设计制作式、劳动教育式，还是博物馆参观式、团队活动式，研学旅行课程都有研学前、研学中、研学后三个基本步骤，都有五个基本环节。无论教师用哪个模式开展教学活动都要结合五个基本环节来设计课程方案，多法并举，统筹使用，完成研学旅行全部目标，提高研学旅行课程教学效果。

八、及时纠正并解决学生的错误和困惑

  纠正并解决研学旅行过程中学生的错误和困惑是正确实施研学旅行课程的关键。在研学旅行过程中，指导师纠正并解决学生的错误和困惑，通过向学生提问，或让学生模拟讲解、操作、演练、示范、参观等方式，来暴露学生在理解和运用知识中存在的问题，并有意引发不同的看法和争论，然后加以解决。这样，不仅使全体学生的知识技能和思想方法普遍得到提升，而且使研学氛围紧张热烈，学生的探究热情高涨，活动结束后还会对研学旅行教学过程不断回味与留恋。

九、处理好跨学科之间的关系，带动教学方法的创新

  研学旅行是个跨学科、跨领域的校外实践活动，从研学旅行教具的准备，到内容的设立，均涉及物理、音乐、历史、数学等学科知识，指导师务必从多学科角度设计研学旅行课程方案。学生在这样富有创意的跨学科活动设计与实践，让学生们领略到"万花筒"似的认知体验，在不同学科之间进行探索、制作、体验。

  比如，编钟研学旅行课程，一般都用参观、观摩的方法开展，几分钟便完成。但是，实际上研学旅行的跨学科特性赋予了编钟研学旅行不同的课程和方法，不同的学科老师有不同的研学方法。语文教师从诗词歌赋、汉语言文学的角度开展编钟研学；历史教师从考古、文物和历史发展的角度开展编钟研学；数学教师从数学的角度开展编钟研学；政治教师从社会发展、政治关系的角度开展编钟研学；音乐教师从音乐的角度开展编钟研学；美术教师从美术的角度开展编钟研学；物理教师从声音的传播开展编钟研学；化学教师从编钟的材料

项目六 研学旅行课程设计

构成开展编钟研学。如何把这些学科融会贯通，巧妙地实施编钟研学旅行活动？下面的课程给我们做了很好的示范。

案例分享

"编钟"声音的传播研学实践课程方案（片段）

【研学对象】初三学生

【材料准备】乐器（如鼓、吉他或口琴）、橡皮筋、没有削过的铅笔或小木棍、坚固的容器（如鞋盒或纸巾盒）、杯子、瓶子、纸巾、吸管、金属衣架、任何可以发出有意思声响的东西、各种乐器的图片（选用）、弹簧玩具、装满水的碗、干净的空易拉罐、橡皮圈、透明胶带、绳索。

【课程内容及实施流程】

1. 制造噪声体验

请同学们拍拍手、跺跺脚、吹口哨、唱唱歌、大喊叫、鸡叫、狗叫、狼叫、敲打座椅、茶杯、哨子、口琴、拍打皮鞋，凡是能制造声音的都尽情地制造出来，越响亮越好。

这些声音，你听到了没有？怎么听到的？声音是怎么传播的？

2. 探究声音的传播

结合初中物理课程知识，探索波长与振幅，讨论编钟的声音是怎么传播的。将准备好的材料拿出，让学生们尽情地进行各种实验。在探索声音的过程中，学生们应该随时将自己的发现记录下来。使用头脑风暴法、探究法、实验法、合作法、讨论法。

3. 探索编钟背后的数学

数一数编钟多少套、多少个钟、多少个凸起疙瘩、每个体积多大，等等。了解音乐与数学之间的优雅联系。音乐的拍子和节奏其实与计算、序列和分数相关，而音调和音量则与更高级的数学相关——反比关系和三角函数。

4. 我是小小导游员

采用职业体验式、角色扮演法，让学生轮流担任导游员，讲解编钟的历史故事。

5. 制作乐器

在音乐教师的指导下制造乐器——竹笛子（有时候准备一套碗、碟子、筷子），然后用自制的竹笛子（碗、碟子、筷子）乐器演奏简单的旋律作为伴奏。学生感受到：生活处处有真善美，劳动能谱写出最美的旋律。

6.举行编钟之夜音乐会

晚上举行编钟之夜音乐会。学生主持、学生自演、学生自己当评委。录音、录像、剪辑、合成，全部由学生自己去做，把学生的才华全部淋漓尽致地展示出来。

（本案例由高霞编写）

十、处理好与研学团队人员的关系

研学旅行指导师要尊重学校代表、带队教师、导游、司机、项目专家、安全员等工作人员，积极向他们学习请教，遇事多与他们商量，支持他们的工作，建立良好的人际关系，积极争取他们的支持，同他们及时协调、密切配合，争取协作单位和其他工作人员的帮助，不要"打个人小算盘"，方能顺利完成本次研学旅行教育服务。

十一、提高研学旅行整体服务质量

研学旅行综合服务质量直接影响研学旅行活动质量，开展研学旅行活动要努力提高研学旅行综合服务质量。积极做好研学前事务准备，全程随时开展研学旅行评价激励活动，时时刻刻开展安全意识教育，做好安全事故的预防与处理，把安全和爱心放在心中。引导学生开展文明旅游、文明研学旅行活动、正确处理学生个别要求，正确处理研学旅行事故，掌握重大自然灾害救助办法，完善研学旅行后的教育服务。

十二、全程开展研学旅行评价活动

研学旅行评价主体、评价对象、评价内容多元化。广义上的研学旅行评价对象多种多样，既包括对研学旅行基地营地的评价、研学过程的评价、教师的评价、教学方法的评价、研学资源的评价，也包括对学生的研学态度、研学能力和方法、研学结果等方面进行综合性评价。因此要求研学旅行评价贯穿整个研学旅行过程。

项目六 研学旅行课程设计

> **任务思考**
> 研学旅行课程设计方案实施有哪些要求?

参考答案

项目实训与提升

案例阅读

某学校决定开展革命传统教育的研学旅行活动,将目的地设为我国首都北京。此次活动的主题课程名为"走近北京,回望革命征程,赓续红色血脉"。在研学旅行的第二天上午,学生们将前往具有深厚革命历史的北京大学红楼进行学习,请设计一节以北大红楼为研学地点的专题课程。

走近北京,回望革命征程,赓续红色血脉

【专题课时】3 小时

【研学地点】北京大学红楼

北京大学红楼,这座位于北京市东城区五四大街 29 号的建筑,不仅是北京大学的历史源头,更是中国近代史上不可或缺的一部分。它始建于 1916 年,落成于 1918 年,是北京大学第一院的旧址。这座建筑以其独特的红色砖墙和红瓦屋顶而闻名,因此被人们亲切地称为"红楼"。

红楼占地面积达 1 万平方米,采用砖木结构,平面呈工字形。内部陈设有校长室、校长办公室、第二阅览室等,充满了历史的痕迹。这里的每一砖每一瓦,都见证了中国历史上的一段重要时期,它不仅是中国新文化运动和五四运动的发源地,更是中国共产党早期活动的重要基地。

作为新文化运动的摇篮,红楼孕育了一大批思想家、文学家和革命家。陈独秀、李大钊、毛泽东等人都曾在这里工作或学习,他们在这里传播马克思主义和民主科学进步思想,为中国共产党的成立奠定了基础。

红楼的历史价值不仅在于它的建筑风格和内部陈设,更在于它所承载的历史意义。它是中国近代史上革命思想的发源地,是马克思主义在中国传播的起点,也是中国共产党成立的见证者。正因为如此,1961年3月4日,红楼被中华人民共和国国务院公布为第一批全国重点文物保护单位。

在今天,红楼已成为一座革命传统教育的重要场所,每年吸引着大量的游客和学生前来参观学习。2021年6月29日,"光辉伟业 红色序章——北大红楼与中国共产党早期北京革命活动主题展"正式开放,让更多的人有机会深入了解这段光辉的历史。

此外,为了纪念毛泽东同志诞辰130周年,北京出版集团精心策划了《毛泽东的党史观》一书,并于近日由北京人民出版社正式出版发行。该书作者为北京师范大学中共党史党建研究院院长、教授王炳林,该书选择毛泽东关于中国共产党历史的若干有代表性的论述进行了深入研究。

可以说,北京大学红楼是一部活的革命历史教科书,它向人们讲述着那个风起云涌的年代,如何从这里走出了一批又一批的革命先驱者,如何在这片红色的土地上孕育出了伟大的中国革命。在未来的日子里,让我们共同守护和传承这份宝贵的历史遗产,让它继续见证中华民族的伟大复兴。

案例剖析

请罗列出本专题课程设计方案所应包含的要素。

参考答案

项目七

实施研学旅行教学

全国中小学生研学实践教育基地——瑞金中央革命根据地纪念馆

项目导读

实施研学旅行教学，不仅可以让学生们开阔视野，增长知识，还能够促进他们的身心健康发展。这是一种创新的教育方式，将课本之外的实践知识带进学生的学习生活中。实施研学旅行教学是一种有益的创新教学方式，它能够让学生更加深入地理解和掌握所学知识，培养他们的实践能力和创新思维，提升他们的社会责任感和生活质量。

学习目标

通过学习本项目内容，了解研学旅行教育的基本概念和内涵，学会撰写研学旅行教学目标，能够基于学情选择合适的研学资源，设计合理的研学活动以及开展科学的研学旅行教学评价。

思维导图

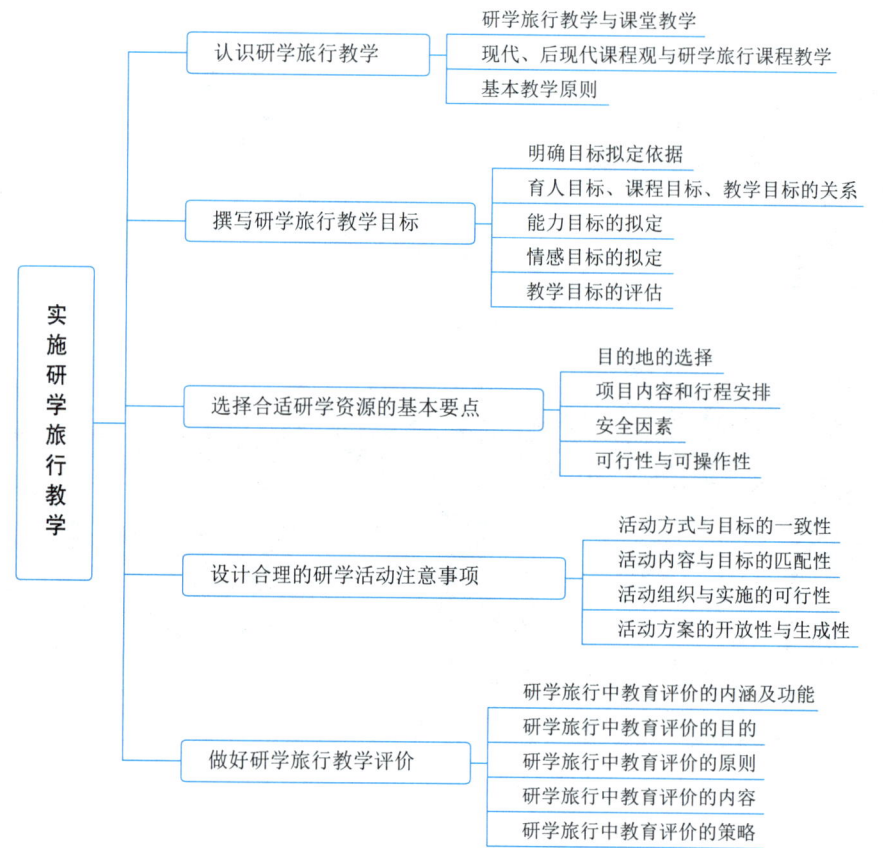

项目七 实施研学旅行教学

情境

教学理论与教学设计、组织与实施

孔子携弟子周游列国，宣传礼乐，考察风情，凝练儒家思想；唐代高僧玄奘西行印度，克服千难万险取回佛经；徐霞客胸怀"大丈夫当朝游碧海而暮苍梧"的远大理想，用脚丈量中华大地，铸就"千古奇书"——《徐霞客游记》。

英国哲学家约翰·洛克在《教育漫话》中写道："教育的最后一部分通常是旅行；一般认为，旅行之后便大功告成，造就一个绅士的工作终告结束。"研学实践教育活动是变革教育方式、实现立德树人的全新载体。

案例

"走进乡土，感受自然"

某初中学校组织学生开展以"走进乡土，感受自然"为主题的研学旅行活动。该活动旨在让学生通过实地考察和体验，了解乡土文化、历史和自然风光，培养学生的团队协作能力和实践创新能力。

一、活动准备

1. 学校与当地政府和景区合作，选择了具有代表性的乡土景区，并安排了专业导游和教师带队。

2. 学校提前为学生准备了相关的学习资料和工具，包括乡土景区介绍、研究课题、调查问卷等。

二、活动过程

1. 第一天：集合出发，前往乡土景区。由专业导游和教师为学生介绍景区的自然风光、历史文化和乡土特色，引导学生观察和感受景区的美丽和独特之处。

2. 第二天：分组进行实地考察。学生按照预先分好的小组进行实地考察，并完成相关的研究课题和调查问卷。在考察过程中，教师会针对学生的疑问和困难给予指导和帮助。

3. 第三天：学生展示研究成果。学生将在课堂上展示他们的研究成果，包括图片、视频、调查报告等。这些成果不仅展示了学生对乡土文化的热爱和了解，也反映了他们在实践过程中的团队协作和创新精神。

三、活动效果

通过这次研学旅行活动，学生不仅了解了乡土文化和自然风光，也锻炼了他们的团队协作和实践创新能力。在活动中，学生学会了如何与他人合作、如何解决问题、如何表达自己的想法和观点，这些都是非常重要的能力。此外，学生也更加深入地了解了乡土文化，加深了对家乡的热爱之情。

这个案例告诉我们，研学旅行活动可以让学生更加深入地了解自然和文化，增强他们的社会责任感和实践能力。在活动中，学生不仅可以学习到书本知识，还可以拓展自己的视野和知识面，增强团队合作和交流能力。因此，研学旅行是一种非常有益的教育形式。

任务一 认识研学旅行教学

任务导入

研学旅行教学是一种以户外活动为载体，以探究学习为核心，以培养学生综合素质为目标的新型教育方式。它通过引导学生主动参与实践活动，亲身感受自然、人文环境，培养其独立思考、团队协作、社会实践等多方面的能力。

思考：研学旅行教学与课堂教学的特点？

微课视频

任务实施

研学旅行教学是一种有益于学生全面发展的新型教育方式。通过实践活动，学生可以锻炼多方面的能力，培养创新精神和社会责任感，拓宽视野。为了确保研学旅行教学的有效性，我们需要制定明确的教学目标，选择合适的实践场地，采用多元化的教学方式，引导学生深度参与并进行科学的评价与反馈。

项目七 实施研学旅行教学

一、研学旅行教学与课堂教学

（一）研学旅行教学

在这个日新月异、科技高速发展的时代，教育已经不再局限于传统的教室之内。研学旅行教学的出现，打破了传统教育的束缚，将课堂延伸到更广阔的天地。本部分将深入探讨研学旅行教学的内涵，揭示其对学生全面发展的深远影响。

1. 研学旅行教学的特点

（1）实践性

研学旅行教学以实践活动为基础，学生通过亲身参与，感受知识的力量和自然的奥妙。

（2）探究性

学生在实践中发现问题、分析问题、解决问题，培养独立思考和解决问题的能力。

（3）开放性

研学旅行教学不局限于特定的教材或场所，而是将教育资源整合到一起，为学生打开一扇通向世界的窗户。

（4）综合性

研学旅行教学注重学生知识、技能、情感态度的全面发展，培养学生的综合素质。

2. 研学旅行教学的价值

（1）提升学生综合素质

通过亲身参与实践活动，学生可以锻炼团队协作、沟通交流、独立思考等能力。

（2）培养创新精神

在实践中发现问题、分析问题、解决问题，有助于培养学生的创新意识和能力。

（3）增进社会责任感

通过实践活动，学生可以更加了解社会、关注社会，从而培养社会责任感。

（4）拓展视野

研学旅行教学将学生带到更广阔的天地，帮助他们拓宽视野，增强对世界的认知和理解。

如何有效实施研学旅行教学？

首先，在设计研学旅行活动时，教师应明确教学目标，确保学生在实践中能够有所收获；同时要注意选择合适的实践场地，选择具有教育价值的实践场地，如自然保护区、科技馆、博物馆等，让学生亲身感受知识的力量和自然的奥妙。其次，要采用多元化的教学方式，如小组讨论、角色扮演、互动游戏等，激发学生的学习兴趣和积极性；教师应鼓励学生积极参与实践活动，提问、思考、发现、解决问题，让学生在实践中不断提升自我；活动结束前要进行科学的评价与反馈，对学生的学习成果进行科学的评价和反馈，让学生了解自己的不足之处和需要改进的地方，为学生提供持续改进的动力。

（二）课堂教学

在教育领域，课堂教学的地位一直举足轻重，这是我们培养未来一代的主要手段，是我们传承知识、技能和价值观的关键途径。然而，随着社会的快速发展，我们有必要重新审视和深入理解课堂教学的内涵，以便更好地满足新时代的需求。

首先，我们要明确，课堂教学不仅是传递知识，更是培养学生综合素质和关键技能的重要场所。传统的教学模式往往把重点放在知识的灌输上，但这种单一的教学方法已无法适应现代社会的多元需求。我们需要在课堂教学中融入更多的实践性和创新性元素，例如项目合作、问题解决、批判性思维等，以帮助学生培养出更强的自主学习和创新能力。

其次，课堂教学的内涵也在于其深远的影响力。教师不仅是知识的传播者，更是学生的榜样和灵魂人物。教师的言传身教，能够塑造学生的价值观、人生态度和生活习惯。因此，教师需要有较高的专业素养和人格魅力，对每一个学生有深入的了解和关爱，才能更好地发挥言传身教的作用，使课堂教学成为学生生活中的一部分。

再次，课堂教学的内涵应该包含对每个学生个性的尊重和发掘。每个学生都是独一无二的个体，拥有自己的兴趣、特长和潜力。教师应该善于发现每个学生的特点，引导他们主动学习，激发他们的潜能，帮助他们找到自己的兴趣和方向。这样的课堂教学，才能真正做到因材施教，让每个学生的才能得到最大程度的发挥。

最后，我们还要认识到，课堂教学的内涵不仅仅局限于教室之内。随着科技的发展，我们完全有可能通过在线学习、翻转课堂等方式，突破传统课堂的限制，将课堂教学延伸到课外乃至学生的日常生活中。这样不仅可以提高教学

项目七　实施研学旅行教学

效率，还能为学生提供更多元、个性化的学习资源和学习方式。

可以看出，课堂教学的内涵远比我们想象的要丰富和多元。它不仅是传授知识、技能的地方，更是培养学生综合素质、塑造他们人生观、价值观的重要途径。为了更好地发挥出课堂教学的潜力，需要改变传统的教育观念，以创新的视角和方法来重新审视和设计课堂教学。这样，才能真正让每一堂课都变得有意义、有深度、有影响力，让每个学生都能在课堂教学中找到自我成长的可能性和乐趣。

（三）研学旅行教学与课堂教学的区别和联系

在教育的世界里，我们常常在探讨各种教学方法的优劣。其中，研学旅行教学和课堂教学是两种最基本也是最重要的教学方式。这两种教学方式有各自的特点，也有各自的侧重点。它们之间的区别和联系，是每一个教育工作者都应该深入理解和思考的。

首先，研学旅行教学和课堂教学的区别有以下几点。

1. 环境的不同

课堂教学是在教室中进行的，学生面对的是黑板、教材和教师。这种环境是相对封闭的，主要依赖教师讲授和学生听讲。而研学旅行教学则是把课堂搬到了实际生活中，把抽象的理论知识转化为具体的实践操作，让学生在实际环境中学习和感悟。

2. 教学方式的不同

课堂教学以教师为主导，注重知识的传授和讲解。而研学旅行教学则更注重学生的主动参与和探究，教师只扮演引导的角色。在研学旅行中，学生要自己发现问题、解决问题，通过实践来学习和掌握知识。

3. 教学内容的不同

课堂教学内容主要是理论知识，以学科为中心。而研学旅行教学内容则更加综合，注重跨学科的知识和技能，更注重培养学生的实践能力和创新精神。

然而，尽管研学旅行教学和课堂教学有明显的区别，但它们并不是互相排斥的。相反，它们是相辅相成的。

无论是研学旅行教学还是课堂教学，它们都是为了让学生更好地理解和掌握知识，培养他们的思维能力、创新精神和实践能力。研学旅行教学可以作为课堂教学的延伸和补充。在研学旅行中，学生可以把在课堂教学中学习的理论知识应用到实践中，加深对理论知识的理解和记忆。同时，研学旅行教学中学生的积极参与和探究，也可以促进课堂教学方式的改革和创新。研学旅行教学和课堂教学都需要各种教育资源，如教室、教材、设备等。如果能够实现资源共享，就可以提高教育资源的利用效率，也可以促进教育公平。

研学旅行教学和课堂教学虽然有各自的特点和侧重点，但它们并不是孤立存在的，而是相互联系、相互促进的。在教育实践中，我们应该根据实际情况和需要，灵活运用这两种教学方式，以最大限度地发挥它们的作用和优势。同时，我们还应该不断探索和创新，寻找更多更好的教学方式和教育方法，以推动教育的不断发展和进步。

二、现代、后现代课程观与研学旅行课程教学

随着现代教育的发展，人们越来越重视课程观的探索与实践。现代、后现代课程观的出现，为教育提供了更为广阔的视野，也使研学旅行课程教学的实施成为可能。本部分将重点介绍现代、后现代课程观的核心思想与研学旅行课程教学的优势，为广大教育工作者提供有益的参考。

（一）现代课程观与研学旅行

现代课程观以"知识本位"为核心，注重学科知识的系统性和完整性，强调学生的知识掌握和技能提升。在这种观念的指导下，研学旅行课程教学也注重知识传递与技能训练，但在实际操作中，却常常陷入"填鸭式"教学的误区。因此，现代课程观背景下的研学旅行课程教学需要从以下方面进行改进。

1. 突出学生的主体地位

研学旅行课程教学应该充分发挥学生的主体作用，让学生在实践中亲身体验知识的产生和应用，而不是被动地接受知识和技能。

2. 注重学生的情感发展

除了知识掌握和技能提升，研学旅行课程教学还应该关注学生的情感发展，培养学生的团队协作精神、探索精神和创新意识。

3. 强调课程的综合性

现代课程观强调学科之间的交叉融合，研学旅行课程教学也应该注重综合性，引导学生将所学知识应用到实践中，提高学生的综合应用能力。

（二）后现代课程观与研学旅行

后现代课程观强调课程的开放性、多元性和生成性，认为课程应该是一种相互作用、相互联系的学习经验。在这种观念的指导下，研学旅行课程教学也需要进行相应的改革。

1. 打破传统的学科界限

后现代课程观认为课程不应该被学科所限制，应该注重跨学科学习。因此，研学旅行课程教学应该打破传统的学科界限，通过综合性实践项目，引导学生从多学科角度分析问题、解决问题。

2. 倡导合作学习

后现代课程观注重合作学习和交流，认为这是培养学生批判性思维和创新能力的重要途径。因此，研学旅行课程教学应该倡导合作学习，通过小组讨论、分工合作等方式，引导学生相互学习、相互促进。

3. 注重课程的生成性

后现代课程观认为课程不应该是一种预设的目标，而是一种不断生成、不断变化的学习经验。因此，研学旅行课程教学应该注重课程的生成性，根据学生的实际情况和需求，灵活调整教学内容和方法。

（三）研学旅行教学的优势

与传统课堂教学相比，研学旅行具有以下优势。

1. 提高学生的综合素质

研学旅行打破了传统课堂的教学模式，通过综合性实践项目和活动设计，培养学生的创新精神、实践能力和团队协作精神等综合素质。

2. 促进跨学科学习

研学旅行打破了学科之间的界限，通过多样化的实践项目和活动设计，引导学生跨学科学习，提高学生的综合应用能力和跨学科思维能力。

3. 增强学生的社会责任感

研学旅行通常涉及社会热点问题和环保等议题，通过实践活动和团队项目，培养学生的社会责任感和环保意识，提高学生的综合素质和社会责任感。

现代、后现代课程观为研学旅行提供了更为广阔的视野和思路，也为教育工作者提供了有益的参考。在实践中，我们应该根据实际情况和需求，灵活调整教学内容和方法，使研学旅行成为提高学生综合素质和社会责任感的有效途径。

三、基本教学原则

研学旅行作为一种独特的教育方式，将学术知识与实践活动相结合，为学生的全面发展提供了广阔的天地。这种教学法的核心理念是让学生在旅行中感受学习，体验生活，培养独立思考与解决问题的能力，以更好地塑造未来的领导者。研学旅行的首要原则是以学习者为中心。无论是在课程设计上还是活动安排上，应充分考虑学生的年龄、兴趣、特长和需求。通过制订个性化的研学计划，让学生自主参与，积极探索，从而提高其主动学习和解决问题的能力。

知识与技能并重。研学旅行在传授知识的同时，注重培养学生的实际技能。通过深入企业、博物馆、自然保护区等实地考察，学生可以将课本中的理论知识与实际操作相结合，加深对知识的理解和掌握。这种知识与技能并重的教学方式有助于培养学生的实践能力和创新思维。

倡导团队协作。研学旅行强调学生之间的团队协作，让学生在共同完成任务的过程中互相学习、互相帮助。通过小组讨论、分工合作等方式，培养学生的沟通协作能力，让他们深刻体会到团队合作的重要性。同时，这也有助于培养学生的领导力，让他们学会如何在团队中发挥自己的优势。

培养批判性思维。研学旅行鼓励学生提出疑问，培养他们的批判性思维。在参观、学习和交流过程中，学生可以针对所遇到的问题进行深入思考，发表自己的观点和见解。这种教学方式有助于培养学生的独立思考能力，让他们学会用批判性思维去分析问题、解决问题。

注重综合素质培养。研学旅行不仅关注学生的学术表现，还注重培养学生的综合素质。在旅行过程中，学生可以接触到不同地域的文化、风俗和习惯，开阔视野，提高社会责任感。同时，通过实践活动，培养学生的毅力、耐力和团队合作精神，为他们未来的成长奠定坚实基础。

倡导自主学习。自主学习是研学旅行的核心原则之一。在教学过程中，教师应有意识地引导学生学会自主学习，鼓励他们积极探索、发现问题并寻找答案。通过自主学习，可以培养学生独立思考的能力，提高学习效率，并为未来的终身学习奠定基础。

强调过程评价与反思。在教学过程中，教师应及时给予学生反馈，指导他们进行反思和总结。通过对学生学习过程的分析和评价，教师可以了解学生的学习情况，及时调整教学策略，以达到更好的教学效果。同时，学生也可以从反思中认识到自己的不足之处，从而不断提高自身的学习能力。

研学旅行基本教学原则的核心是以学习者为中心，注重知识与技能并重、团队协作、批判性思维和综合素质培养。通过自主学习和过程评价与反思等原则的实践应用，可以有效地提高教学效果和教育质量。通过研学旅行这一独特的教育方式，培养出更多具有领导力、创新精神和责任感的优秀人才，为未来社会的发展做出积极贡献。

项目七　实施研学旅行教学

任务思考

通过任务一的学习，相信你一定对研学旅行教学的基本概念和内涵有了一定的认识和了解，请根据所学绘制以"研学旅行教学内涵"为主题的思维导图，并与教师、同学进行交流。

参考答案

任务二　撰写研学旅行教学目标

 **任务导入**

在这个日新月异、竞争激烈的时代，家长和教育者们越来越认识到，孩子们的成长教育不能局限于课堂。研学旅行作为一种创新的教育方式，已经逐渐被广大教育者和家长所接受，其目标是让学生在旅行中通过实践、观察、探索和思考，获得更深刻、更实质性的知识和体验。

微课视频

思考：如何撰写研学旅行实施目标？

 **任务实施**

研学旅行的目标是培养全面的人才。教育者们应当根据教育改革趋势、心理学理论和多元智能理论等基础，结合实际情况和学生特点，制定出切实可行的研学旅行目标，以更好地满足学生的发展需求和未来社会的需要。

一、明确目标拟定依据

（一）研学旅行的目标

研学旅行的目标应当清晰明确，既要兼顾学生的兴趣和特长，又要符合教育改革的趋势。具体而言，研学旅行的目标应当包括以下几个方面。

1. 培养学生的综合素质

传统的课堂教学往往偏重知识的传授，而忽略了学生其他方面的发展。研学旅行通过丰富多彩的活动，可以培养学生的综合素质，包括团队合作、领导力、沟通力、创新思维等，以及锻炼学生的体能和勇气。

2. 提高学生的自主学习能力

研学旅行给了学生一个自主学习的机会，让他们在远离熟悉的校园环境后，能够主动寻找信息、解决问题，这将有助于培养学生的自主学习能力。

3. 拓宽学生的视野

走出校园，走进社会和大自然，学生可以接触到更多元的资讯和观点，从而拓宽视野，增长见识。

（二）研学旅行目标的拟定依据

研学旅行目标的拟定需要依据一定的理论和实践基础，以下是几个主要方面。

1. 教育改革理论

当前，世界各地的教育改革都在进行，其中重要的一个方面就是从以教师为中心转向以学生为中心。研学旅行作为一种以学生为中心的教育方式，可以更好地激发学生的学习兴趣和主动性，培养他们的创新思维和实践能力。

2. 心理学理论

心理学的研究表明，人的学习过程往往需要经历从感性认识到理性认识的过程。研学旅行正是通过让学生在实践中亲身体验，从而加深对知识的理解和记忆。同时，心理学也强调情感因素在学习过程中的重要性，研学旅行可以通过营造愉快的氛围，增进学生与教师、学生与学生之间的互动和友谊，提高学生的学习效果。

3. 多元智能理论

加德纳的多元智能理论认为，人的智能可以分为多种不同的类型，包括语言智能、数学逻辑智能、空间智能、身体运动智能、音乐智能等。这一理论提示我们，每个学生都有自己的特长和兴趣点，需要有针对性地进行培养。

研学旅行的目标应当充分考虑每个学生的个体差异和发展需要，进行个性化定制。综上所述，研学旅行的目标是培养全面的人才。教育者们应当根据教育改革趋势、心理学理论和多元智能理论等基础，结合实际情况和学生特点，制定出切实可行的研学旅行目标，以更好地满足学生的发展需求和未来社会的需要。

二、育人目标、课程目标、教学目标的关系

在教育领域，育人目标、课程目标以及教学目标是三个关键要素，它们之间的关系密切且相互影响。只有理解并妥善运用这三者之间的关系，我们才能有效地推动教育的发展，确保学生的学习成果。

育人目标是教育的基本宗旨，它定义了我们要培养的"人"的类型。育人

目标不仅包括个人知识和技能的培养，更重要的是价值观、情感态度和社交能力的塑造。这一目标应该始终处于教育的核心位置，为课程设计和教学目标确定提供明确的方向。

课程目标是实现育人目标的桥梁。课程设计应紧紧围绕育人目标，通过系统、有计划的教学活动，使学生的知识、技能和态度得到提升。课程目标不仅关注学生的学术表现，也重视他们在现实生活中的运用能力。为了达到这些目标，课程设计应注重理论与实践的结合，以帮助学生将所学知识应用到实际生活中。

教学目标则是教学活动的具体化。在每个教学环节中，教学目标都应清晰明确，且可以通过教学评价进行衡量。教学目标的达成情况可以反映学生对所学内容的掌握程度，以及他们能否将所学知识应用于实际问题解决中。同时，教学目标也是衡量教学质量的重要标准，可以帮助教师不断完善教学方法，提高教学质量。

要实现良好的教育体系，我们需要正确理解育人目标、课程目标与教学目标之间的关系。在这个过程中，育人目标提供教育的前瞻性视角，为课程目标和教学目标的确立提供了重要的指导。而课程目标和教学目标则提供了更具操作性的教学和学习路径，使得育人目标能够真正落地，并在日常教学活动中得到体现。

育人目标、课程目标与教学目标之间的关系是教育体系中的核心关系。正确理解和运用它们，对于构建成功的教育体系起着至关重要的作用。在未来教育发展中，我们应该更加重视这种关系的运用，使其在教育实践中发挥更大的作用，为学生提供更好的教育环境和学习机会。

育人目标

研学旅行作为一种新型的教育方式，逐渐受到广泛关注。它通过将理论与实践相结合，让学生在旅行中深入了解知识，拓宽视野，培养团队精神和领导能力以实现培养未来领袖的摇篮。

1. 明确育人目标

培养全球视野与领导能力。研学旅行能够让学生接触到不同的文化背景和社会现象，通过观察和体验，培养学生的全球视野。此外，在旅行过程中，学生需要自主解决问题，与他人沟通合作，从而锻炼领导能力和团队合作精神。为了实现这一目标，研学旅行应选择具有国际视野和多元化元素的行程，鼓励学生积极参与社会实践和团队活动。

提高自主探究与批判性思维。研学旅行不仅是一种学习方式，更是一种探究过程。在研学旅行中，学生需要独立思考、自主解决问题，并从多元化的观点中发现问题、分析问题和解决问题。为了实现这一目标，教师需引导学生在实践中发现问题，鼓励他们提出自己的见解和疑问，培养批判性思维和自主探究能力。

激发创新思维与实践能力。在研学旅行中，学生们将面临各种挑战和问题，需要发挥创新思维与实践能力来解决。为了激发学生的创新思维和实践能力，教师需鼓励他们在实践中不断尝试新方法，发挥想象力和创造力。同时，教师还应该引导学生关注社会热点问题，培养他们结合所学知识解决实际问题的能力。

培养社会责任感与爱国情怀。研学旅行不仅需要培养学生的综合素质，还需要注重学生的思想道德教育。通过参观历史文化遗址和了解中国传统文化，培养学生的爱国情怀和社会责任感。为了实现这一目标，教师需引导学生关注社会现象和文化背景，鼓励他们积极参与社会公益活动和志愿者工作，树立正确的人生观和价值观。

2. 实施策略与建议

制定科学的行程安排。研学旅行的行程应该科学合理，充分考虑到学生的年龄、兴趣、知识背景等因素。在制定行程时，应该注重实践与理论相结合，将学术研究与旅游观光有机结合，让学生在轻松愉快的氛围中学习知识、拓宽视野。

加强教师培训与引导。研学旅行的教师需要具备较高的学术素养和教育能力。教师应该能够引导学生发现问题、解决问题，培养他们的创新思维和实践能力。因此，需要对教师进行专业培训和选拔，提高教师的教育教学水平。

建立评价体系与标准。为了确保研学旅行的教学质量和学生学习的效果，需要建立科学的评价体系与标准。评价体系应该包括学生的参与度、学习成果、团队合作、领导能力等多个方面，同时还需要对教师的教学效果进行评价。通过评价结果及时调整行程安排和教学策略，不断完善和提升研学旅行的教育教学水平。

三、能力目标的拟定

随着教育的不断发展，研学旅行作为一种创新的教育方式，越来越受到广泛的关注和认可。然而，对于许多教育工作者来说，如何设定明确、具体、可衡量的研学旅行教学能力目标仍然是一个挑战。研学旅行教学能力目标的正确设定，能够为学生的全面发展奠定基础。

1. 研学旅行教学能力目标的设定要明确具体

在设定研学旅行教学能力目标时，首先要明确目标的具体内容。这意味着目标不能过于笼统或模糊，而应明确指出希望学生在研学旅行中获得哪些技能、知识和态度。例如，在"探索自然"研学旅行中，目标可以包括"认识和了解当地生态系统和自然资源的保护方法"。

2. 研学旅行教学能力目标的设定要体现学生的主体性

研学旅行的核心理念是以学生为中心，因此在设定教学能力目标时，必须考虑学生的需求、兴趣和能力。只有让学生参与到目标设定中来，才能确保目标与他们的实际需求相契合。例如，在"历史文化"研学旅行中，学生可以自由选择他们感兴趣的历史事件或文化传统进行深入研究，从而培养他们独立思考和解决问题的能力。

3. 研学旅行教学能力目标的设定要可衡量

教学能力目标的设定必须具有可衡量性，以便评估学生在研学旅行中的学习成果。可以通过设置一些具体的评估指标来衡量学生的技能、知识和态度是否得到了提高。例如，在"科技创新"研学旅行中，可以通过学生提交的科技项目设计方案或他们在科技创新比赛中获得的成绩来评估目标的实现程度。

4. 研学旅行教学能力目标的设定要贯穿整体课程设计

研学旅行的目标设定应与整体课程设计紧密结合。这意味着目标不仅应体现在研学旅行的主题和活动选择上，还应体现在整个课程的教学计划和实施过程中。例如，在"艺术体验"研学旅行中，目标可以包括"提高学生的艺术鉴赏能力和创作能力"，这一目标应贯穿于整个研学旅行的课程设计中，包括艺术讲座、参观艺术馆、参与艺术创作等活动。

5. 研学旅行教学能力目标的设定要注重多元化评价

多元化的评价方式对于衡量研学旅行的教学能力目标至关重要。除了传统的考试和作业，还应考虑其他评价方式，如学生的参与度、团队合作能力、项目执行能力等。例如，在"世界文化探索"研学旅行中，可以通过学生提交的文化研究报告、与当地居民的互动程度及在团队中的贡献等方面来评价目标的实现程度。

6. 研学旅行教学能力目标的设定要与时俱进

教育是不断发展的，因此研学旅行的目标设定也应与时俱进，紧跟教育发展趋势和人才培养需求。随着科技的发展和社会的进步，越来越多的新领域和新话题值得我们关注和学习。例如，在"环保科技"研学旅行中，可以引入最新的环保技术和环保理念，让学生在实践中学习和掌握这些知识。

因此，研学旅行教学能力目标的设定是整个研学旅行过程中的关键环节。

只有明确了具体、可衡量的教学目标，才能有效地指导教学实践并促进学生的全面发展。在设定目标时，要注意体现学生的主体性、贯穿整体课程设计、多元化的评价方式以及不断更新和发展目标内容，从而确保研学旅行教学能力目标的实现程度不断提高。

四、情感目标的拟定

在当今时代，教育已经超越了教室和书本的限制。尤其是研学旅行，这种通过实践学习，融入自然和社会的方式，赋予了学生全方位的学习体验。然而，很多研学旅行课程设计和实施者会忽视情感目标的创设。

1. 建立情感联系

必须要承认的是，教育的真正价值不仅在于传授知识，更在于培养学生的情感和社交能力。在研学旅行中，学生将有更多的机会与同龄人和导师进行互动和交流。这种互动将有助于他们建立情感联系，提高社交技巧。当学生在新的环境中探索和学习时，他们将有机会体验到与他人分享、合作和解决问题的乐趣。这些积极的情感体验将有助于他们在未来的人生道路上更好地应对挑战。

2. 培养领导力

通过设定研学旅行教学情感目标，可以着重培养学生的领导力。在这个过程中，可以通过各种方式来实现这一目标。例如，可以通过分组讨论、团队项目和角色扮演来帮助学生认识到自己的领导潜力。同时，也可以鼓励他们积极参与团队决策，勇于表达自己的观点和想法。通过这种方式，可以帮助学生建立自信心，培养他们的领导技能。

3. 激发创新思维

研学旅行的情感目标还可以着重于激发学生的创新思维。在一个充满活力和启发性的环境中，学生可以更自由地探索自己的兴趣和想法。通过引入实际问题，可以帮助学生学会观察、分析和解决问题。此外，还可以鼓励他们运用所学知识来解决现实生活中的问题，培养他们的创新思维和实践能力。

4. 培养责任感

研学旅行教学情感目标还应该注重培养学生的责任感。在实践中，学生将有机会了解社会的复杂性和多样性，意识到自己在社会中的角色和责任。他们将学会尊重他人，接受差异，建立和谐的人际关系。同时，他们还可以通过参与公益活动和义务劳动，意识到自己对社区和环境的责任。这种责任感的培养不仅有助于学生在未来的人生道路上取得成功，还可以为构建一个更加和谐、包容的社会作出贡献。

5. 树立正确的价值观

正确的价值观可以为学生提供积极的人生导向，帮助他们正确地理解世界和自己。在研学旅行中，可以借助各种资源和手段来培养学生的价值观，如诚信、公正、勇敢等。可以通过引导学生参与实践活动、分享心得体会等方式，促使他们将正确的价值观内化为自己的行为准则。

研学旅行教学情感目标的设定对于学生的成长和发展具有深远的影响。通过培养情感联系、领导力、创新思维、责任感和正确的价值观，可以为学生打造一个全方位的学习环境，帮助他们成为未来的领导者。

五、教学目标的评估

（一）明确教学目标

评估研学旅行的教学目标，首先需要明确教学目标。研学旅行的目标不仅仅是提高学生的学习成绩，更重要的是培养学生的综合素质和社会实践能力。因此，评估过程中应关注学生的全面发展，以及他们在道德、情感、社会交往等方面的收获。

（二）制订评估计划

为了确保评估的有效性，需要制订详细的评估计划。评估计划应包括以下几个方面。

1. 评估内容

明确需要评估的具体项目，如团队合作、问题解决、创新思维等。

2. 评估标准

为每个评估项目制订具体的评估标准，以便衡量学生的表现。

3. 评估方法

采用多种评估方法，如自我评价、小组评价、教师评价等，以全面了解学生的学习情况。

4. 评估时间

合理安排评估时间，确保学生在研学旅行中有足够的时间和机会展现自己的能力。

（三）实施过程性评估

在研学旅行过程中，对学生的表现进行及时评估，以便及时发现问题并进行调整。过程性评估主要包括以下几个方面。

1. 观察学生的表现

教师应注意观察学生在活动中的表现，以及他们如何与他人合作、解决问题等。

2. 与学生交流

教师可通过与学生进行交流，了解他们的想法、感受和收获，从而评估他们在情感、社会交往等方面的进步。

3. 记录学生的表现

教师可以将学生的表现记录下来，以便在后续的评估中进行参考。

（四）重视成果性评估

研学旅行结束后，对学生进行了哪些改变，程度如何？对于这些问题，我们需要通过成果性评估来回答。成果性评估主要包括以下几个方面。

1. 学生的作品展示

可以组织学生展示他们在研学旅行中的作品，如摄影、手工艺品、调查报告等。通过这些作品，我们可以了解学生的创新能力、实践能力和团队协作能力。

2. 学生的口头或书面汇报

学生可以口头或书面汇报他们在研学旅行中的体验和收获，这可以帮助我们了解学生在情感、社会交往等方面的进步。

3. 学生的反思日记

学生可以写反思日记，记录他们在研学旅行中的感受和收获，这可以帮助我们了解学生对自己和他人的评价以及他们的思考能力。

4. 成果的定量分析

针对某些特定的研学项目，可以进行定量分析，比如调查问卷的统计和分析等。这种方法可以更直观地展示学生在某些方面的进步。

（五）总结性评估与反馈

完成成果性评估后，我们需要对学生的整体表现进行总结性评估，并将评估结果及时反馈给学生和家长。总结性评估应基于学生在整个研学旅行过程中的表现，包括他们的团队合作能力、创新思维能力和社会实践能力等方面。反馈应针对每个学生的优点和不足之处给出具体建议，以便学生和家长更好地了解如何在后续的研学旅行中改进。

要有效评估研学旅行的教学目标，我们需要制订明确的评估计划，实施过程性评估和成果性评估，并给予学生和家长有益的反馈。通过科学的评估策略，我们可以更好地了解学生的学习情况和进步程度，从而为他们提供更好的教育和培训服务，帮助他们实现全面发展的目标。

任务思考

革命历史教育的教学目标

一、研学课程主题：革命历史教育

二、研学课程教学目标

1. 知识学习与探索：通过参观革命历史遗址和纪念馆，学生可以更加深入地了解中国革命历史的发展历程和革命精神的内涵，增强对国家历史和文化的认识。

2. 提升学生的自理能力和创新精神：通过实践活动，学生可以学习如何自主探究和学习新知识，并通过对革命历史的研究，培养学生的创新精神和创造力。

3. 培养学生的团队协作意识和责任感：通过小组活动，学生可以学习到如何与他人合作，如何承担责任，提升团队协作意识和责任感。

4. 提升学生的审美能力和艺术素养：通过参观革命历史遗址和纪念馆，学生可以感受到革命先烈们的英雄气概和牺牲精神，从而更加深刻地认识到中华文化的博大精深。

5. 培养学生的爱国情感和民族自豪感：通过学习中国革命历史，学生可以更加深刻地认识到中国革命的伟大意义，从而增强爱国情感和民族自豪感。

通过任务二的学习收获以及以上材料，请撰写生态文明教育主题研学课程的教学目标。

参考答案

项目七 实施研学旅行教学

任务三　选择合适研学资源的基本要点

 **任务导入**

研学旅行作为一种独特的教育方式，越来越受到广泛关注。如何选择研学旅行教学目的地是研学旅行教学目标实现的关键因素。

思考：如何选择合适的研学资源？

微课视频

 **任务实施**

优质的研学资源对于研学目标的实现和促进学生成长具有十分重要的现实意义。如何做好研学目的地的选择，确定研学项目内容和行程安排，建立科学的安全应急方案，实现研学旅行活动的可行性和可操作性显得尤为重要。

一、目的地的选择

（一）选择具有教育价值的研学旅行教学目的地

首先，研学旅行教学目的地的选择必须具有教育价值。这意味着目的地不仅应具有美丽的自然景观和丰富的文化内涵，还应当与课程内容紧密结合，为学生在实践中学习提供机会。例如，历史博物馆、科学实验室和艺术中心等都是很好的选择。与此同时，选择具有挑战性的户外目的地如自然保护区、国家公园等，可以帮助学生了解自然世界，培养他们的环保意识等。

（二）选择能激发学生探索欲望的研学旅行教学目的地

研学旅行的目的是激发学生的探索欲望，让他们在旅行中不断求知、不断成长。因此，选择目的地时，应注重那些能引起学生兴趣和好奇心的地方。比如，一些具有神秘传说的古老村落、具有挑战性的户外探险基地或者有趣的科技馆等。这些目的地能够引导学生主动参与到研学旅行中，激发他们的探索欲望，从而在实践中获得更多的知识和技能。

（三）选择能够培养学生团队协作能力的研学旅行教学目的地

研学旅行往往需要学生集体出行，这就要求选择的目的地能够培养学生的团队协作能力。例如，一些需要集体参与的户外拓展训练基地或者有团队协作挑战的文化遗产等都是很好的选择。这些目的地能够让学生在完成任务和挑战的过程中，学会相互协作、相互信任，从而培养出强烈的团队精神和领导能力。

（四）选择能锻炼学生实践能力的研学旅行教学目的地

研学旅行的初衷就是让学生在实践中学习，因此选择目的地时应注重那些能锻炼学生实践能力的场所。例如，可以选取具有实践课程的农业基地、手工艺作坊或科技企业等。这些目的地能够为学生提供亲自动手操作的机会，让他们在实践中发现问题、解决问题，从而锻炼出较强的实践能力。

（五）选择能启发学生思考的研学旅行教学目的地

选择能启发学生思考的研学旅行教学目的地至关重要。这意味着目的地不仅要能吸引学生的注意力，还要能引发他们的深入思考，比如一些有着丰富历史背景的文化遗址、反映社会现象的展览馆和具有人文关怀的公益项目等。这些目的地能够让学生在领略各地风土人情的同时，对历史、文化和社会问题产生更深刻的认识和理解，从而启发他们的思考能力。

研学旅行教学目的地的选择是一项至关重要的任务。教育者应当从多角度出发，选择具有教育价值、能激发学生探索欲望、能培养学生团队协作能力、能锻炼学生实践能力和能启发学生思考的研学旅行教学目的地。只有这样，才能让学生在研学旅行中不断成长、不断进步，成为未来社会的精英领袖。

二、项目内容和行程安排

研学旅行课程因其目的地选择和课程培养目标不同，应根据课程具体方案进行统筹规划设计，以《行走——千年古埠，北国江南》课为例，学习课程项目内容和行程安排的设计方法。

《行走——千年古埠，北国江南》课例

一、课程设计思路

根据区域特色、学生年龄特点和地理学科教学内容需要，紧紧围绕立德树人的教育理念，坚持以培养学生爱家乡、爱祖国的家国情怀和综合实践能力为核心的课程设计思路。

1. 充分利用"少海"文化资源的多元性，内容的广泛性，开展多种选题的研究。

2. 以"少海"文化有关资源及学科教学内容为基础，结合学生认知能力和本地实际整合开发课程，保证课程的实效性、多样性、开放性、互动性。

3. 尊重学生主体地位，以人为本，以学生调查、研究、角色体验等形式为主，组织学生走进大自然，走进社会，培养学生创新精神和实践能力。

二、课程主题

行走——千年古埠，北国江南

三、课程目标

1. 通过对少海风景区的参观，了解少海湿地"两湖、一带、三岛、多片区"的自然风貌和现代文明、科技与古板桥镇、三里河文化有机结合，独具特点的人文价值，体会少海文化的博大精深。

2. 通过参观宗教文化岛、板桥古镇、秧歌城，增强学生对胶州市历史文化的了解，培养学生的家乡自豪感。

3. 参观孔子六艺园，体会中国儒家文化的发展历程，感受中国传统文化的繁荣。

4. 让学生学会通过收集整理、研讨交流，走访等形式收集信息，培养学生善于发现问题并运用知识分析问题、解决问题的能力。通过活动培养学生"安全自护、团队合作、健康环保、探究合作、文明公德、自我超越"等意识。

四、实施学段：中小学

五、研学路线

学校出发—香港路—少海风景区—湖岸景观带—孔子六艺园—风情娱乐岛—宗教文化岛—湿地保护区—体育休闲公园—高档植物园—北湖公园—爱琴岛—商贸区—欧洲镇—板桥镇—秧歌城—嘉树园—返回学校

六、研学内容

1. 参观南湖广场，游览少海连墙雕塑、游客服务中心、中央草坪、廊架、龙腾柱、少海之花雕塑、大型音乐喷泉等景观，了解其文化内涵等与地理学科密切相关的知识。

2. 参观慈云寺，位于少海长堤南岛，坐北朝南，中轴对称，采用合院式布局，设有山门、主殿、配殿、客堂及法物流通处等建筑功能空间。了解少海在中国古代宗教、文化等领域的发展变化。

3. 参观孔子六艺园，学习儒家传统文化，感悟儒家经典内涵。学习中国传统拜师学艺过程。

4.参观板桥镇、秧歌城,学习胶州市悠久丰厚的历史文化。以仿古建筑和仿古场景复原的形式集中展现古代胶州的辉煌历史。参观中国秧歌广场、民俗文化馆、市舶司、板桥商业榷场、高丽亭馆、历史名人馆、海洋文明展示区等仿古建筑。体会胶州民俗民风,学习胶州茂腔非物质文化遗产。

5.了解少海风景区的地理位置,政治、文化、经济、历史等有关知识。

七、课程实施

(一)课程实施保障

1.成立组织。建立研学旅行课程开发与实施领导小组,严格分工,明确职责,统筹安排各项工作。

2.确定研学线路。学校多次召开家长委员会听取家长意见和建议,在充分调研的基础上,确定研学线路,明确研学主题。

3.精选旅行社。召开家长和学生座谈会,投票选择旅行社,制定项目收费标准等有关事项。

4.制订活动实施计划。学校领导小组经过多次实地考察,根据课程实施方案,制订活动具体的实施计划,包括活动时间、路线、分工、学生分组、包班教师和旅行社辅导员等。

5.充分发动。通过致家长一封信、家长委员会、全体家长会等方式,告知家长研学旅行的意义、时间安排、出行线路及收费项目及标准等,家长、学生本着自愿的原则,签订自愿报名参加研学旅行协议。

6.知识储备。活动前围绕研学主题,班主任开展一节活动指导课,学生在教师指导下,通过调查、访问、查阅资料、专题讲座、观看视频等形式做好知识储备,辅导员提前进班和学生互动讲解相关知识。

7.根据活动线路,制定安全应急预案、安全保障措施及安全责任制度,对报名参加的学生进行安全教育,强化安全意识。

8.强化过程管理。加强对承办旅行社服务承诺落实的监督,对活动中的各项细节都要提出明确要求。随行老师和旅行社辅导员要全程跟团活动,每车按15∶1的比例安排至少2名教师、1名家长志愿者和1名辅导员。

9.要充分挖掘社会和家长资源,争取社会各界的支持。

(二)课程实施过程

本过程共包括研学准备我能行、研学途中话少海、探究少海文化、儒家文化知多少、寻访板桥古镇五个课时。

三、安全因素

随着研学旅行的日益流行，学生们在追求知识的同时，安全问题也变得越来越重要。在这个充满未知与挑战的广阔世界里，我们需要确保学生们在探索未知的过程中，有一个安全的环境。

（一）提前规划，做好风险评估

研学旅行的第一步，是要对目的地进行深入了解，包括当地的政治、经济、文化以及自然环境等因素。同时，对可能遇到的风险进行预测与评估，如交通安全、食品安全、住宿安全等。只有通过全面的了解与评估，才能制订出更为完善的安全计划。

（二）注重交通安全，遵守交通规则

交通安全是研学旅行中最基本也是最重要的一个环节。无论是长途还是短途旅行，学生们都需要严格遵守交通规则。这不仅包括日常的行车规定，还应包括了解当地的交通文化与习惯，避免发生不必要的交通事故。

（三）提高防范意识，注意个人财物安全

在外出研学过程中，个人财物安全同样不可忽视。学生们应提高警惕，妥善保管随身物品，避免财物的丢失或被盗。同时，对于贵重物品的存放，应选择可靠的地方，尽量避免随身携带。

（四）强化食品安全意识，确保饮食安全

在研学旅行过程中，学生们需要接触各种不同的食物。然而，由于地理环境的差异以及食物种类的繁多，食品安全问题也随之而来。因此，学生们需要强化食品安全意识，选择干净卫生的餐厅就餐，尽量避免食用街边摊贩的食品。此外，还应了解不同地区的饮食文化与习惯，以免因饮食不当引起健康问题。

（五）保持联系畅通，及时应对突发状况

在研学旅行过程中，保持联系畅通至关重要。学生们应随时携带必要的通信工具，如手机、备用电池等。同时，要确保通信工具电量充足，以便在遇到突发状况时能够及时与外界取得联系。此外，还应了解当地的通信状况以及相

关费用，以便合理使用通信资源。

（六）增强急救意识，做好应急处理

在研学旅行过程中，难免会遇到一些意外伤害。因此，学生们需要增强急救意识，了解基本的急救知识，如心肺复苏、止血等。此外，还应了解当地医疗体系与药店分布等情况，以便在遇到紧急情况时能够及时寻求帮助。当然，出行前购买旅游保险也是一项必要的措施，可以在意外发生时减轻经济压力。

（七）尊重当地风俗习惯，融入当地文化

在研学旅行过程中，学生们还应尊重当地的风俗习惯与文化传统。不同的地区有着不同的文化背景与习惯禁忌。学生们需要保持谦逊与友好，尽量避免因文化差异引起的冲突与误解。通过融入当地文化，感受不同地域的魅力，能够使研学之旅更加丰富多彩。

四、可行性与可操作性

（一）研学旅行课程的可行性

1. 教育部门的支持

近年来，教育部门一直在推进学生综合素质教育的发展，鼓励学生走出教室，亲近自然，体验社会。研学旅行作为一种综合性的教育模式，得到了教育部门的认可和支持。一些教育部门和学校已经将研学旅行纳入课程体系，并给予了一定的经费支持。

2. 符合学生的发展需求

学生渴望走出校园，探索未知的世界，拓宽自己的视野。研学旅行课程以其生动活泼的学习方式，符合学生的心理发展需求，能够激发学生的学习兴趣和动力。同时，学生在研学旅行中可以结交志同道合的朋友，积累宝贵的人生经验。

3. 具备实践资源

研学旅行课程可以充分利用社会、自然等资源，为学生提供丰富多样的实践机会。比如，可以组织学生参观科技馆、博物馆、企业等，让学生亲身感受各种职业的工作环境和技能要求。此外，还可以利用自然资源，开展户外拓展、野外生存等活动。

（二）研学旅行课程的可操作性

1. 制订科学的方案

开展研学旅行课程需要制订科学的方案，包括明确的目的、内容、方法、时间、地点等。方案要充分考虑学生的年龄、心理特点和学习需求，确保方案的科学性和可行性。同时，方案还应该具有一定的灵活性，能够根据实际情况及时调整。

2. 加强导师培训

研学旅行课程对导师提出了更高的要求，需要研学指导师具备组织协调、教育教学、安全保障等能力。因此，应该加强导师培训，提高导师的专业素养和组织能力，以保证研学旅行的顺利开展。

3. 资源整合与保障安全

研学旅行课程需要充分利用各种资源，包括人力、物力、财力等。因此，需要加强资源的整合和调配，确保各项资源的合理配置和充分利用。同时，还要重视安全保障工作，确保学生的安全和健康。应该采取一系列措施来保障学生的安全，如制定详细的安全预案、配备专业的医护人员和安全保障人员等。

4. 效果评估与反馈

研学旅行课程应该进行效果评估和反馈，以检验其可行性和成效。评估应该从学生的知识掌握、能力提升、情感态度等多个方面进行综合考量，并及时反馈给相关人员，以便进行相应的调整和改进。

任务思考

请结合任务三的学习收获，确定你所在区域一处研学基地，撰写基地研学课程的项目内容和行程安排。

参考答案

任务四　设计合理的研学活动注意事项

任务导入

研学旅行活动的实施和课程设计要始终关注课程内容的科学性和育人价值，研学目标的建立和活动的设计决定着研学旅行活动的价值和品质。

思考：如何设计科学合理的研学活动？

微课视频

任务实施

研学旅行活动的设计和实施过程中要关注活动方式与目标的一致性、活动内容与目标的匹配性、活动组织与实施的可行性、活动方案的开放性与生成性。

一、活动方式与目标的一致性

研学旅行的活动方式多种多样，包括参观博物馆、古迹、自然景观等，参与社会实践、志愿服务、文化交流等。这些活动方式旨在培养学生的综合素质，提高他们的实践能力、创新思维和团队协作能力。

首先，参观博物馆、古迹、自然景观等活动可以帮助学生更好地了解历史文化、科学技术和自然环境等方面的知识。同时，这些活动可以增强学生的感官体验，提高他们的学习兴趣和动力。例如，参观科技馆可以让学生更加深入地了解科技的发展历程和原理，培养他们的科学素养和创新意识。

其次，社会实践、志愿服务、文化交流等活动可以培养学生的社会责任感、文化素养和国际视野。通过参与社会实践活动，学生可以了解社会问题及其背后的原因，培养他们的社会责任感和解决问题的能力。参与志愿服务活动可以让学生更加关注弱势群体和社会公益事业，培养他们的慈善和关爱他人的品质。而文化交流活动则可以帮助学生了解不同地域和民族的文化传统和价值观，培养他们的跨文化交流能力和文化包容性。

项目七　实施研学旅行教学

研学旅行的活动方式与目标是一致的，旨在培养学生的综合素质和创新实践能力。通过参观博物馆、古迹、自然景观等，学生可以更好地了解历史文化、科学技术和自然环境等方面的知识；通过社会实践、志愿服务、文化交流等活动，学生可以提升社会责任感、文化素养和国际视野。这些活动不仅有助于学生增长知识、拓宽视野，更能帮助他们发展人格、锻炼能力，从而提高他们的综合素质和实践创新能力。

研学旅行还有助于培养学生的团队协作能力和集体意识。在各种实践活动中，学生需要相互协作、互相帮助，才能更好地完成任务和达到目标。这种团队协作和集体意识的培养对于学生的未来发展具有重要意义，能够帮助他们更好地适应社会、发挥才能并为社会做出贡献。

我们应该充分认识到研学旅行的活动方式与目标的一致性及其重要性。在实施研学旅行时，应该选择合适的教育活动和实践方式，确保这些活动能够最大限度地提高学生的综合素质和实践创新能力。同时，还应该注重活动的组织和实施质量，关注学生的实际收获和体验效果，为学生的全面发展提供更好的支持和服务。

二、活动内容与目标的匹配性

我们生活在一个快速变化的世界，教育的价值在于培养孩子们适应这种变化的能力。研学旅行作为一种创新的教育方式，正在被越来越多的学校和家庭所接受。然而，只有当研学内容与教育目标相匹配时，这种教育方式才能发挥出最大的价值。

（一）研学内容与目标的匹配性

要充分发挥研学旅行的价值，关键在于选择与教育目标相匹配的研学内容。具体而言，需要考虑以下几个方面。

1. 教育目标

学校或家庭应根据教育目标，制订明确、有针对性的研学计划。

2. 年龄与认知水平

针对不同年龄段和认知水平的孩子们，应选择适龄的研学内容和方式。

3. 地域特色

利用当地丰富的自然、历史、文化资源，开展具有地域特色的研学活动。

4. 实践活动

选择具有互动性、探究性和实践性的研学项目，以便孩子们能够亲身体验、动手操作。

（二）如何实现研学内容与目标的匹配

要实现研学内容与目标的匹配，需要学校、家庭和社会的共同努力。

1. 共同制订研学计划

学校可与家长、孩子们共同商讨、制订研学计划，确保目标与内容的一致性。

2. 深入挖掘资源

学校和家庭应积极寻找各种适龄、有趣的研学资源，例如博物馆、科技馆、企业、农田等，让孩子们能够接触到更多实际、生动的学习内容。

3. 关注个体差异

在制订研学计划时，应考虑到孩子们的个体差异和兴趣爱好，以便为他们量身定制合适的研学内容和目标。

4. 及时评估与调整

在研学过程中，需要对孩子们的学习情况进行及时评估，以便随时调整研学计划和内容，确保目标的实现。

5. 研学指导师的作用

研学指导师应作为引导者和合作者，帮助孩子们在研学过程中发现问题、解决问题，提高他们的自主学习和创新能力。

案例分享

环保主题研学

某小学组织了一次以"环保"为主题的研学旅行，目标是通过实地考察和实践活动，让孩子们了解环境保护的重要性，培养他们爱护环境、节约资源的意识。

为实现这一目标，学校选择了以下研学内容。

参观城市污水处理厂和垃圾分类处理厂，让孩子们了解环境污染和资源浪费的危害；

组织户外拓展活动，让孩子们亲近自然，了解植物和动物的生活习性；最后，学校安排孩子们在公园进行环保义务劳动。

通过这一系列的研学活动，孩子们不仅了解了环保知识，更重要的是培养了热爱大自然、珍惜资源的情感态度。同时，实践活动也锻炼了他们的团队合作和社会实践能力。

总结与评价：

上述案例表明，研学旅行作为一种创新的教育方式，要发挥出最大的价值，关键在于实现研学内容与目标的匹配性。学校和家庭应根据教育目标、孩子们的年龄和认知水平、地域特色等实际情况，选择合适的内容，确立适切的目标。

三、活动组织与实施的可行性

（一）研学活动的组织与实施过程

1. 确定研学主题和目标

首先需要确定研学活动的主题和目标。主题应该围绕教育大纲和学生的发展需求来制定，目标应该是具体、明确、可操作的。

2. 制订研学计划和方案

根据研学主题和目标，制订具体的研学计划和方案，包括活动时间、地点、行程安排、人员配备、费用预算等。同时要考虑学生的年龄、认知水平、兴趣爱好等因素。

3. 组织与实施

在研学活动开始前，需要进行充分的组织与实施工作。这包括招募学生、安排住宿、餐饮、交通等事项，还要与相关机构进行合作与协调。在活动期间，要合理安排活动时间，保证活动的顺利进行。

4. 总结与评价

在研学活动结束后，要及时进行总结和评价。总结活动的收获和不足之处，评价学生的表现和学习成果，为今后的研学活动提供参考。

（二）研学活动的可行性分析

1. 教育政策支持

随着教育的发展，教育部门对于学生的综合素质教育越来越重视。研学活动作为一种新型的教育方式，可以提高学生的综合素质，符合教育政策的要求。

2. 市场需求不断增长

随着社会的发展，家长对于孩子的教育越来越重视，对于有益于孩子成长的活动也更加关注。研学活动的市场需求不断增长，吸引了越来越多的学生和家长参与其中。

3. 费用合理且回报率高

研学活动的费用相对于其他旅游产品来说较为合理，同时活动的回报率也非常高。学生在活动中可以学到很多知识，提高自身素质，这对于学生未来的发展有很大的帮助。

4. 组织与实施能力成熟

经过多年的实践，研学活动的组织与实施能力已经逐渐成熟。有专业的教师团队和经验丰富的组织人员，可以为活动的顺利进行提供有力的保障。总之，研学活动作为一种新型的教育方式，具有很大的可行性和广阔的发展前景。它可以提高学生的综合素质，促进交流与合作，开阔视野，适应教育改革和社会发展的需要。我们应该积极推广研学活动，为学生提供更多的学习和发展的机会。

四、活动方案的开放性与生成性

在这个充满变化和挑战的时代，教育研学活动需要具备更高的开放性和生成性，进而促进学生的全面发展，培养学生的创新思维以及提高解决问题的能力。

（一）理解开放性

研学活动的开放性主要体现在两个方面：一是资源的开放，二是思想的开放。资源开放意味着学生在进行研学活动时，可以充分利用各种校内校外的资源，如图书馆、实验室、社会实践等。思想开放则代表着学生可以在活动中解放思想，大胆质疑，勇于创新。

为了实现资源的开放，教师需要引导学生走出课堂，融入社会，引导他们主动搜集和分析信息，自主完成研学任务。同时，学校也应积极与社区、企业等合作，为学生提供更广阔的实践平台。思想的开放则需要通过鼓励和引导学生进行独立思考、发散性思维来实现。教师可以在研学活动中设置问题情境，引导学生发现问题，提出解决方案，鼓励他们对已有知识质疑，以培养他们的创新意识和批判性思维。

（二）重视生成性

研学活动的生成性指的是活动在实施过程中，能根据学生的实际情况和需求，进行灵活调整和生成。在传统的教学模式下，研学活动往往按照预设的计划进行，忽视了学生的实际需求和课堂的动态生成。

为了提高研学活动的生成性，教师需要关注学生的兴趣和特长，引导他们主动参与活动策划与实施。同时，教师还需要根据学生在活动中的表现和反

项目七 实施研学旅行教学

馈,及时调整预设的计划,让研学活动更加贴近学生的实际需求。

要提高研学活动的生成性,还需要注重活动的互动性和参与性。教师可以设置一些交互式、合作式的活动形式,鼓励学生与学生、学生与教师之间的交流与合作,让学生在互动中学习,在参与中成长。同时,教师还需要关注学生在活动中的情感体验,营造一个积极、和谐的活动氛围,让学生敢于表达、敢于创新。

(三)实现开放性与生成性的有机结合

在研学活动中,要实现开放性与生成性的有机结合,需要教师在设计活动方案时充分考虑学生的实际情况和需求,为学生的全面发展创造一个开放、多元、互动的环境。

首先,研学指导师需要关注学生的个体差异和发展需求。在设计活动方案时,可以设置不同难度、不同形式的任务,让学生自主选择适合自己的任务,以激发他们的学习兴趣和积极性。同时,研学指导师还可以引导学生制订个人学习计划,让他们在活动中能够充分发挥自己的优势和潜力。

其次,研学指导师需要为研学活动创建一个开放多元的环境。这可以包括多种形式的实践活动、多种学科的综合应用以及多种资源的整合利用。同时,研学指导师还可以引导学生进行跨学科的交流与合作,鼓励他们在学科交叉中寻找新的思路和解决问题的方法。

研学指导师需要注重活动的互动性和参与性。可以通过设置小组合作、团队竞赛等方式来提高学生的互动参与度。同时,教师还可以借助现代信息技术手段如在线交流、实时反馈等来增强与学生的互动与合作,促进研学活动的生成性。

研学活动方案的开放性与生成性是实现学生全面发展的重要保障。通过设计开放式的研学活动方案,可以培养学生的创新思维以及提高解决问题的能力;通过提高研学活动的生成性,可以更好地满足学生的实际需求和发展目标。

任务思考

通过任务四的学习,你已经掌握了科学合理设计研学活动的要领,请结合任务三的成果作业进行分析总结。

参考答案

· 235 ·

任务五　做好研学旅行教学评价

任务导入

教育评价是研学旅行的重要组成部分，是对研学旅行效果的基本判断，为研学旅行更有效地实施提供基本的判断依据。适切的教育评价可以指导和帮助研学旅行指导师和学生改进研学旅行过程，有效地提高研学旅行质量。

思考：如何做好研学旅行教学评价？

微课视频

任务实施

研学旅行评价应关注实践活动的全员、全过程和全方位评价，注重对活动多元主体的评价；注重对学生整个过程性的评价、表现性评价和发展性评价；注重对学生参与活动获得的德智体美劳等方面的评价。

一、研学旅行中教育评价的内涵及功能

1. 教育评价的内涵

评价是一种价值判断活动，是对客体满足主体需要程度的判断。教育评价是对教育活动满足社会与个体需要程度作出判断的活动。研学旅行教育评价（以下简称教育评价）是依据立德树人、培养人才的根本任务，在研学旅行教育目标指导下，通过使用一定的技术手段和方式方法，对研学旅行中的实践活动、教育过程和教育结果进行科学判定的过程，为研学旅行教育决策和个人发展提供客观事实依据的教育活动。

研学旅行评价应关注实践活动的全员、全过程和全方位评价，注重对活动多元主体的评价；注重对学生整个过程性的评价、表现性评价和发展性评价；注重对学生参与活动获得的德智体美劳等诸方面的评价。

2. 研学旅行中教育评价的功能

教育评价对研学旅行导向和质量有监督作用；为教育管理部门和学校等提供鉴定和管理依据；对指导师和学生有诊断和激励功能。

（1）导向与监督

教育评价的实证性发现和诊断性意见，为教育主管部门、研学旅行主办方（承办方或供应方）制定相关政策、改进工作质量提供数据支持。

例如，组织学生开展红色研学旅行需要把握好正确的政治导向。活动是否与中国梦教育相结合，是否关注学生与祖国同呼吸、共命运作为研学旅行的价值导向、基本导向与监督依据，以保证研学旅行的质量和教育价值。

（2）鉴定与管理

研学旅行过程是否扎实有序，研学旅行目的是否有效达成，需要通过教育评价进行鉴定。鉴定结果为完善课程设计、规范研学过程、加强指导师的专业培训、提高承办方（供应方）的服务质量和基（营）地的改造提升等方面的有效管理提供数据支撑。

例如，通过教育评价来鉴定承办方（供应方）的服务质量与教学成效，建立承办方（供应方）的准入与退出机制和标准，实现对承办方（供应方）的有效管理和规范。

（3）诊断与激励

诊断是教育评价的基本功能。诊断结果为针对性解决问题，激励被评价主体提供客观事实依据。

例如，某世界地质公园景区的指导师，其评价结果时好时坏，非常苦恼。经过细致了解（诊断的过程）发现该指导师在接待研学旅行团时，对所有参加研学旅行的高中、初中、小学学生均使用相同的解说词讲述花岗岩形成原因等知识，未考虑高中、初中、小学学生接受程度的差异。学生的反馈自然有好有坏，经过初步诊断，提出了根据学生的实际情况分别设计适合不同群体的解说词建议后，评价结果从时好时坏变为全优，有效地激励了该指导师的工作热情。

二、研学旅行中教育评价的目的

建立多元评价体系，打破唯分数论的功利主义，为教育主管部门提供管理依据，明确研学旅行参与各方的规范性和方向性要求，通过关注过程、关注表现，贯彻落实"立德树人"根本任务，实现以服务学生全面发展为目的的价值导向，是研学旅行教育评价的根本目的。

三、研学旅行中教育评价的原则

教育评价原则是研学旅行教育评价主要经验的总结和概括，是进行教育评价的基本依据。教育评价应坚持效用性、指导性、客观性、公正性、全面性、表现性、开放性、激励性等评价原则。

（一）效用性原则

效用性原则是指对研学旅行教育行为、方式具有的成效和作用的价值判断。评价的目的在于改善实践过程，为活动提供有效反馈。在效用评价中，研学旅行教育服务质量是效用性原则的基本参照标准。

（二）指导性原则

通过对学生成长过程的观察、记录、分析，及时获得关于学习过程的反馈，并对信息进行深入分析和研究，提出针对性的指导意见和建议，使被评价者明确努力方向是教育评价的重要原则。

（三）客观性原则

没有客观性评价也就失去了意义，甚至会导致决策失误。

如活动过程要如实记录，不能主观臆断。指导师的记录和指导学生记录参与活动的具体情况的填写一方面要及时、准确，另一方面要客观、真实。

（四）公正性原则

公平、公正、公开是评价标准的基本要求。其中，公正原则是保证教育评价客观性的基本前提。实施评价时，应对全体学生一视同仁，不要出现厚此薄彼的现象，更不应该有传统意义上的优生与差生区别，只有公正，才会公平。

（五）全面性原则

人的成长不是单方面的，而是全方位的。设定评价指标体系以及进行评价时要从学生发现问题、探究问题和解决问题，自我规划、自我管理和自我发展，合作探究和交流，科学精神、态度和价值观，创新意识和能力，公民意识和社会责任感等方面进行全面评价。

（六）表现性原则

表现有多方面，包括理念、态度、能力、知识、合作、创新等，评价时要充分关注学生的实际表现，为评价结果提供客观、有效的数据支撑，保证评价数据与事实的真实性和有效性。

（七）开放性原则

研学旅行资源的开放性和问题情境的开放性，要建立与之匹配的开放性的评价指标，并在组织实施中注意这一特殊的评价特点要求。

（八）激励性原则

无论是终结性评价还是发展性评价，过程性评价还是形成性评价，其目的都是为了促进人的全面发展，激励性原则是教育评价的内在要求。

四、研学旅行中教育评价的内容

研学旅行教育评价的内容丰富，具体包括学生、课程、指导师、基（营）地、研学旅行线路设计、研学旅行安全管理等诸方面的评价。

（一）学生评价

教育评价从本质上讲，是判断课程和教学计划在多大程度上实现了教育目标的过程，而教育目标"旨在让学生的行为产生期望中的改变"，对学生的教育评价即"判断这些行为实际上产生了多大程度上的变化"。学生由于知识的拓展而引起的认识结构的变化、思维的变化、探究能力的变化以及产生的情感态度与价值观的变化，都可以通过教育评价判断这些行为或倾向发生的程度。

研学旅行前期可从文献收集、物资准备、课程预习等方面进行评价；研学旅行过程中可从时间观念、团队合作、体验感悟、信息记录、研习纪律、文明意识等方面进行评价；研学旅行后可从总结报告、研学日记、旅行感悟、代表性作品、成果交流表现等方面进行评价。

例如，"甲同学担任 PPT 制作，不喊苦不喊累，采访时，承担起摄影师的角色，拍出了很多优美的图片，还能导能编，才思敏捷""乙同学能自创诗，才华横溢，为人风趣幽默……"

这是某次研学旅行结束后，每个组员为其他组员写出中肯评语的一部分，让每个学生都有站在同伴的角度重新认识自己的机会，这一环节不仅增强了学生的团队合作精神，而且有利于参与研学旅行的学生的自我教育。研学教育评价应尊重个性差异、鼓励多元发展，对学生进行多元评价和综合考察，突出评价对学生发展的引导。

1. 自我评价

自我评价是学生依据研学旅行的相关标准对自己的表现、品德、发展状况、学习行为与结果及个性特征进行判断与评估的过程，是学生自我认识、自我分析、自我提高的过程。

学生自我评价是学生学习过程中的一个重要组成部分，有助于学生认识研学目标以及自我调控研学进程，增强学习的自信心和责任感。自我评价的主要内容包括知识掌握、学习动力、学习策略、学习能力、自我发展等方面。例如，一个学生的自我评价——"在本次研学旅行中我获益良多。首先，增长了见识，提高了综合素质，父母不在身边，我锻炼了独立性；其次，增强了集体观念和团队合作意识；再次，掌握了更多地理学习技巧，锻炼了收集与整合资料的能力，也从专家、老师的授课中收获了很多地理知识，开阔了视野；最后，还结识了很多优秀的同学和老师"。

自我评价不仅仅有学生的自我评价，还有指导师的自我评价、基（营）地解说员的自我评价也隶属于自我评价的范畴。

2. 小组评价

研学旅行多是以小组为单位进行，实际研学过程中，中小学生会组成不同的学习小组，通过合作、协作完成研学任务，小组评价是对学生在小组里共同完成任务的表现进行的评价反馈。

小组评价的过程离不开小组全体学生的共同努力，并通过这一过程培养学生的协作能力和合作精神，促进学生自主学习、自我发展和自我评价能力，促进同伴之间的信息交流与共同提高。

例如，在开展研学旅行活动总结汇报后，每个学生有2次投票机会，选出自己认为汇报质量最好的同学，获得认可者由学校进行物质奖励并颁发奖状，强化了研学旅行过程的有效性，因为学生都非常在乎自己的同伴是如何评价自己的。

3. 指导师（教师）评价

指导师（教师）在研学旅行过程中，在研学旅行的每一个阶段都发挥着主导研学旅行进程，指导学生实践，进行自我管理的职能。指导师（教师）要根据学生的实际情况，运用多元评价原则，给予学生评价。既要有正式评价，比如量化或分数等，又要有非正式评价，如一句激励性的话语或一个肯定的手势等。

项目七　实施研学旅行教学

指导师（教师）要指导学生分类、整理、遴选具有代表性的重要活动记录、典型事实材料以及其他相关资料的编排、汇总、归档，填写研学旅行手册中的各项内容，并纳入学生综合素质档案。

依据研学手册进行综合评价。研学旅行手册作为研学旅行教育评价内容收入档案袋，形成学生在研学旅行过程期间的展示材料，构成过程性评价的主要依据。研学旅行手册既为学生开展研究性学习提供方向性指导，又为评价提供必要的基础性指导和一手资料。研学旅行手册也是整个研学旅行活动的行动指南，是学生实现自我管理、自我教育的基本依据。档案袋评价可以让学生最大限度地发挥创造力和自主性，学生能够循序渐进地自我分析和改进，也能够体现出个性的差异，为教师了解学生差异、制定评价标准提供参考。

例如，某探秘研学旅行手册，包括了研学基本信息、研学注意事项、研学基地简介、研学过程记录、研学课程评价、研学心得总结六部分。总体看各因素基本齐全，但其实并没有课程实施等具体安排。研学旅行手册是整个研学旅行活动的行动指南，学生不仅需要了解各环节是如何安排的，还需要清楚地知道活动中需要学习的具体内容，这样才能有效发挥研学旅行手册在研学旅行活动中的行动指南作用，为研学旅行实施与评价提供基本素材与支撑。

评语评价。评语反映学生在研学旅行过程中客观、真实的表现，指导师评价要有真实情境，描述学生的真实表现。评语要充分肯定学生的优点，同时又恰如其分地指出学生有待进步的地方，并提出中肯的建议。建议按下面的原则书写。

（1）以客观公正为标尺，勾画出学生真实的人格。

（2）以鼓励表扬为引线，点燃学生希望的火花。

（3）以细腻具体为刻刀，雕刻出学生生动的个性。

（4）以亲切生动为雨露，滋润学生干渴的心田。

（5）以含蓄委婉为清泉，冲淡学生心头的阴影。

（6）以精练优美为画笔，描绘学生五彩的生活，做到"良药不苦口，忠言不逆耳"。

例如，你踏实、勤奋、刻苦的学习精神可以成为同学的榜样，锲而不舍、一丝不苟的学习态度更是你成绩稳步上升的重要保障。人生最需要的是拼搏，最难得的是坚持。希望勤奋好学的你走向成功，老师深深地祝福你。你要坚信：路，是一步一个脚印走出来的，只有始终如一地朝着既定的方向努力，才能达到胜利的顶峰。

4. 作品展示

研学旅行活动实施中有针对性地围绕一个确定的主题，由学生进行作品创作，学生的兴趣、爱好、理想、知识等往往容易从作品中反映出来。通过分析学生的作品，可以得到许多关于学生智力发展的信息，推断其知识与技能、情感态度和价值观的发展水平，较为准确地把握学生的学习状态，深入了解学生的精神世界。

作品分析的前提条件是要进行作品创作。研学旅行活动中的手工制作、模型制作等作品都是学生通过脑力和体力劳动创作出来的，以培养学生自理能力和动手能力。使用作品分析法须注意明确目的，确定作品的范围和分析重点，选择有代表性的作品。基本步骤包括明确分析目的、制定分析指标、代表性作品选取、分析结果汇总、性格维度分析五个阶段。

例如，通过学生小组制作 PPT 结果分析，评价学生对基本概念掌握程度、基本技能及作品创作和综合应用信息技术的运用能力，同时发现学生自觉应用信息技术解决实际问题的能力，以及了解学生间的协调及配合能力，供后期教学有针对性地进行引导。

5. 表现性评价

表现性评价强调在完成实际任务的过程中来评价学生的发展，不仅要评价学生知识技能的掌握情况，更重要的是要通过对学生表现的观察分析，评价学生在创新能力、实践能力、与人合作的能力以及健康的情感、积极的态度、科学的价值观等方面的发展情况。

表现性评价主要包括以下方式。

（1）结构性表现测验，如撰写报告、海报设计等。
（2）口头表述，如演讲、辩论、朗诵、背诵等。
（3）模拟表现，如角色扮演、演课本剧等。
（4）实验操作，如科学小实验或制作、舞蹈等。
（5）完成作品，如演奏乐曲、作画等。
（6）项目研究，包含个人及小组合作性学习成果等。

例如，某研学旅行活动主题是创意木艺坊——百变魔方，以任务驱动为教学过程。令学生注重知识学习与技能实践相结合的学习方式，体验运用所学知识和方法解决简单问题的过程，积累学科活动经验。使学生结合实际任务情景，体验分析和解决问题的过程。注重兴趣激发以及自主参与主动实践操作，培养应用意识和创新意识。拼出自己心目中最想拼的形状，提高学生的学习兴趣，提升学生的观察能力和审美能力，感受图形的特点，体会图形的变换，发展空间观念和创新意识。在动手动脑的操作活动中培养与同伴交流、合作的能力，了解古人的智慧，引发华夏儿女的强烈自豪感。

（二）课程评价

课程是学生成长的资源保障，是研学旅行实施的主要依据，也是教育评价的基本参照。课程评价应从课程主题的明确性、线路规划的合理性、课程内容的内涵性、课程资源的代表性等方面进行。主要评价课程内容选取是否符合学生发展实际，是否有利于校内外资源的整合，是否有利于学生发展核心素养，是否有利于立德树人教育目标的实现等。通过课程评价结果，主办方可以为下一期课程的设计开发提供参考，供承办方作为课程修订参考，为进一步完善课程提供依据。

研学旅行课程目标以培养学生综合素质为导向，以立德树人、培养人才为根本任务。课程应引导学生在研学旅行过程中树立正确的世界观、人生观、价值观，培养良好的行为习惯和品德修养，强调学生综合运用各学科知识，认识、分析和解决现实问题，提升综合素质能力。

1. 课程目的

（1）课程是否具有明确的教育目标

研学旅行是通过课程开展活动体验、探究过程，培养学生核心素养，塑造全面发展的人，是实践教育活动课程。

要将明确而具体的教育目标蕴含于活动主题、活动设计及实施之中。

（2）课程是否具有明确的研学主题

主题是课程的灵魂，明确的主题是课程教育价值的核心和载体。一次研学活动需要一个鲜明的课程主题，不能多主题，更不能没有主题。

2. 课程评价主体

课程评价主体可以分为要求实施课程评价的"需求主体"和参与评价活动的"实施主体"。

（1）"需求主体"包括教育行政部门、学校及教师、学生、家长、旅行社、基（营）地等。

（2）"实施主体"包括学校及教师、指导师、学生等。

3. 课程评价对象

课程评价对象主要包括课程设计、课程实施及课程元评价。

（1）课程设计的评价是课程设计合理性的价值判断，对课程设计的结果，即课程计划、课程方案等进行评价。

（2）课程实施的评价包括实施研学旅行课程的合理性评价，例如研学旅行方案与实施内容的吻合度的评价，课程实施过程中衔接的评价，学生活动中价值体认的评价。

（3）课程元评价，即对评价自身的评价。主要包括课程评价体系的合理性、研学旅行评价方案转化评价实施中的有效性的评价。

4. 课程评价方法

课程评价方法与教育评价通用方法基本一致，常运用量化评价与质性评价相结合的评价方式。

（1）量化评价是通过计量的方式，对评价对象的某种属性用数据来测量并对此量化的结果进行价值判断。

（2）质性评价则通过现象学、解释学的探讨方式，进行内容的分析来理解评价对象的属性。

两种方法各有侧重，是从不同的角度对评价对象的属性进行价值的判断，在具体实施时，应将二者结合起来使用。

5. 课程评价标准

可结合过程取向评价和主体取向评价理论，采用量化评价与质性评价相结合的评价方法，对研学旅行课程的评价标准可以参考以下六个方面。

（1）解析研学旅行课程的总体目标和具体目标，制定课程评价的项目和细目，即建立课程评价的指标体系。

（2）明确这些课程目标实现对应的课程模块和学习情境。

（3）根据课程目标的类型设计量化评价和质性评价的评价量表。

（4）设计为评价提供证据信息的记录用表，记录过程信息。

（5）综合评价量表记录的证据信息，得出评价结果。

（6）结合对学生观察的直接认知和学生自评情况，对评价结果进行反思，检验评价体系的客观性、信度和效度，对评价体系进行修订和完善。

6. 课程 CIPP 评价模式

CIPP 分别是背景评价（Context Evaluation）、输入评价（Input Evaluation）、过程评价（Process Evaluation）、结果评价（Product Evaluation）第一个英文字母的缩写。CIPP 评价模式，也被称为决策导向或改良导向评价模式。由美国教育评价家斯塔弗尔比姆倡导，他认为评价就是为管理者做决策提供信息服务的过程。

（1）背景评价

背景评价主要从需求、问题、有利条件和机会、教学目标和考核等维度进行评价，即回答学生、教师、社会、学科对研学旅行有何需求，研学旅行活动的开展遇到哪些问题，专门知识和专家服务、指导师、物质资源、经费等条件是否有利，研学旅行课程实施的时机能否满足需求和解决相关问题，研学旅行课程教学目标及其他配套服务目标是否明确，学校对研学旅行课程的师生考核方式和评价标准是否合理等问题。主要为后续评价奠定信息准备。

（2）输入评价

在背景评价的基础上，进一步评价研学旅行课程及其服务的策略、课程实施所需预算、课程实施的可行性和效用性。评价达成研学旅行目标所需条件、资源，各种课程的目标、内容、方法、学业评价设计是否科学合理，哪一课程最佳，投入的人力、物力、财力是否足够等。

（3）过程评价

对课程实施过程进行监督、记录、反馈，以不断调整和改进实施过程。评价学校是否完成研学旅行课程建议的课时和学分，是否全体学生参与研学旅行，课程实施状况以及实施过程中的事件、问题、费用是否得到合理解决，教师指导是否适时、适度、适当，评价过程中的反馈信息如何，课程实施过程是否需要调整和改进等。

（4）结果评价

评价研学旅行课程对目标受众的影响程度、课程实际服务对象与计划受益者吻合的程度，包括评价课程对学生的影响以及学生对影响的感知、师生教学实践总结和成果的质量、课程对学校和教师的影响、课程服务非预期受益者的程度等。因中小学生的身心发展差异，个人在认识、情感、意志等心理活动过程中的表现要差异化对待。再有因不同研学旅行类型产品所赋予学生的价值目标差异，使用评价方式方法也应有所侧重，需要遵循差异评价、多元评价的方式对学生进行客观评价和反馈。

活动类课程学习的评价，需要特别关注过程性、关注每一个学生的行为表现。因为他们在集体或小组活动中承担的任务不同、角色各异，难以用同一指标衡量，因此评价中尤其要以"白描"的方式展现每个人的特殊性和发展程度，比如观察事物的方式、记录的内容、提出的问题、集体协作的参与程度以及在活动过程中的所思所想，等等，不能仅依据作品评价学生的表现。

（三）指导师核心素养的评价

指导师是指策划、制订或实施研学旅行课程方案，在研学旅行过程中组织和指导中小学学生开展各类研究学习和体验活动的专业人员。对指导师的评价可从以下四个维度进行。

1. 事业心

指导师要有做学生健康成长的指导者和引路人的事业心，从对待研学旅行各项内容的积极性、主动性和对学生的关心程度等方面进行评价。

2. 知识与技能

指导师应具备研学旅行知识、教育知识、心理学知识、旅游管理知识和通识性知识，以及课程方案设计、活动组织与实施、激励与评价的技能等，并能在实际研学旅行中灵活运用这些知识和技能。

3. 指导能力与艺术

指导师在活动前、中、后期，需要具备指导学生了解课程、参与活动、评价学生的基本方法和技巧，处理应急事件的能力与艺术等。

（四）基地评价

基地是实施研学旅行的空间场所，也是课程提供者之一。主要评价基地的场馆设施和教学设施是否成熟，能否为学生提供适宜的学习和体验的环境，基地的课程设计情况等。

（1）课程设计

课程是否合理、科学是首要评价要素。

（2）指导师

指导师核心素养包括对课程内容的熟悉和理解程度，对课程知识的掌握程度，对学生教学过程的指导能力，对教学理论和方法的运用能力，对整个研学旅行教育活动过程的组织、协同、评价能力等。

（3）内部管理

学生开展教育活动全过程是否有完善的管理规定，对研学旅行过程中出现意外事件是否有应急预案，课程项目变更、时间安排调整、后勤协调与配合力度与效率、对接环节是否顺畅等都是评价的观测点。

（五）研学旅行线路设计评价

研学旅行线路是在一定区域范围内由研学旅行基（营）地、交通线、食宿地等组成的综合体，是研学旅行活动运行的基础，是研学旅行课程资源的依托，是联结主体（中小学生）、基（营）地、食宿地的重要载体，是联结研学旅行课程与课程资源的关键一环。

研学旅行线路设计的评价应从时间分配是否合理、安全保障、旅程衔接、项目搭配、体验过程的适宜性等方面进行评价。

（六）安全管理评价

安全是研学旅行的前提条件。其评价内容主要有以下几点。

（1）安全防范措施是否有针对性和可操作性。

项目七　实施研学旅行教学

（2）注意事项是否清晰明确，安全防控机制是否完善。
（3）是否有应急预案，应急预案是否全面、严谨、流程化和可操作。
（4）行程距离及交通工具选择是否适当。
（5）安全防控教育知识读本，行前说明会是否到位等。

（七）学校评价

学校是整体研学旅行的设计、实施、管理、评价的主导者。活动的策划是否理想，教育活动目的是否明确，活动安排是否与教育计划吻合，教育评价机制是否健全等都是评价要点。

（八）研学旅行手册评价

研学旅行手册是研学旅行的行动指南，是实现自我管理、自我教育的基本保障。研学旅行手册包括研学旅行组织架构、联系方式、课程简介、行程安排、研学旅行课题、任务、带队教师或指导师评价、家长评价等内容。

（九）其他评价

研学旅行是跨领域、跨学科、跨行业的实践教育活动，家长和社会相关部门、热心教育人士、地方教育主管部门、交通、卫生、文化和旅游等人和部门都是研学旅行的重要组成部分。教育评价可以有效地调动研学旅行参与方的积极性，为参与各方提供科学、合理的反馈，有利于研学旅行的长足发展。

为调动学生的积极性、主动性，整个研学过程将开展评比活动，采取自评和教师评价的方式，以百分制进行核算，取其平均分。参与研学活动的学生将获得研学活动证明。

五、研学旅行中教育评价的策略

根据研学旅行的自身特点，教育评价应注重和突出实践性和探究性特点，灵活运用多种评价方法开展教育评价。构建教育评价体系是开展评价的前期准备，尊重差异，关注发展，是教育评价需要遵循的基本原则。

（一）建立研学旅行教育评价体系

研学旅行评价体系由"一核""五度""四级"构成。"一核"是研学旅行的核心价值，即凸显实践活动的综合育人价值，体现"五育融合"，立德树人，解决的是评价功能；"五度"是评价的观测角度，即参与度、体验度、探究度、融合度和吻合度，解决的是评价角度问题；"四级"是评价项目的分级，即初步、达标、掌握、应用四个层面，解决的是评价项目的达成度。构建研学旅行教育评价体系，是促进研学旅行健康发展的前提条件。教育评价体系包括以下内容。

1. 确定评价目标

将"学"与"游"完美地结合起来，把学校教育与校外教育衔接好，才能真正达到以评价促进学思结合、知行统一的目的。培育和践行社会主义核心价值观，激发学生对党、对国家、对人民的热爱之情；创新人才培养模式，引导学生主动适应社会，促进书本知识和生活经验的深度融合；加快提高人民生活质量，满足学生日益增长的旅游需求，从小培养学生文明旅游意识，养成文明旅游行为习惯。

例如，开展研学旅行较早的日本，其学者较为一致地认为，组织学生进行研学旅行的意义和目标是多方面的：①作为国民教育的一部分，研学旅行可以使学生们见识、体验国家重要的文化名胜；②使学生们有机会对书本知识进行实践；③通过旅行可以锻炼学生们的保健卫生、集体行动、安全等意识，从而使学生们身心得到锻炼；④可以丰富学生生活，留下美好的印象等。

2. 明确评价维度

（1）参与度

研学旅行的体验性与研究性是其根本特性。把学生"是否参与""是否实践"等作为评价的重要视角，将学生参与的频率、深度等作为评价的内容。评价主体的全员参与度也是其中的一个观察视角。

（2）体验度

研学旅行必须通过学生的亲身体验和实践完成，将学生"是否感受"和"感受程度如何"作为评价的观测要点，评价内容可以考虑学生的理解、感受、思索等方面的内容。

（3）探究度

学生通过参与"有深度"的体验活动后，在指导师的引导下对学习对象产生主动思考和探究，将侧重考查学生基于活动问题的探究而形成的研究过程作为评价视角。可借助调查报告、实验报告、作品展示、学习体会等方式加以评价。

（4）融合度

课程设计内容在教育目标的引导下融合学生生活实际、融合学科内容、融合全新的学习方法是研学旅行独特的教育价值体现。

（5）吻合度

研学旅行内容与学生发展实际的吻合度，研学旅行方案与实施内容的吻合度，承办方、供应方履行合同义务的吻合度，以及研学旅行实际与合同条款的吻合度等也是评价的维度之一。

3. 掌握评价观测点及评价标准

在明确评价维度的基础上，确立评价观测点及对应的具体明确的评价标准，以便于确定实现评价目标或学习目标的达成程度。

评价观测点需要根据具体的研学主题及内容确定，评价标准一般可用初步、达标、掌握和应用四个表现等级划分。

例如，某学校与某滨海国家地质公园共同开发研学旅行课程。活动主题是让高一学生在滨海国家地质公园开展"地质科考研学旅行"，通过"地质科考定向赛"活动体验矿石挖掘，实践探索地质知识。

学校在研学旅行前召开学生动员会，告知参与身体感知的重要性。研学旅行过程中依次标出学习目的地，让学生以个人为单位进行定向地标打卡，接着观摩教师对矿石挖掘模型的挖掘，随后自己亲身参与挖掘。学生对挖掘出的海蚀物都产生了浓厚的兴趣，提出了很多问题，经过与同学分享、向教师请教，获得了很多课堂上没有的体验和感受。

学生通过挖掘收集的模型，与课本知识进行比较关联，理解了海岸侵蚀地貌的形成，明白了环境的承载量是有限的等地理知识，增强了学生的生态文明意识。

实际评价过程中，指导师需要根据学校实际情况相应增减观测点及评价内容，以实现评价先行、关注表现、聚焦发展的评价目标。当前，尚处于研学旅行发展初期，构建研学旅行评价体系将是一个长期而艰苦的探索过程，需要社会各界的广泛关注与参与，借鉴其他领域的评价方式，不断完善研学旅行教育评价体系。探索评价标准多维度、评价主体多元化、评价方法多样化的评价体系，将研学旅行教育评价作为推进研学旅行事业发展和我国基础教育改革的助力器。

知识链接

加快研学活动服务评价的平台建设，构建高效便捷的研学活动服务和评价体系。各地可借鉴温州市鹿城区基于"学生社会大课堂"智能微信平台的研学服务和评价运作模式，积极建立并完善集信息提供（区域内和省级研学营地基地资源信息）、课程呈现（研学实践课程内容）、活动记录（进入营地基地通过定位、扫码等的显示和活动课程参与情况的

> 实时记录）、评价反馈（包括对学生参与活动评价和对营地基地服务满意度评价）等板块于一体闭环运行的研学活动服务和评价体系。积极为家庭带领孩子参加省内外研学活动提供人性化的服务支撑，为家庭亲子研学旅行提供实时记录。各地教育部门和学校应通过智能平台及时掌握相关研学活动生成的信息，分析评价学生研学旅行开展情况和成效。努力实现研学旅行分层级、分区域、全过程的信息化管理服务和全方位的活动反馈评价。

（二）研学旅行教育评价的步骤

1. 确定评价目标

确定评价目标，制订评价方案，是做好评价准备的首要任务。评价目标需要充分考虑学生的发展实际、研学旅行资源状况、育人目标等要求，并充分考虑研学旅行实践活动课程性质。

2. 收集信息

对研学旅行全过程、全体参与方、全方位收集信息并加以整理，以保证评价结果的客观性、效用性等要求。

3. 分析、评估信息

分析信息时需要遵循评价基本原则和课程目标要求进行。同样的信息有不同的分析、评估方式与解读角度，会得出不同的结论，分析、评估时要以立德树人为最终指向进行信息解读。

4. 评价结果的使用

评价结果应用于判断学生是否达成了研学旅行目标要求，而不能用以评定学生之间的差异。让学生体验到研学旅行过程中的收获与成长，通过对评价结果的分享，体验成功的喜悦与进步，是评价的目的和价值所在。

（三）研学旅行教育评价的常用方法

教育部等11部门《意见》中指出"充分尊重个性差异，鼓励多元发展"，结合研究性和体验性原则，发挥教育评价指导学生在研学旅行中拓宽视野、丰富知识、了解社会、亲近自然、参与体验的教育价值。

1. 评价的多元化

（1）评价内容多元化

评价时不仅要关注学与教的结果，还应关注学与教的过程；不仅要考查学生学到的知识技能、教师的行为表现，还要考查学生的情感态度或教师的教育理念，以及研学旅行主题内容。

（2）评价方式多元化

不同的评价目的需要不同的评价方式，需要多种方式的组合。

（3）评价主体多元化

教育评价主体包括管理人员、指导师、项目组长、家长、同学、社会相关人士、教师和学生自己。多方相关人员参与评价更有利于充分收集反馈信息，使评价结果更为全面、客观。

（4）评价环节多元化

研学旅行实施前期、研学旅行实践中期、研学旅行后期各环节评价的侧重点应有所区别。

（5）评价结果多元化

评价结果可以用定量、定性方式多样化呈现，评价者与被评价者关于评价互动也可以采用书面或口头、个别化或集体性方式呈现，不同的研学成果用不同的表达方式呈现。

2. 评价的个性化

评价的个性化，是指评价应充分尊重被评价者的权益（如尊重其隐私、尊重其对评价结果的解释权等），同时顾及学生的年龄特征、研学旅行专业人员的职业差异、教师之间及学生之间的个别差异、特殊因素等，切实让评价发挥出促进被评价者个性发展的作用和价值。

例如，某校开展红旗渠研学旅行活动。在赴河南红旗渠进行研学旅行活动前，请各学科教师为学生提供一些研学后作文选题建议。

政治课教师提出了"红旗渠精神的内涵""红旗渠精神的当代价值分析"等选题，地理课教师提出了"探究红旗渠沿线易发生哪种地质灾害""红旗渠红色旅游发展现状调查研究"等选题，历史课教师提出了"红旗渠精神产生的历史条件分析""红旗渠总设计师杨贵的传奇人生"等选题，语文教师则提出了"红旗渠红色歌谣研究""红旗渠的愚公移山精神"等选题。

本案例在活动开展前，各学科教师分别给学生提出了研学旅行主题选题，学生可根据个人兴趣进行选择，既照顾到对学生评价的个性化，也体现了评价多元化，利于各学科教师了解学生参与研学旅行的收获与不足，以促进后期的教学活动调节。

3. 准确把握评价标准

（1）尊重多元评价主体

研学旅行教育评价主体与传统的评价主体有所区别，传统的评价主体主要是教师，而科学的研学旅行教育评价更加注重学生的评价主体，同时还兼顾带队教师，指导师、项目组长、导游、讲解员、承办方、供应方、学生家长等相关主体参与研学教育评价。

一份高质量的教育评价结果需要参与各方主体的积极参与，并对研学旅行活动作出客观合理的评估与反馈。不论是对学生的学业评价、指导师的指导工作评价，还是对研学旅行主题活动的整体评价，都需要参与各方参与评价。

例如，对学生的评价，如果仍像传统教育那样只关注学生书本知识掌握得如何，不看学生德智体美劳发展是否全面，只看学生得分的高低，不看学生人格、个性发展是否健全，研学旅行教育的发展就会陷入"新瓶装旧酒"的尴尬境地，不利于研学旅行的长远健康发展。

（2）选择恰当的评价方法与手段

评价的方法与手段即"怎么评"，科学性和可行性是其内在要求。评价方法与手段的科学性，主要是指评价采用的方法、手段是否真正能够检测出评价者要检测的东西。换句话说，评价的方法与手段必须与评价的对象或内容相适应，评价的主体不一样，需要采取的评价方法与手段也不一样。

例如，对学生的社交能力、操作技能、社会性发展进行评价，采用笔纸测验就不太适合；要对学生解决问题情境中的真实问题表现进行评价，填空题、选择题（含判断题）、匹配题等测验题型也不合适。

评价方法与手段的可行性涉及评价能否被执行，评价能否有效完成。研学旅行教育评价比传统教育评价的主体更为多元，评价方法与手段必须充分考虑评价目标、评价方式方法的可行性。研学旅行教育评价需要严格遵循教育规律，遵循学生身心发展规律，既注重形式的趣味性、过程的知识性、内容的科学性，还要处理好学生个体差异、集体教育效果。

（3）掌握评价准则

以"标准"为准绳，是评价结果有效性的客观依据。评价过程中应尽量减少评价者个人主观因素或外界因素对评价的干扰与影响，防止评价者把个人偏见带入评价过程。在评价中可能会受到的冒犯或不公平的对待，被称为"评价偏见"。例如，评价者的性别、种族、社会经济地位、宗教信仰或专业特征等都有可能成为评价结果客观性的影响因素。

（4）评价效用

一份好的教育评价结果应能促进和激励学生更多、更好地投入学习，帮助评价对象不断地反思和促进自身发展，促进指导师在专业上不断地成长与进步。正面的引导与激励作用是评价效用的基本特征。

4. 依据教育评价的不同类型实施有效评价

研学旅行更注重过程的获得感，基于此，教育评价方式应符合研学旅行的基本特性要求。与传统评价在教育属性方面是一致的，其主要评价类型如下。

（1）量化评价和质性评价

依据评价指标是否可以量化，分为量化评价和质性评价。

① 量化评价

量化评价主要采用定量计算的方法，即收集数据资料，运用一定的数学模型或数学方法，用数字作出定量结论，包括运用教育测量与统计的方法、模糊数学的方法，对评价对象用数字加以描述。

量化评价方法的突出优点是逻辑性强，标准化和精确化程度较高，能对教育现象的因果关系作出精确分析，具有严密性、客观性、价值中立等特点，而且简便易行，容易操作，结论也相对客观。存在的不足是为预定目标设定一定的评价标准，常会忽视研究对象的变化性和多样性的特点等，可能会导致"只有数据，没有人"的现象发生。

② 质性评价

在自然情境中，通过评价者与评价对象的互动来收集相关信息，如采用参与式观察、深度访谈等方式，获取评价对象各方面的信息，对评价对象的现状作出描述与分析，从而进行价值判断。

量化评价使用客观的评价标准和手段来获取客观、精确的信息，评价结果的客观性和可信度较强。质性评价使用获取评价对象的工具比较灵活，可以更全面地反映评价对象的特征。教育评价时应将二者结合起来，优势互补。

（2）诊断性评价、形成性评价和总结性评价

依据评价的功能与作用，分为诊断性评价、形成性评价、总结性评价。

① 诊断性评价

一般是指某项活动开始之前，为使其更有效地实施而进行的评价，即为了使教育活动的形式、内容、过程等更适合活动对象的自身条件及需要而进行的评价。其目的是分析原因，以便对症下药采取相应的改进手段。诊断性评价的主要手段是测验、观察、问答、作业分析、调查等方式。

例如：某校拟开展K城的古都时空研学旅行活动。在活动开始策划时，为达到令更多的学生全面地了解K城的历史，通过由历史及语文学科老师联合出测试题，测验学生对K城到底了解到什么程度，他们是否对K城感兴趣以及应该如何有针对性地开展后期教学活动。

② 形成性评价

隶属于过程性评价，是指在教育活动过程中，为不断了解活动进行的情况

以便能及时对活动进行调整，用以调节活动过程、保证活动目标的实现而进行的评价。形成性评价旨在了解活动过程与活动本身存在的问题，为正在进行的教育活动提供反馈信息，适时调节控制，以提高实践中正在进行的教育活动质量，从而促使活动实现预期目标。测验、考试、作业分析、日常观察等是形成性评价的主要手段。

例如：某初中班级开展的研学旅行活动——"我是剪纸艺术大师"，经指导师的理论指导和技艺传授后，由学生进行作品创作，指导师根据学生创作的剪纸作品，了解和分析他们掌握到的知识及技巧，以便后期有针对性地开展教学活动。

③ 总结性评价

也称终结性评价，即在某项教育活动告一段落时，对活动结果进行的评价。总结性评价是对活动的最终效果作出评定，它的一个重要机能就是确认评价对象达到目标的程度，主要运用于甄别与选拔环节。

形成性评价提供的信息往往只对教学、学生的学习过程提供一种帮助。总结性评价与教学的结果、学习的结果联系在一起，是结果评判的依据。虽然说诊断性评价综合了形成性评价与总结性评价二者的目的，但在其缺乏指导的情况下，诊断是没有什么实际意义的，往往会导致评价流于形式。

三者的区别不仅体现在评价目的上，具体的评价方法也各不相同，因此三者应该综合使用。

（3）自我评价与他人评价

依据评价主体分为自我评价与他人评价。

① 自我评价

指评价对象对自己思想、愿望、行为和个性特点的判断和评价。自我评价有知识掌握的自我评价、学习动力的自我评价、学习策略的自我评价、学习能力的自我评价等。

例如，某生参加研学旅行后在朋友圈写下了这样一段话：此次研学受益良多。我不光见识到了祖国的壮丽河山，更结识了很多良师益友。几乎每晚我们都要集中在同一房间彻夜讨论研学成果，最终在全国性的比赛中，获得了一等奖。正是由于老师和同学们的共同努力，才创造了这一辉煌的成绩。

② 他人评价

由他人对评价对象进行思想、愿望、行为和个性特点的判断和评价。研学旅行中他人评价有同学互评、教师或指导师与学生相互评价等。自我评价比较关注评价对象自我的感受与意见；他人评价关注的是评价者的意见。自我评价实施比较容易；他人评价组织工作比较难，需要花费一定的人力、精力。另外，依据评价对象的范畴，可分为整体评价和单项评价、群体评价和个体评价；依据评价的方式，可分为客观性评价、成果性评价和表现性评价；依据评价参照的标准，可分为绝对评价、相对评价、个体内差异评价；依据评价的严谨程度，可分为正式评价和非正式评价等。

各种评价类型，各有优点和缺点。在实际应用过程中，各种评价方法有的适合单独使用，有的则需要几种方式并用，以求实效，充分发挥每一种评价方法的优势，做到客观、科学。

任务思考

请结合任务五的学习和收获，小组合作设计研学旅行课程实施的系列评价量表量规，并结合实例说明评价量表在使用过程中的价值。

参考答案

项目实训与提升

案例阅读

感受传统文化魅力，弘扬中华优秀文化

为了提高学生的文化素养，增强文化自信，学校决定组织一次以"感受传统文化魅力，弘扬中华优秀文化"为主题的研学旅行活动。

一、活动目标

1. 增强学生对中华文化的认识和理解，提高文化素养；
2. 通过实践和体验，培养学生的团队协作能力和解决问题的能力；
3. 弘扬中华优秀文化，提升学生的民族自豪感和文化自信。

二、活动时间与地点

时间：2023年7月1日至7月5日，共5天。

地点：北京市、河北省

三、活动内容与安排

1. 第一天：启程前往北京，入住酒店休息，晚上组织学生参加欢迎晚宴。

2.第二天：参观故宫博物院，了解中国皇家宫廷文化；下午参观天安门广场和毛主席纪念堂，感受中华民族的伟大精神和历史。

3.第三天：游览长城，领略中华民族古老文化的魅力；下午参观中华民族园，了解各民族的文化风貌。

4.第四天：前往河北省，参观避暑山庄及外八庙，了解清朝皇家园林文化；下午参观北戴河景区，感受海滨自然风光的魅力。

5.第五天：返程。整理行装，乘车返回学校。

四、活动实施要求

1.活动全程由带队教师和辅导员负责安全管理，确保学生安全；

2.学生需遵守活动安排和各项规定，积极参与各项活动；

3.学生可携带相机或手机，记录研学旅行过程中的美好瞬间。

五、活动效果评估

1.活动结束后，学校将对活动进行全面评估；

2.学生可通过文字、图片、视频等形式展示研学旅行的收获；

3.鼓励学生将研学旅行的经历和收获带到日常生活中，弘扬中华优秀文化。

案例剖析

请结合上述案例进行小组分工，对活动目标、活动内容与安排、活动实施要求、活动效果评估进行全面设计，使该研学旅行课程方案达到可实施、可操作、可评价的整体效果。

参考答案

参考文献

[1]王胜.批判性思维：概念的廓清与厘定[J].区域治理,2019,(30):179-181.

[2]董爱华.批判性思维研究国内发展概述[J].北京印刷学院学报,2019,27(10):60-63.

[3][5]莫雷主编.教育心理学[M].北京：教育科学出版社,2007.

[4]钟启泉.批判性思维：概念界定与教学方略[J].全球教育展望,2021(1):3-16.

[6]李阳.国外学科交叉型创新人才培养与启示[J].现代教育科学,2017(08):152.

[7][9][10]叶泽童.认知负荷学习理论发展综述[J].社会科学前沿,2022,11(10):4414.

[8]安其梅,吴红.认知负荷理论综述[J].心理学进展,2015,5:50-55.

[11][12]庞维国.认知负荷理论及其教学涵义[J].当代教育科学,2011,12:24.

[13]祝智庭,钟志贤.现代教育技术——促进多元智能发展[M].上海：华东师范大学出版社,2003:141.

[14]钟志贤.多元智能理论与教育技术[J].电化教育研：7-11.中国知网.2004-03-30[2020-04-08].

[15]黄宇,杨雪.建构主义学习理论视角下研学旅行的特征和原则[J].地理教学,2019(3):60-64.

[16]林雅慧.日治时期台湾修学旅行之研究[D].台北：国立政治大学,2010.

[17]唐科莉.澳大利亚户外学习让学生了解自身、他人与环境[J].上海教育,2016(24):36-40.

[18]杨菲.美国营地教育的典型模式[N].中国旅游报,2019-05-28(003).

[19]曲小毅.研学旅行活动课程开发与实施[M].北京：清华大学出版社,2020.

[20]胡铁贵.发展研学旅行对我国中小学生核心素养培养的重要意义

［J］.当代教育实践与教学研究，2019（18）：218–219.

［21］王万燕.基于核心素养的中学地理研学旅行课程建构研究［D］.济南：山东师范大学，2018.

［22］甄鸿启，张浩，徐彬.研学实践教育活动课程化［M］.北京：航空工业出版社，2022.

［23］吴世崇，陈亚鼙，杜凡，等.基于跨学科主题学习视角的地理研学课程设计［J］.地理教育，2023（3）：66–71.

［24］刘登辉.美国综合课程改革指导框架、实施路径与借鉴［J］.比较教育研究，2019，41（12）：94.

［25］姜怡合，周维国，贾梦婷，等.基于交通运输的跨学科研学旅行活动设计［J］.地理教学，2023，8（8）：62.

［26］李明秋.基于CIPP模式跨学科外语教学的评价运用［J］.华北电力大学学报（社会科学版），2013（1）：134–135.

［27］甄鸿启，李凤堂.研学旅行教育理论与实践［M］.北京：旅游教育出版社，2020.

［28］余国志.研学旅行的校本表达与演绎——以北京中学"中华文化寻根之旅"研学课程为例［J］.基础教育课程，2019（20）：13–21.

［29］马斯洛.动机与人格［M］.许金声，等译.北京：中国人民大学出版社，2013.

［30］李岑虎.研学旅行课程设计［M］.北京：旅游教育出版社，2020.

［31］李岑虎，甄鸿启.中小学研学旅行教师指导用书［M］.郑州：文心出版社，2021.03.

［32］王彬，李岑虎.北京市红色研学旅行课程指南［M］.北京：旅游教育出版社，2021.07.

图书在版编目（CIP）数据

研学旅行教育理论与实践 / 甄鸿启，李凤堂主编. -- 2版. -- 北京：旅游教育出版社，2024.1（2024.12重印）
研学旅行管理与服务系列教材
ISBN 978-7-5637-4660-6

Ⅰ. ①研… Ⅱ. ①甄… ②李… Ⅲ. ①教育旅游－教育研究－教材 Ⅳ. ①F590.75

中国国家版本馆CIP数据核字(2024)第019399号

研学旅行管理与服务系列教材

研学旅行教育理论与实践
（第2版）

主编　甄鸿启　李凤堂

副主编　王雪艳　张　浩　高　霞

总　策　划	丁海秀　李岑虎
执行策划	施云峰
责任编辑	施云峰
出版单位	旅游教育出版社
地　　址	北京市朝阳区定福庄南里1号
邮　　编	100024
发行电话	（010）65778403　65728372　65767462（传真）
本社网址	www.tepcb.com
E - mail	tepfx@163.com
排版单位	北京旅教文化传播有限公司
印刷单位	北京市泰锐印刷有限责任公司
经销单位	新华书店
开　　本	710毫米×1000毫米　1/16
印　　张	17
字　　数	258 千字
版　　次	2024 年 1 月第 2 版
印　　次	2024 年 12 月第 2 次印刷
定　　价	59.80 元

（图书如有装订差错请与发行部联系）